JN204179

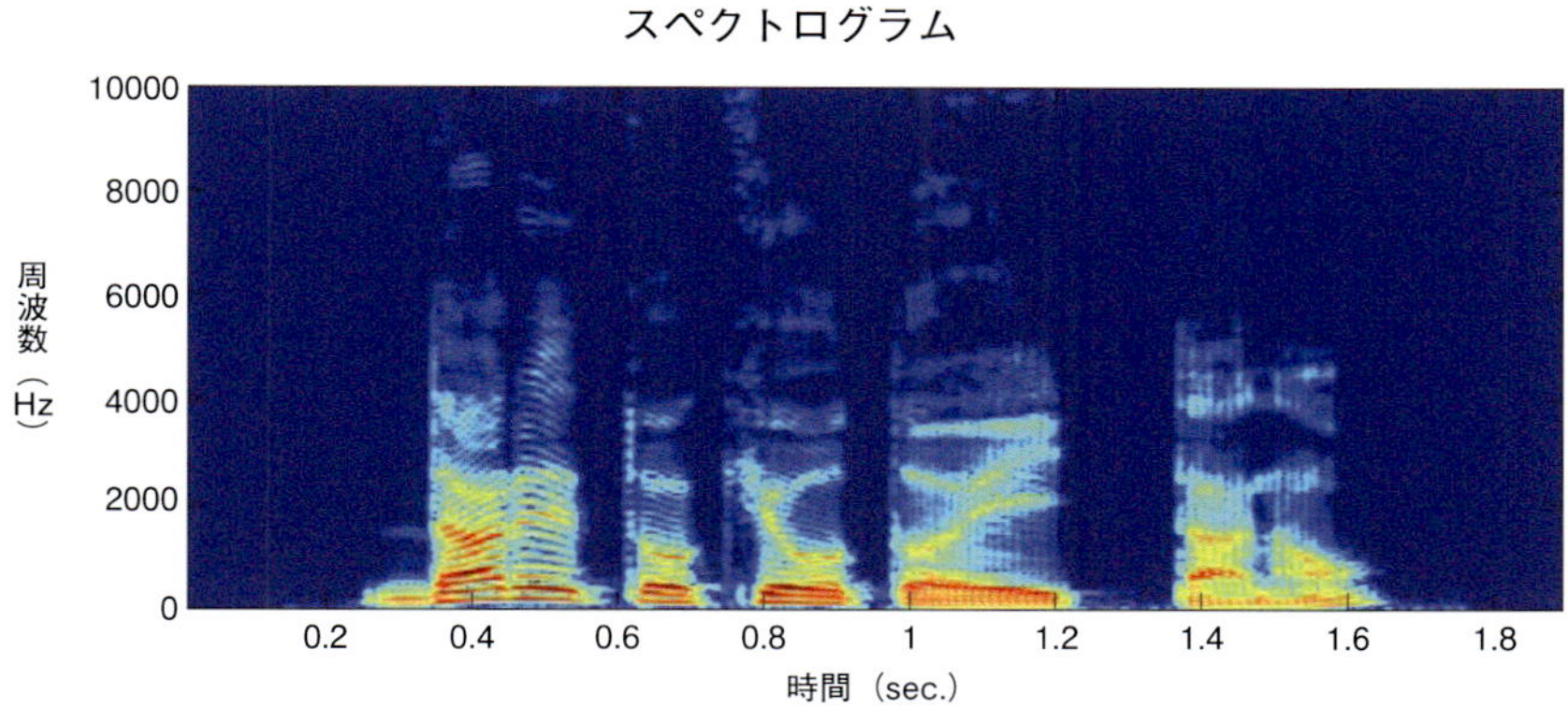

縦軸は周波数、横軸は時間を表し、色は音のパワー（エネルギー）を示す。
色が青から赤に近づくほど、パワーが大きくなることを示す。

第３章　96ページ　図２

ソーシャル・マジョリティ研究

コミュニケーション学の共同創造《コ・プロダクション》

綾屋紗月［編著］

澤田唯人　藤野博　古川茂人　坊農真弓　浦野茂
浅田晃佑　荻上チキ　熊谷晋一郎
［著］

金子書房

もくじ

序章　ソーシャル・マジョリティ研究とは

綾屋　紗月

1. 発達障害当事者の仲間の語りから見えてきた問題

私は二〇〇六年に自閉スペクトラム症（当時はアスペルガー症候群）の診断を得てから、発達障害当事者として研究・執筆・講演などの活動を続けています。活動の中心となっているのは「当事者研究」という取り組みです。当事者研究とは、「自分自身について仲間と共に研究する」という実践で、二〇〇一年に精神障害を抱えた当事者の自助活動[1]からスタートしました。現在では、いろいろな問題や障害を抱える当事者団体に広まっており、国内だけでなく海外でも実施されはじめています。

私は子どものころからずっと自分に対するわからなさを抱えており、「自分が何者なのか知りたい」と思い続けていたので、診断を得たのちに自然と（はじめはそれとは知らずに）当事者研究に取り組むようになりました。その後、二〇〇八年に『発達障害当事者研究――ゆっくりていねいにつながりたい』（綾屋紗月・熊谷晋一郎、医学書院）という本を出版し、二〇一一年からは、成人発達障害者を中心とした仲間と共におこなう「当事者研究会」を定期的に開催しています。

この当事者研究会の活動を通して私は、発達障害のうち、とくに自閉スペクトラム症の診断基準がもたらしている、二つの問題点を感じるようになりました。一つめは、「コミュニケーション／社会性の障害」という診断基準によって、本当は社会が責任を負うはずの問題を、個人の問題であるかのようにすりかえることが可能になってしまう点です。そして二つめは、本当は「社会」や「コミュニケーション」には数えきれないくらいの多様性があるにもかかわらず、それらを無視して、あたかも「正しい」社会性やコミュニケーション方法が一つだけであるかのように、「コミュニケーション／社会性の障害」という言葉が活用されている点です。こうした問題を抱えた診断基準は、「受験、結婚、就職……、これらがうまくいかなかったのはすべて発達障害を抱えた自分が悪いのだ」という発達障害当事者の語りを引き出すことを可能にしています。たしかに、私の中にもときどき、周囲との違いに疎外感を味わった際に、このような自分を責める気持ちが湧き起こることがあります。

2. 支援を混乱させる診断基準

近年、発達障害と診断される人の数は急上昇しており、教育、就労のほか居場所づくりなど、地域における長期的な支援や受け皿の不足が大きな問題になっています。しかしその背景にも、社会の問題を個人の特性の問題として記述しているこの診断基準が、一つのマイナス要因となって作用しているだろうと思われます。というのも、支援をしようにも、あまりにも一人ひとりが抱えている経歴・特性・困難がバラバラなのです。実際に発達障害のコミュニティに参加したことがある当事者の方は、「同じ診断名なのに、自分とはあまりにも異なるいろんな人がいる」とお感じになったことがあるのではないかと思います。そこから推測されるのは、教育・就労・司法・家庭など社会のいろいろな領域で、さまざまな身体特性を

1　当事者研究は北海道の浦河町にある「べてるの家」ではじまりました。参照：浦河べてるの家（二〇〇五）．『べてるの家の「当事者研究」』医学書院

図１：発達障害支援における問題点

もった人びとが一律に「コミュニケーション／社会性の障害」という診断名を押しつけられ、社会から排除されているという現状があるのではないか、ということです。身体特性だけではありません。貧困、失業、不登校、DV（ドメスティック・バイオレンス／家庭内暴力）など、本人の特性だけには還元できない多くの社会的要因をあわせもった、複合的な排除を受けている当事者も数多くいます。そうしますと、どこまでが本人の特性であり、どこからが本人を取り巻く周囲の問題なのか、具体的にどんなことに困っていて、どのようなニーズをもっているのか……などについて把握しようとしても多様性がありすぎるため、支援方法や環境調整について、当事者も支援者も共に、なかなか検討しづらいという状況が生じているのではないかと感じています【図1】。

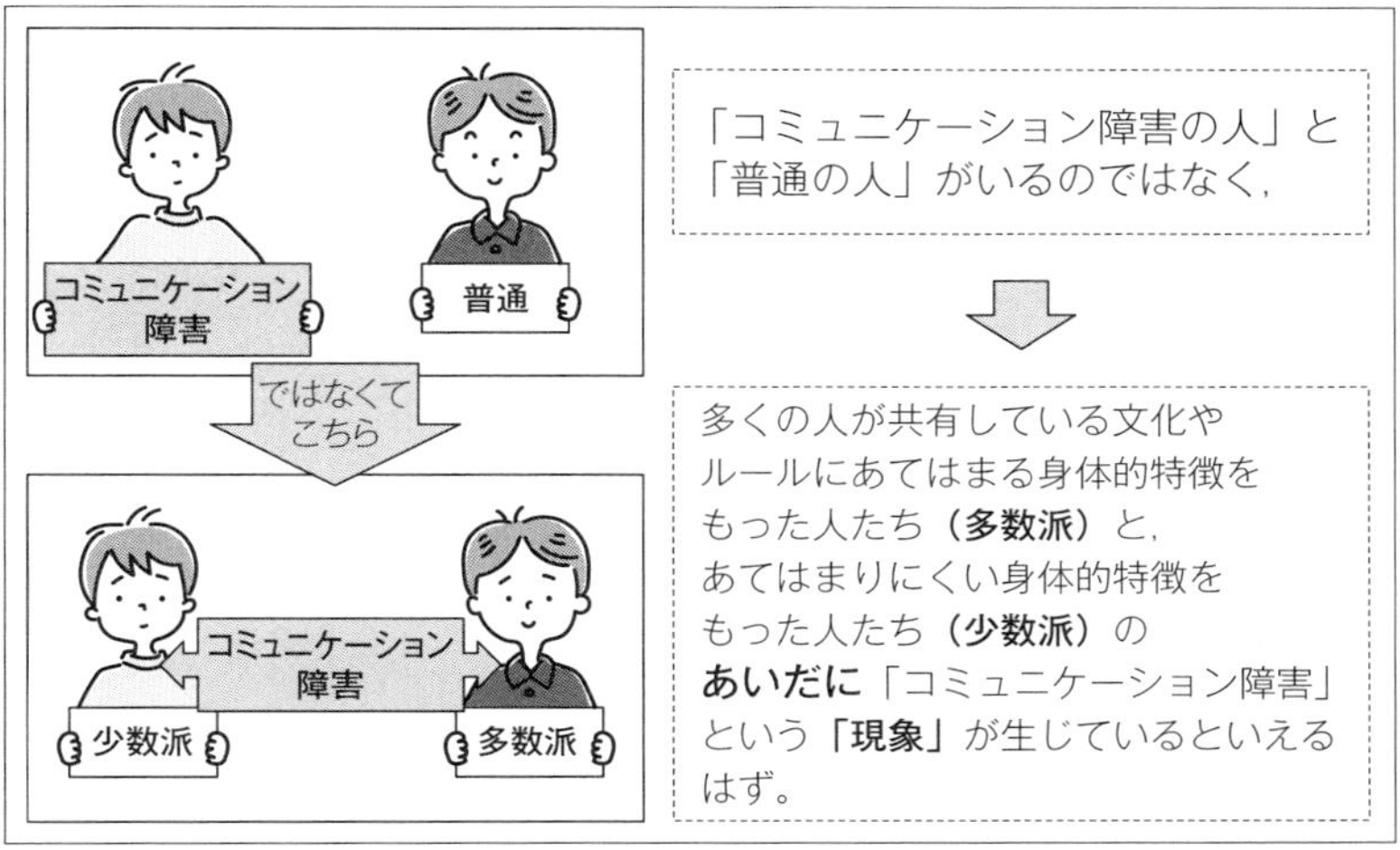

図２：「コミュニケーション障害」を問いなおす

3.「コミュニケーション／社会性の障害」を問いなおす

ここで改めて考えたいのが、この診断基準についてです。冷静に考えてみますと、そもそも「コミュニケーション」には「相互作用」という意味が含まれています。つまり、コミュニケーションとは「人と人とのやりとり」を表しているものなので、「コミュニケーション障害」も、どちらか一方に原因を押しつけられるものではなく、双方のあいだに生じている「現象」のはずです。同様に、「社会性の障害」というものが個人に押しつけられるのも不公平です。社会は人びとの集まりによってできており、人の組み合わせ次第で、さまざまな社会が生じますので、社会は一つではありません。どんな社会においても社会性の障害が生じるのかは確かめようがありませんし、ときには社会の側にも問題があるはずです。

このように考えなおしますと、「コミュニケーション障害がある人」と、そうではない「普通の人」がいるとする、昨今の「コミュニケーション障害」という考え方は正確ではないでしょう。より正確にとらえるならば、多くの人が共有している文化やルールにあてはまる身体特徴をもっている「多数派」に属する人たちと、それにはあてはまりにくい、さまざまな「少数派」に属する人たちとの「あいだ」に生じているのが、「コミュニケーション障害」という「現象」である、といえるのではないかと私は考えています【図2】。

4. 個人の問題と社会の問題を分けて考える

このような、「障害は個人の中にあるのではなく、多数派のつくった社会と少数派の身体特性のあいだに生じるのだ」とする考え方は、障害の「社会モデル」とよばれるもので、障害とされた歴史が長く、すでにさまざまな人権運動をおこなってきた身体障害の仲間たちが主張してきたものです。この社会モデルでは障害の概念を二段階に分けています。たとえば聴覚障害でしたら「聞こえづらい身体」、脳性まひであれば「動きづらい身体」というように、第一段階として「標準からはずれた少数派の身体特性」があると考えます。次に第二段階として、そのような「少数派の身体特性をもった身体が多数派の社会にかかわったときに起きる障壁」があると考えます。「聞こえづらいので会話に入れない」「車椅子で階段を上れないので、そもそもみんなが集まる場所に行かれないため会話に入れない」といった「コミュニケーション障害」は、この第二段階として扱います。そうすることで、少数派の身体特性に障害があるのではなく、

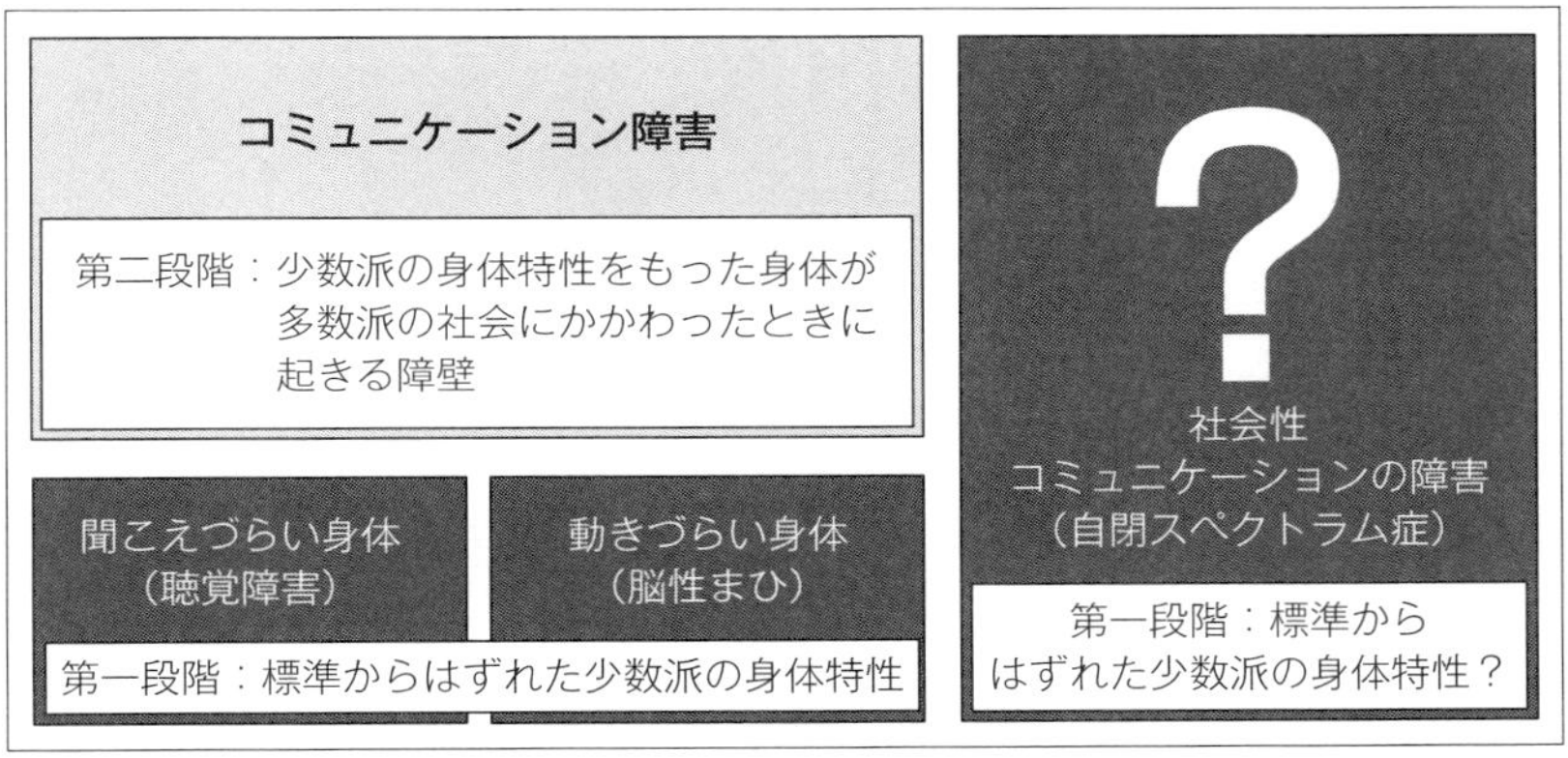

図３：障害の「社会モデル」にあてはまらない自閉スペクトラム症の診断基準

多数派の社会との「あいだ」に障害があるのだから、社会のほうが変われば消失する障害もあるのだ、と主張することが可能になるのです。つまり、本人の身体特性を変えることなく、手話や筆談を用いることでコミュニケーション障害が解消される人たちもいれば、スロープやエレベーターを用いることでコミュニケーション障害が解消される人たちもいる、というわけです。このように二段階に分けて障害をとらえることは、「ありのままの身体特性の尊重」と「社会の変化」の両方を人びとにうながす上で、とても重要です。

しかし、自閉スペクトラム症の診断基準では、このような社会モデルの考え方がきわめて希薄であり、あたかもコミュニケーション障害が第一段階の身体特性であるかのように記述されています。そのため、「どこまでが個人的に変化可能で責任を引き受けられる範囲で、どこからが社会の問題として変化を求めるべき課題なのか」を公平に切り分けると発想すること自体が難しい状況になっていると感じています【図３】。

なぜ、このような社会モデルを私たちは採用しづらいのでしょう。その理由の一つに、第一段階にあたる身体特性のわかりやすさ／わかりにくさ、という違いがあるのではないかと思われます。身体障害の先輩たちは比較的、多数派との違いが自他共にわかりやすい身体特性をもっています。だからこそ差別を受けやすいという苦労も抱えているわけですが、第一段階の身体特性があることをわざわざ主張する必要はなく、いきなり障害の社会モデルを主張することが可能だったと考えられます。しかし、私たちのように、やりとりが生じたり、つきあいが長期的になったりしたときに、じわじわと多数派との違いが見えてくる身体特性の場合、多数派との違いが自他共にわかりづらく、言葉にすることも難しいため、第一段階にあたる私たちの身体特性を表す言葉がまだまだ不足してしまっている、ということがあるのではないかと私は推測しています。

5. 個人の身体特性を研究する「当事者研究」の重要性

このような現況をふまえますと、発達障害とされる私たちにとっていま必要なことは、二つあると私は考えています。一つめは当事者研究によって、私たち一人ひとりの「第一段階にあたる身体特性」を言葉にしていくことです。たとえば、私がおこなっている発達障害の仲間との当事者研究では、「人の声は聞こえていても意味が聞こえないことが多い」という語りをする仲間が（私自身も含めて）少なくありません。このような状態は人によって、会話のやりとりにおいてだけではなく、そもそも授業や講演、テレビなど、「相手の一方的な話を聞く」という状況でも生じています。そこで、たとえばこれを、コミュニケーションの手前にある、「Aさんの第一段階の身体特性」とすることで、身体障害の先輩たちと同様、

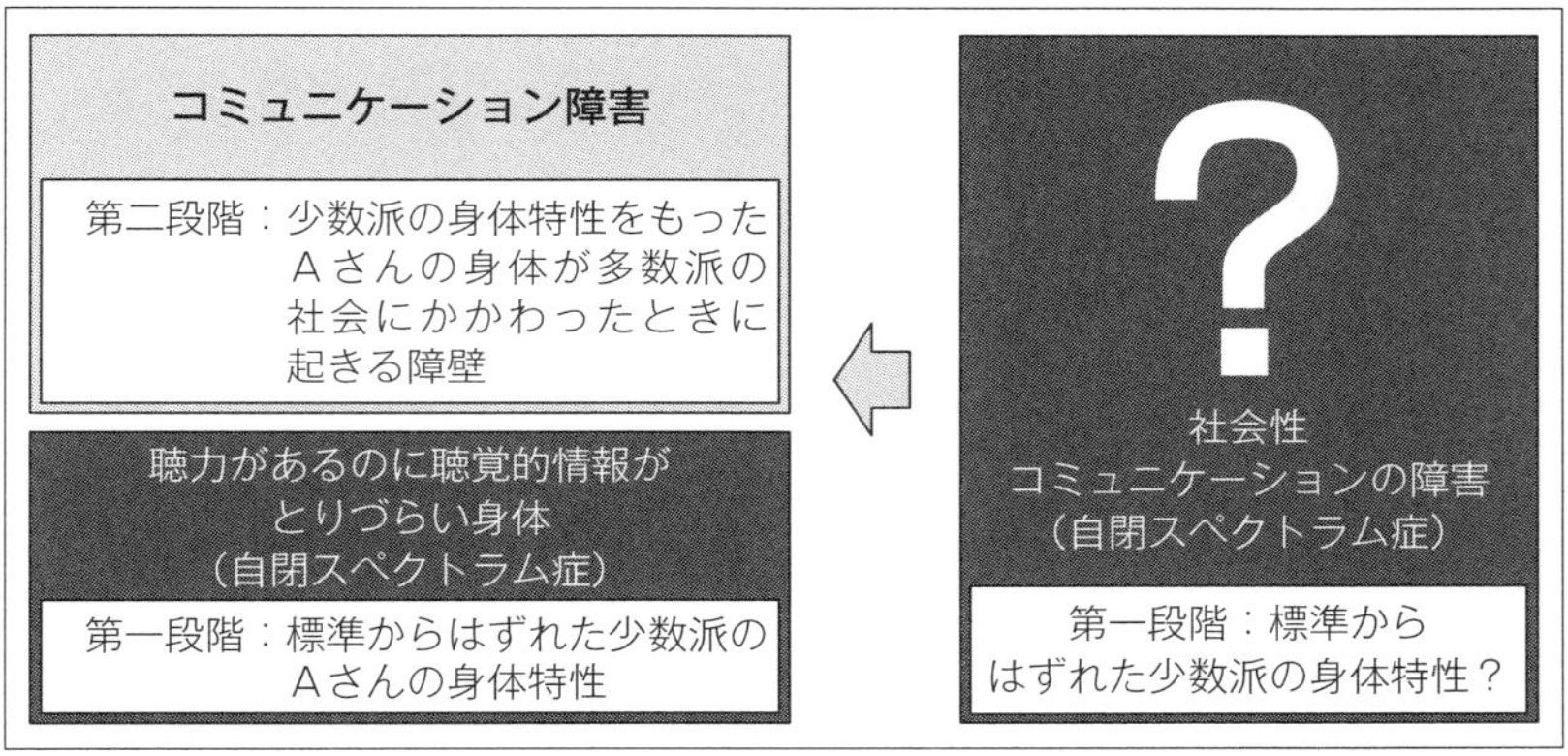

図４：（例）Ａさんの自閉スペクトラム症を社会モデルでとらえなおす

「コミュニケーション／社会性の障害」という診断基準を、第一段階ではなく第二段階の障害とすることが可能になります。「①聴力があるにもかかわらず聴覚的情報のとりづらさがあるため、②多数派の会話のやりとりにおいても困難が生じる」という二段階構造へととらえなおすことができるわけです【図4】。

このように二段階に切り分けることで、ようやく私たち発達障害者にも、身体障害の仲間たちと同様のメリットが生まれます。それは具体的な対処方法や支援方法を検討しやすくなる、というものです。たとえばＡさんが、「私には『人の声は聞こえていても意味が聞こえないことが多い』という特性が自分にあるのではないか」という仮説をもとに当事者研究を進めるうちに、「うるさくない場所にいるとき、複数の人が次々に話さないとき、疲れていないときであれば、比較的、意味も聞きとれる」という自分の特性（パターン）を新たに発見したとします。すると、「静かな場所を設定する、一人ひとりが順番に話す、こまめに休憩をする」というコミュニケーションルールを社会側に設けることで、本人の特性が変わらなくても第二段階としての「コミュニケーション障害」を減らすことが可能になるというわけです。

6.「ソーシャル・マジョリティ研究」の誕生

発達障害とされる私たちにとっていま必要なことの二つめは、自分自身について探究する「当事者研究」に加えて、私たちを排除した多数派社会のルールやしくみは、そもそもどのようになっているのか、についての知識を得ることだと感じています。つまり「多数派の身体特性をもった者同士が、無自覚につくりあげている相互作用のパターン」についての研究もおこなう、ということです。これを「ソーシャル・マジョリティ（社会的多数派）研究」と名づけました。私たちの生活環境である多数派社会の特徴について知ることではじめて、「社会の問題は社会に返す」作業が可能になり、私たちの抱える困りごとのすべてを「自分が悪いんだ」と抱え込んでしまわずに、自分の特徴について具体的に「当事者研究」していくことができるようになるのだと思います。

このように、「どこまでが個人的に変化可能で責任を引き受けられる範囲で、どこからが社会の問題として変化を求めるべき課題なのか」を公平に切り分けるためには、「当事者研究」と「ソーシャル・マジョリティ研究」という二つのアプローチを両輪とする必要があるだろうと、私は考えています【図5】。「ソーシャル・マジョリティ研究」によって多数派社会のルールやしくみを知り、個人と社会の問題を切り分けることをめざし、「当事者研究」によって個人の変えられる部分と変えられない部分を切り分けて

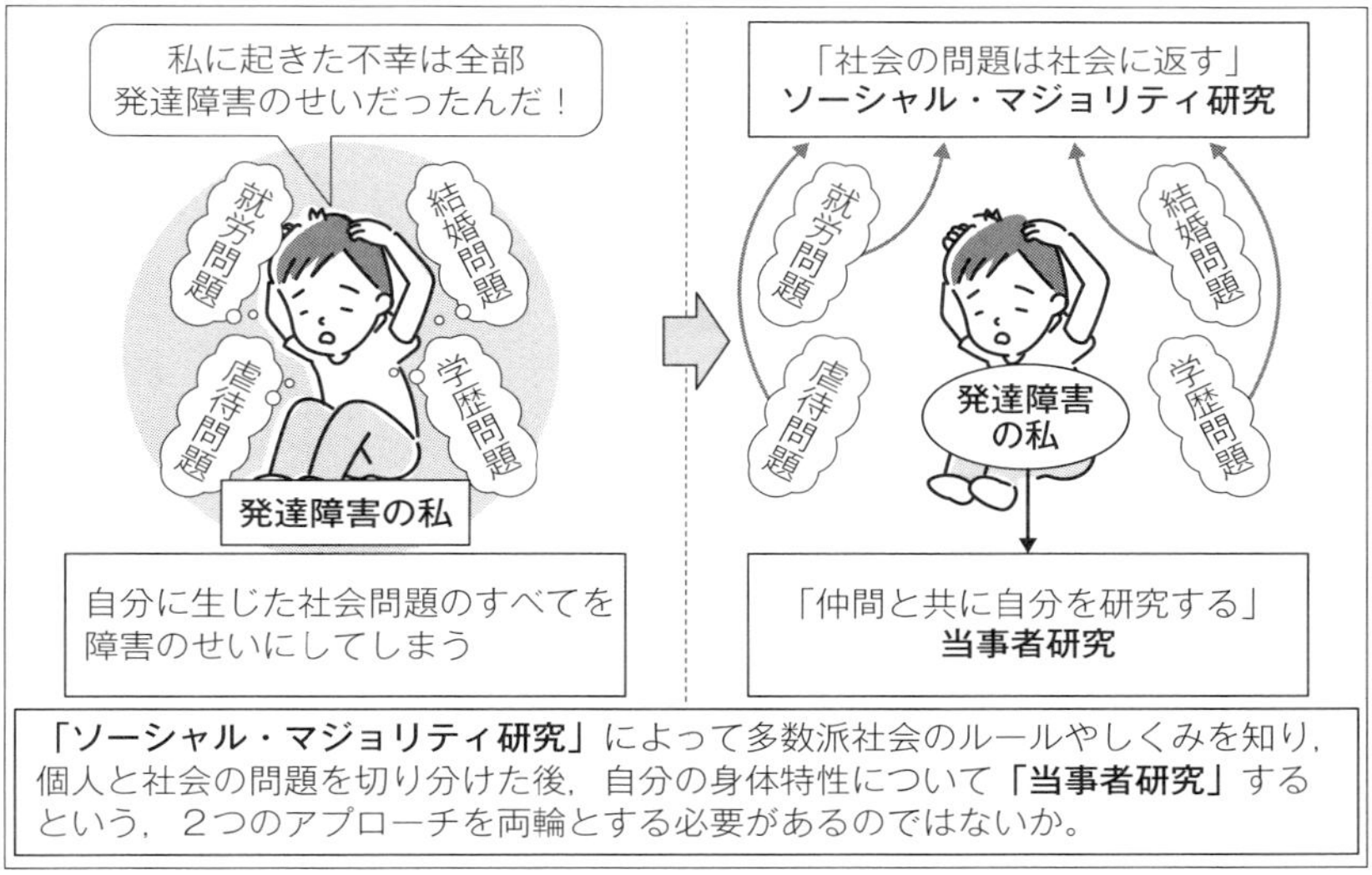

図５：個人と社会の問題を切り分けるソーシャル・マジョリティ研究

いくことをめざす、という二つの作業を通して、「個人の変えられる部分」と「社会の変えられない部分」のすりあわせからは、「個人が引き受けられる／引き受けるべき責任について再設定すること」が可能になり、また「個人の変えられない部分」と「社会の変えられる部分」とのすりあわせからは、もしかしたらまだ本人も気づいていない、「新たな対処方法や支援方法を発見すること」が可能になると思われます。こうして個人と社会の双方の認識が変化し、お互いに対して無理強いをしない歩み寄りが可能になることで、社会と個人のあいだに生じる「障害」が、だんだん小さくなっていくのではないかと、私は期待しています【図６】。

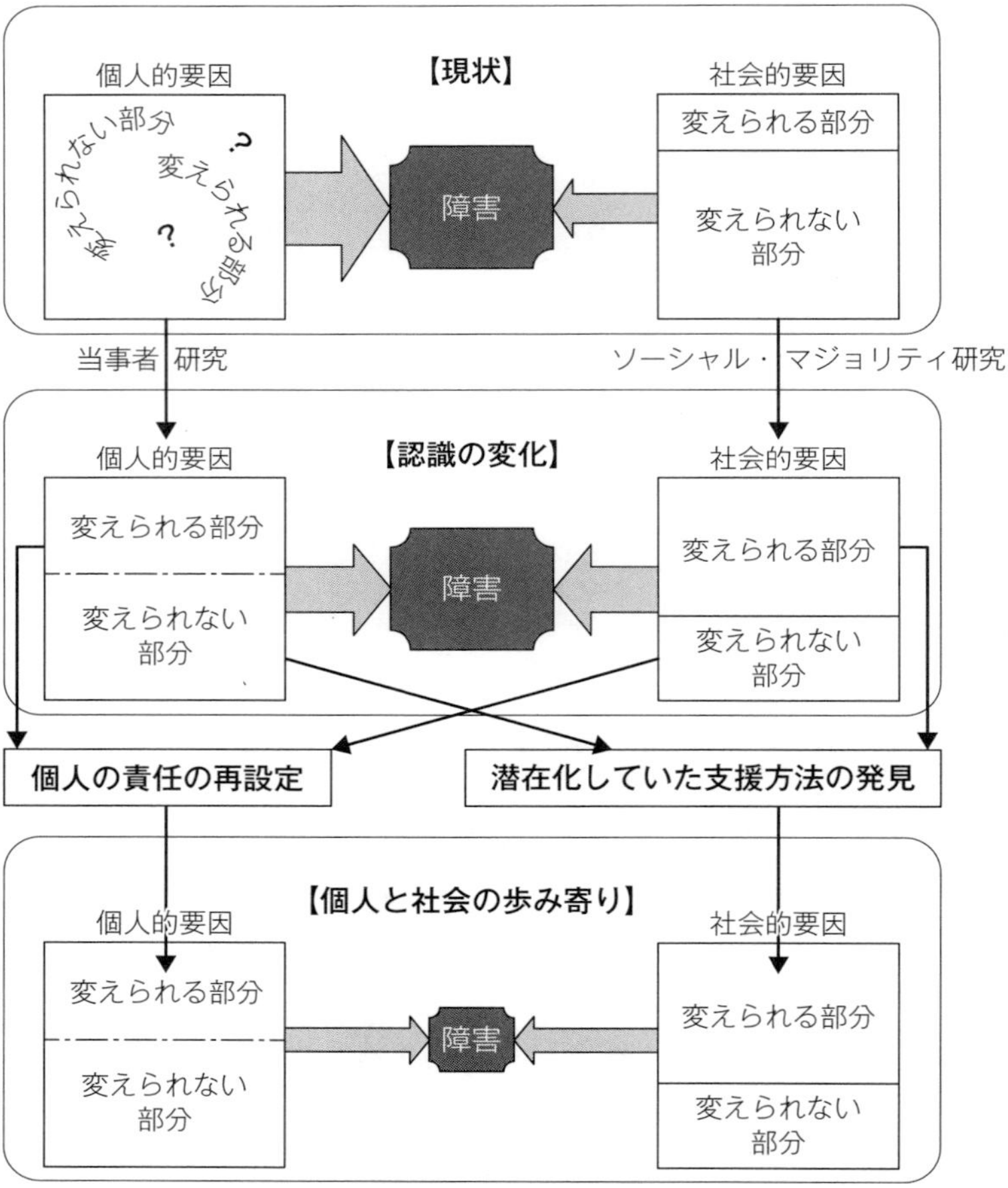

図６：社会と個人のあいだに生じる「障害」を小さくする当事者研究とソーシャル・マジョリティ研究

7. ソーシャル・マジョリティ研究会セミナーの進め方

その第一歩として、私たちは、二〇一四年四月から九月まで、「ソーシャル・マジョリティ研究会セミナー二〇一四」を開催しました。[2] セミナーを開始するにあたり、まず私たちは、共に当事者研究会をおこなっている仲間の声や、当事者研究会においてミーティングテーマとして選んできたタイトル（二〇一四年四月一日時点で全六十五回分）を整理しました。そして、感情のコントロールの難しさ、音声の聞きづらさ、物理的に適切な人との距離感のわからなさなど、仲間たちがさまざまに抱えている多数派とは異なる身体感覚（第一段階）によって、「コミュニケーション障害」というひと言では済ませられないほど、いろいろな困難を複層的に経験していること（第二段階）に注目しました。さらに「自分で自分の感情がわかるというメカニズムはどうなっているの？」「なぜ物音がしても多くの人たちは声を聞きとれるの？」「言葉の裏と表はどのように決まっているの？」「何気ないように見える雑談は、どのようなルールでまわっていますか？」など、当事者の仲間からあがった、「多数派社会のここがわからない」という意見を整理して、質問を作成しました【図7】。

また、「コミュニケーション」という概念についても、具体的な他者との会話のやりとりだけを想定するのではなく、それ以前の「身体」を中心としたしくみとして内側から順に考えていき、「①内臓感覚と

2 第四十四回（平成二十五年度）三菱財団社会福祉助成、および文部科学省科学研究費補助金 新学術領域研究「構成論的発達科学」（No.24119006）の助成を受けた。

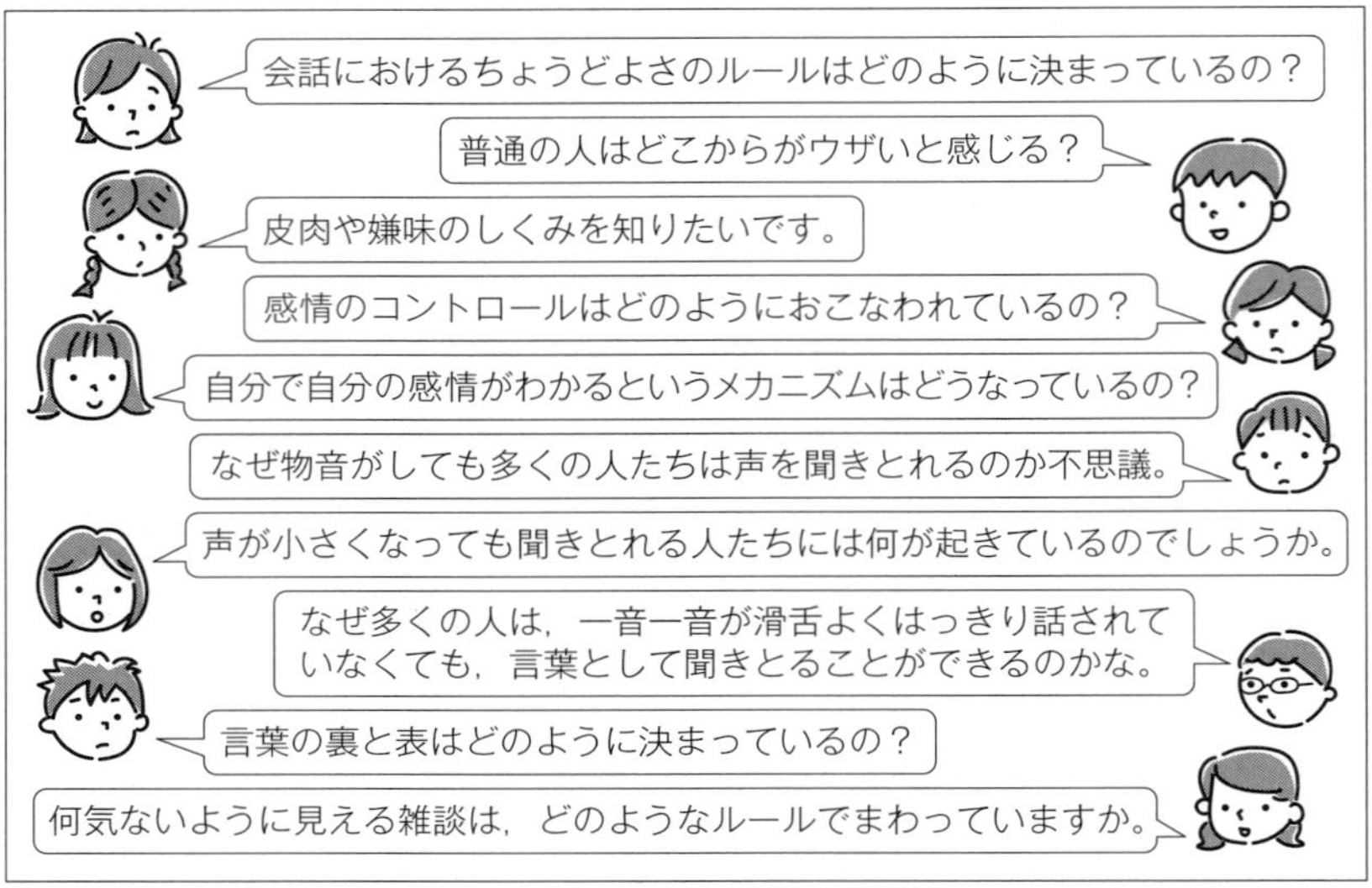
会話におけるちょうどよさのルールはどのように決まっているの？

普通の人はどこからがウザいと感じる？

皮肉や嫌味のしくみを知りたいです。

感情のコントロールはどのようにおこなわれているの？

自分で自分の感情がわかるというメカニズムはどうなっているの？

なぜ物音がしても多くの人たちは声を聞きとれるのか不思議。

声が小さくなっても聞きとれる人たちには何が起きているのでしょうか。

なぜ多くの人は，一音一音が滑舌よくはっきり話されていなくても，言葉として聞きとることができるのかな。

言葉の裏と表はどのように決まっているの？

何気ないように見える雑談は，どのようなルールでまわっていますか。

図７：多数派社会のここがわからない

感情という内部の感覚の機能について」「②発声・発話と聴覚など外部の感覚を受容する機能について」「③複数の身体の配置や動作が人と人との関係に与える影響について」そして一番外側に「④会話における人と人の関係」を置くというような、同心円状の広がりで考えていくモデルを描くことにしました【図８ⓒ・ⓓ】。そして、この同心円の①～④のグループに対応すると考えられる学術研究の領域を選び【図８ⓓ】、それぞれの分野の専門家に質問を提示して、現時点で答えられる範囲で、講義内容【図８ⓐ】やテーマ設定【図８ⓑ】の調整をおこないました。その際、従来の研究によく見られる、「この障害をもった人には、こんな変わった特徴がある」といった少数派側を対象化するような知識を伝える必要はないこと、あくまでも多数派側である一般の人びとを対象とした研究の紹介をお願いしたいということを、強調して依頼しました。

一方、参加者に対しては毎回、アンケートをおこない、年齢・性別・診断名といった人口学的な項目に加えて、満足度、わかりやすさ、当日の講義で扱った質問項目へのあてはまり度合、講義内容への感想・質問などを尋《たず》ねました。また、その集計・分析結果は翌回の冒頭に、参加者と講師にフィードバックしていきました【図8(a)】。そのアンケートの集計結果の一部からセミナーの参加状況を見てみますと、発達障害圏の診断をもつ方たちを中心に、支援者、家族、研究者など、毎回一〇〇名前後の方たちが集まってくださったことがわかりました。平均年齢（第1〜6回）は40・2歳、満足度の平均（第1〜6回）は4・7ポイント（6ポイント満点）、わかりやすさの平均（第1〜6回）は4・5ポイント（6ポイント満点）と、おおむね好評でした。

まとめますと、ソーシャル・マジョリティ研究会の進め方の特徴は、「発達障害当事者の意見や疑問をまとめ、そこから講義内容を検討して講師を探したこと」、「人とかかわるしくみを、コミュニケーションの手前にある身体を中心とした同心円状の広がりで考えるモデルを描いたこと」、「研究対象が多数派社会のルールであること」、「講義終了後に参加者からのフィードバックをもらい、それを次に反映するという循環を試みていること」などにあるだろうと思います。

8. ソーシャル・マジョリティ研究の活用方法

ここまでの話を整理しますと、ソーシャル・マジョリティ研究の目的は、多数派社会のルールに関する

(a)「ソーシャル・マジョリィ研究会セミナー2014」の進め方

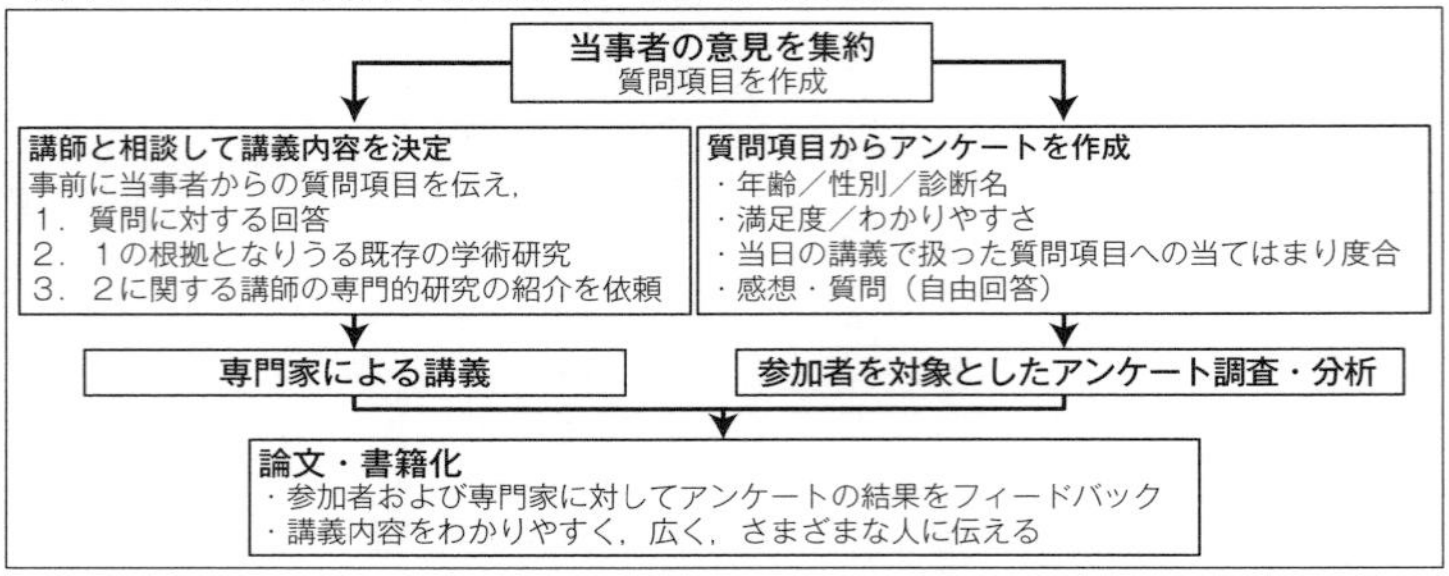

(b)「ソーシャル・マジョリティ研究会セミナー2014」テーマ・講師・開催日・参加人数

回	テーマ	講師 （所属は講演当時）	開催日	参加人数（人）
第1回	発声と発話のしくみってどうなっているの？	藤野博（東京学芸大学教授）	2014/4/26	89
第2回	多数派の会話にはルールがあるの？	坊農真弓（国立情報学研究所准教授）	2014/5/24	114
第3回	人の気持ちはどこからくるの？	澤田唯人 （慶應義塾大学大学院／日本学術振興会特別研究員）	2014/6/28	113
第4回	人の会話を聞きとるしくみってどうなっているの？	古川茂人 （NTTコミュニケーション科学基礎研究所人間情報研究部主幹研究員）	2014/7/26	109
第5回	場面にふさわしいやりとりのルールってどんなもの？	浦野茂（三重県立看護大学教授）	2014/8/23	92
第6回	ちょうどいい会話のルールってどんなもの？	浅田晃佑 （東京大学先端科学技術研究センター特任研究員）	2014/9/20	103
第7回（応用編）	いじめのしくみってどうなっているの？	荻上チキ （評論家／「シノドス」編集長 NPO法人「ストップいじめ！ナビ」代表）	2014/9/27	118

(c)人とかかわるしくみを
コミュニケーションの手前にある
「身体」を中心とした同心円状の
広がりで考えるモデル

(d)「ソーシャル・マジョリティ研究会セミナー2014」で扱ったカテゴリーと学術研究領域

グループ（丸数字は(c)に対応）	対応する学術研究領域
①内臓感覚と感情：内部の感覚の機能について（第3回）	感情社会学／現象学
②発声・発話と聴覚：外部の感覚を受容する機能について（第1回，第4回）	聴覚の心理物理学／発声制御学
③複数の身体の配置と動作：人と人との関係に与える影響について（第2回）	マルチ・モーダル会話分析
④会話：人と人の関係（第2回，第5回，第6回）	会話分析／語用論／エスノメソドロジー

図8：「ソーシャル・マジョリティ研究会セミナー2014」の概要

知識を得て、発達障害者の視点から「どこまでが個人的に変化可能で責任を引き受けられる範囲で、どこからが社会の問題として変化を求めるべき課題なのか」を再検討することで、発達障害者にとってバリアのない社会のデザインを構想することだと言えるでしょう。とはいえ、ソーシャル・マジョリティ研究によって得た、多数派社会のルールに関する知識をどのように活用するかは、当事者一人ひとりの判断に委ねられています。多数派社会のしくみを「暗黙の了解」ではないかたちで解き明かすことで、あるときは多数派社会に適応しようとする際に、またあるときは多数派社会を批判し、行政などに対して当事者視点にもとづく合理的配慮に関する提案書を作成しようとする際に、知識を活用することができるかもしれません。もちろん、多数派社会のルールをふまえた上で当事者研究をおこない、自分自身についてさらに探究していくこともできるでしょう。その結果、「ここは私の変わらない部分だ」と思い込んでいたところが、意外とそうではないと気づかされることもあるかもしれません。

また、多数派に属する人たちにとっては、ソーシャル・マジョリティ研究が自分たちの特性を知る当事者研究になります。多数派の身体を共有している人たちは、自分たちを取り囲んでいる多数派のルールに違和感がないため、無自覚でいることができます。そのため、実は言語化できておらず、少数派に属する人たちから「どうしてこういうときにそういう行動をするの？」と質問されても、「そんなの当たり前でしょ！　ひねくれた質問しないで！」とはねつけることになりかねません。自分たちの当たり前を振り返り、当たり前ではなく一つのあり方にすぎないのだと自覚することにも、貢献できるのではないかと考えています。

9. 複数の学術研究をつなぐ学際的な役割

さらにソーシャル・マジョリティ研究は、学術研究にも役立つかもしれません。例としてセミナーを通して私個人に生じた発見をお話ししたいと思います。私は、本セミナーの第二回にあたる「多数派の会話にはルールがあるの?」という講義の中で、三人以上の人びとが会話する際に生じる身体の向きや配置の動的な変化をシステムとして考える「F陣形システム」という研究について学びました（第4章一三六ページ）。また、第四回にあたる「人の会話を聞きとるしくみってどうなっているの?」という講義の中では、一般的な聴覚機能には「聴覚情景分析」という、同時に聞こえてくる複数の音源のうち、一つだけを選んで聞きとる情報処理のしくみがあることを学びました（第3章九九ページ）。

その二つの知識が組み合わさったとき、私はふと、ある印象的な経験を思い出しました。それは、BGMや周囲の会話がにぎやかな懇親会の席で、私を含めて四名で会話をしていた際、相手の声は聞こえるものの意味を聞きとれない状態に陥った私が、「こちらが聞こえないのだから、相手にも私の声は聞こえないだろう」とあきらめて、すぐ隣の人だけに体を向けて話しはじめたというエピソードです。まったく悪気はなかったのにもかかわらず、あとから「あれは感じ悪かったよ」と注意されて意味がわからず、ひどく驚いてショックを受けました。しかしこの二つの知識を用いると、あのとき起きたことについて解釈できそうな気がしました。すなわち、一般的な聴覚機能をもっている私以外の三人は、騒音の中でもまだ相手の声を聞きとることができていたので、引き続き「四人で話す」というF陣形を維持できる、もしくは

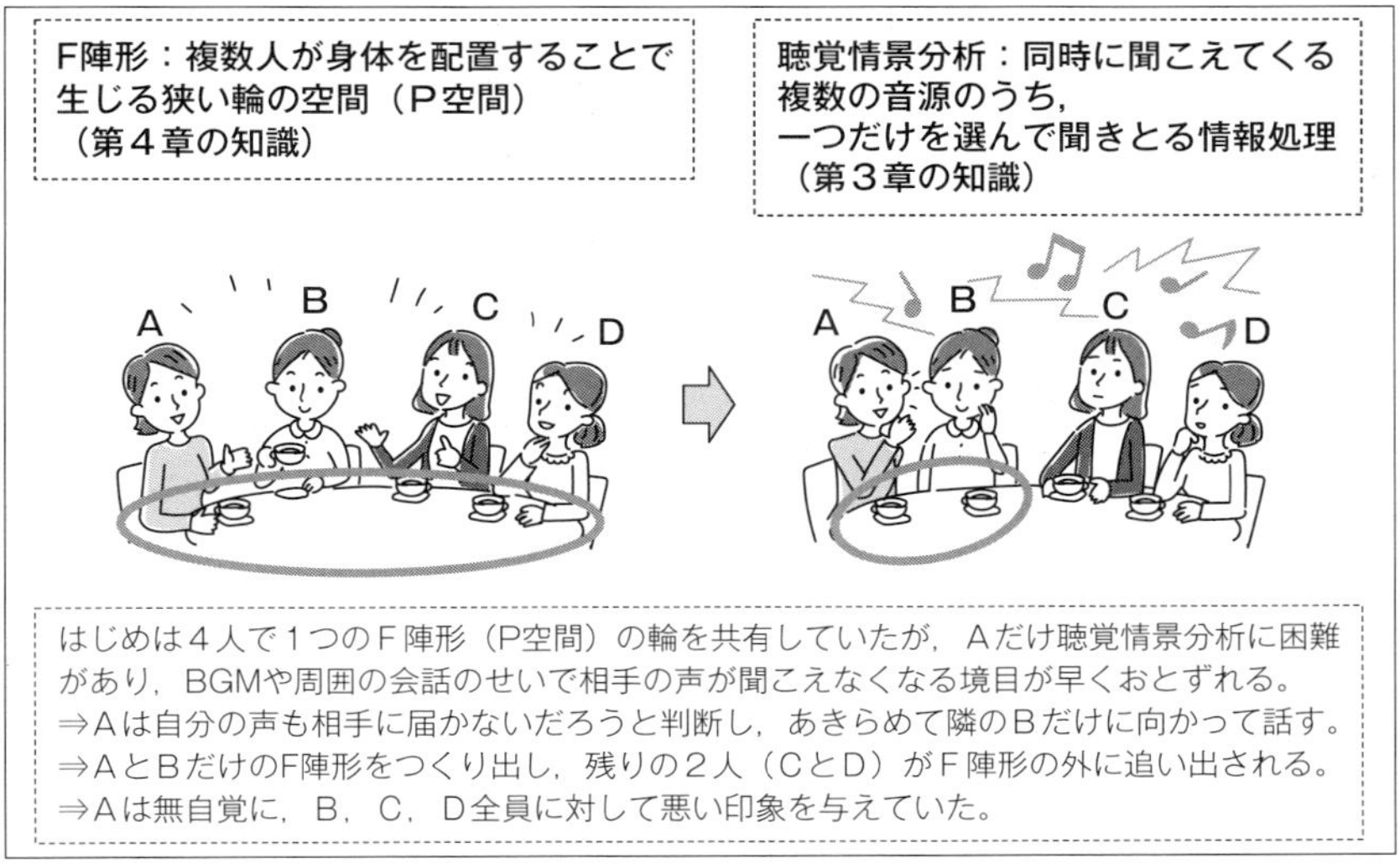
F陣形：複数人が身体を配置することで
生じる狭い輪の空間（P空間）
（第４章の知識）
聴覚情景分析：同時に聞こえてくる
複数の音源のうち，
一つだけを選んで聞きとる情報処理
（第３章の知識）
A
B
C
D
A
B
C
D
はじめは４人で１つのＦ陣形（P空間）の輪を共有していたが，Ａだけ聴覚情景分析に困難
があり，BGMや周囲の会話のせいで相手の声が聞こえなくなる境目が早くおとずれる。
⇒Ａは自分の声も相手に届かないだろうと判断し，あきらめて隣のＢだけに向かって話す。
⇒ＡとＢだけのF陣形をつくり出し，残りの２人（ＣとＤ）がＦ陣形の外に追い出される。
⇒Ａは無自覚に，Ｂ，Ｃ，Ｄ全員に対して悪い印象を与えていた。

**図９：ソーシャル・マジョリティ研究会セミナーによって
少数派の身体が引き起こすコミュニケーション障害に気づいた例**

維持すべきと無意識のうちに想定していたのに対し、いち早く聞きとれなくなってしまった私が、しかたなく隣の人の耳元に向かって話しかけたため、その体の向きが結果的にF陣形を「二者で話す」というフォーメーションにせばめたかたちとなり、排他的な印象を与えたのではないか、という推測が可能になったのです【図9】。

このような私の経験に照らせば、分野の異なる二つの知識は決して無関係なものではなく、一人の当事者の中に生じる、連続的で切り離せない現象を説明しうるものだといえます。今後ソーシャル・マジョリティ研究の場において、当事者の問いに応答するかたちで諸学問の知見が再配置されていけば、学術的な研究が当事者研究の役に立つだけでなく、逆に当事者研究の視点が、このように複数の学術研究同士をつなぐ学際的な役割を果たす可能性もあるのではないかと感じています。

10. 書籍化にあたって

二〇一四年九月にソーシャル・マジョリティ研究会セミナーが終了し、書籍化へ向けて具体的に動き出すことができたのは、その半年後の二〇一五年四月でした。専門知識のない私が、それぞれの講義内容をまとめるのは想像以上に大変な作業で、あっという間に数年が過ぎてしまい、書籍化を希望されていたセミナー参加者のみなさんをお待たせしてしまったことを申し訳なく思っています。しかし、ソーシャル・マジョリティ研究の主旨を考えたとき、はじめから原稿を講師の先生方にすべておまかせしてしまうのではなく、限られた紙面のなかで講義全体からどの内容を選び出すのか、どのような図やイラストにするのか、言葉づかいはどこまでわかりやすくできるのかなどについて、できる限り当事者の立場から、まずは検討する必要があると考えました。また、当事者と講師のやりとりの様子を掲載することも大切だと考え、質疑応答や感想、講義終了後の綾屋のコメントについても、可能な限り掲載しました。こうして一章ずつたたき台となる原稿をつくり、その後、その原稿を講師の先生方にお渡しし、「内容の正確さ」をチェックしていただくかたちで、やりとりをしながら編集作業を進めていきました。このようにソーシャル・マジョリティ研究では、あちこちでインタラクティブ（相互的）な循環を試みています。

最後になりましたが、セミナーに参加してくださった多くの方々、講師の先生方、セミナーの準備を手伝ってくれた仲間たち、情報保障を担当してくださったキャプショニング・ペガサスさん、および手話通訳士のみなさん、主催に協力してくださった東京大学先端科学技術研究センターおよび同バリアフリー分野のみなさん、出版に向けて動いてくださった金子書房のみなさん、その他関係者のみなさんに、心よりお礼申しあげたいと思います。

謝辞：本書は、第四十四回（平成二十五年度）三菱財団社会福祉助成、文部科学省科学研究費補助金 新学術領域研究「構成論的発達科学」（No.24119006）、基盤研究（C）「当事者研究に基づくASD者にとってバリアフリーなコミュニケーション様式の解明」（No.15K01453）、および JST CREST「認知ミラーリング：認知過程の自己理解と社会的共有による発達障害者支援」（課題番号：JPMJCR16E2）の助成を受けた。

本論は、以下の論稿をもとに加筆修正した。

綾屋紗月（二〇一五）：「発達障害当事者研究――当事者研究とソーシャル・マジョリティ研究の循環」情報処理 五六（六）、五五五―五五七

綾屋紗月（二〇一五）：「当事者研究を生かした発達障害者の総合的支援法の開発」第四五回 二〇一四三菱財団研究・事業報告書（一三〇ページおよびCD‐ROM）

綾屋紗月（二〇一六）：「当事者研究の展開――自閉スペクトラム症当事者の立場から」現代思想 四四（一七）、一六〇―一七三

第1章　人の気持ちはどこからくるの？

澤田　唯人

コミュニケーションの困りごとを抱える当事者からの質問

Q1—1. 私は自分の感情を感じたことがあまりありません。自分では怒ったり悲しんだりしているつもりがないのですが、人からは「感情が態度に出すぎている」と言われて混乱します。**(a)「自分で自分の感情がわかる」というメカニズムはどうなっているのでしょうか。(b) 自分が感情を自覚することと態度(身体)への現れの関係について知りたい**です。

Q1—2. 自分では共感しているつもりなのですが、「あなたは人の気持ちがわからない」と言われることがよくあります。**多くの人にとって、人の気持ちがわかるしくみとはどのようなものですか。**

Q1—3. 上司に怒られているとき、どうしても上司の感情ばかりを受けとってしまい、指摘内容がわからなくなります。**感情と内容は受けとる場所やしくみが違うのでしょうか。**

Q1—4. 自分の感情が抑えられず、人よりも怒ったり泣いたり不機嫌になったり喜んだりしがちです。**一般的に感情のコントロールはどのようにおこなわれていますか。**

Ｑ１―５．何かをきっかけにして、昔のショックだったできごとの記憶の世界に飛んでしまうことがあります。すると、当時の感情が現在のできごとに対して放出されてしまいます。「過去と現在を混同しないで」と言われても、自分にはその境目がわかりません。**感情と時間感覚の関係を知りたい**です。

１．「でこぼこ」だらけの感情経験

はじめに当事者の方が多数派の人とのあいだで経験したすれ違いやつまずきを整理してみましょう。

Ｑ１―１の質問をされた方は、怒りや悲しみを抱いて**いない**（凹）のに、態度には**出ている**（凸）と言われてしまうそうです。同様の誤解は、（程度の差はあれ）多数派同士にも見られるかもしれません（例：「顔が怒ってる」「え、怒ってないよ？」）。どうやら、自分の感情を「理解する」ことと、身体ができごとに「感応する」こと、この二つの営みには、しばしば（あるいはそもそも）ずれがあり、それが私たちのコミュニケーションをつまずかせる段差ともなるようです。

Ｑ１―２では、自分では**共感している**（凸）のに、「あなたは人の気持ちが**わからない**（凹）」と言われてしまう。ここでは、他者の気持ちについて「理解する（わかる）」ことと「共感する」こと、この同じようで異なる二つの営みの存在が、互いの認識をすれ違わせていると言えるかもしれません。

Ｑ１―３も、相手の感情ばかり**受けとってしまう**（凸）せいで、相手の言っていることが**わからなくな**

る（凹）そうです。周囲の状況（他者の感情を含む）を身体的に感受することと、相手の伝えようとしている内容を言語的に理解すること、この二つのバランスが問題となっています。

Q1-4はどうでしょうか。私たちは日頃、自分の感情を客観的にまなざし、感情を一つの**「対象」**として所有したり、ある程度コントロールしています。しかし、ときに私たちは、自分の感情とうまく距離がとれずに、自分自身がまるごと感情的な**「存在」**になってしまう。この困りごとも、そうした感情をめぐる異なる二つのフェーズの移行（凸凹）に起こるつまずきとして考えられそうです。

Q1-5も同様です。私たちは普段、過去と現在のできごとを**「分ける」**ことができています。しかし、現在の状況が過去のショックだったできごとの状況を**「なぞる」**ようなとき、当時の感情が現在のことのように体験されてしまう。この困りごとは、そうした過去と現在という二つの時間の境目が失われる、いわゆる心的外傷やフラッシュバックとよばれる問題としてとらえられるかもしれません。

さて、五つの質問の背景にあった当事者の方と多数派の人とのすれ違いやつまずきを整理してみると、さしあたり次のような感情をめぐる二つの水準が見えてきたかと思います。

【感情を言葉で理解する・分ける・管理する水準】／【感情を身体で感受する・なぞる・共振する水準】

どうやら多数派の人たちにとって、この二つの水準はあまり気にせずとも生きていける、あるいはそもそもこのような二つの水準が存在すること自体が問題化されないように「社会」はできているようです。しかし、そうしたマジョリティ基準の社会的ルールが、かえって困りごとを抱える当事者にとっては二つの水準のあいだのずれを強く感じさせ、そこで起こる問題の責めを必要以上にマイノリティの側に負わせているのかもしれません（例：「あなたは〇〇できない」、「あなたは××しすぎている」など）。前置きが長くなりましたが、以上のことを念頭に、これからのお話を聞いていただければと思います。

2. 感情をめぐる科学の歴史

(1) 普遍主義――生理学・心理学・脳科学

そもそも「感情」とは何か。みなさんは、おそらく感情は人間の内部にあり、内側から自然と湧《わ》きあがってくる、動物的反応や本能に近いものだと考えているのではないでしょうか。実際、これまでの感情の科学も、このような通俗的な感情理解を前提にその歴史を積んできました。

たとえば、感情は人間の生体内の分泌物から生まれるととらえた生理学の立場からの研究があります。その一人、ジェームズは「悲しいから涙が出るのではなく、涙が出るから悲しいのだ」と考え、涙が出る生理現象が悲しみの正体だと言います。ほかにも、人間には心という共通したメカニズムが内蔵されていることを前提に、その普遍的な機能の一つとして感情を研究してきたのが心理学です[1]。さらに、人類の進化の視点から感情の研究が可能と考える、ダーウィンの進化論を端緒とした進化心理学という立場もあり

1 W・ジェームズ（著）、今田寛（訳）（上 一九九二、下 一九九三）『心理学』（上、下）、岩波書店

ます（例：怒って歯をむき出すのは、動物の噛みつきから派生した、など）。また昨今、流行りの脳科学は、誰にでも共通した脳のメカニズムから感情を説明できるとする立場であり、心脳一元論で研究を進めています。これらは、いずれも普遍主義的な立場からの感情研究です。

(2) 相対主義——文化人類学・社会史

しかし、こうした感情理解はどこまで妥当なのかという疑問が出てきます。この疑問から研究をはじめたのが文化人類学や社会史の立場です。この研究分野によって、感情の種類や表現形態は一様ではなく、むしろ文化や時代ごとにまったく異なるという事実が、さまざまな調査から明らかにされてきました。

たとえば、マレー語には、怒り（anger）に対応した言葉がありません。私たちが一般的に怒りとして経験している感情を、マレー語を使う人びとは、概念的にもっていないのです（もっとも近いと考えられる「marah」は、あくまで不機嫌で塞《ふさ》ぎこんだ状態です）。またタヒチ島の人びとは、近親者の死に際し、悲しみや寂しさではなく、病や悪霊の仕業という彼らの文化に特有の体験をするといいます。ほかにも、ニューギニアのグルルンバ族だけが感じる、「猛々《たけだけ》しい野豚」になるという感情は、家の周りをいきなり走り出すものですが、私たちにはそれがどういう感情なのか理解することができず、翻訳もできません。

また、これまで普遍的だとされてきた「母性愛」にも疑義が出されます。「女の人には生まれつき母性愛という本能が備わっているから、子どもを育てられる（育てるべき）」という考え方は、近代特有の家族制度（性別役割分業）とともに生まれてきた一種の神話（信仰）だと言えます。たとえば、それ以前の中世のパリでは一年間に生まれる約二万一千人の乳児のうち、大半の一万九千人は里子に出され、実母は子育てをしていませんでした。[2] 母性愛なるものが本当に女性に組み込まれた本能であるのなら、このような慣習は存在しないはずであり、また虐待などの問題も起こらないはずです。むしろ、女性には母性愛が備わっているという誤った見方のほうこそが、子どもに愛情をそそげず、子育てに悩む女性たちに深い自責の念を抱かせ、追い詰めてしまっているのではないでしょうか。

ほかにも、特定の文化や時代にだけ存在する感情は多数あります。身近な例で言えば、アニメなどの二次元キャラに対する「萌え」という感情は、二〇〇〇年代のオタク文化の隆盛とともに誕生した新しい感情だと言えるでしょう。このように、ある時代や文化には存在する感情が、別の時代や文化には存在しないという現象（またはその逆）が広く認められるのです。

(3)感情の二要因論——社会的文脈の影響

さて、このように感情は生理現象や心理現象ではなく、実は文化的・社会的な現象ではないかということが次第にわかってきました。このことを裏づけるシャクターとシンガーによる実験を紹介したいと思います。[3]

実験は、被験者にアドレナリンをビタミン剤と偽って投与するものです【図1】。被験者群は、A・B・Cと分けられ、Aグループの被験者には「神経が興奮するかもしれない」と伝えます。しかし、Bグ

2　E・バダンテール（著）、鈴木晶（訳）（一九九一）．『母性という神話』筑摩書房

3　Schachter, S. & J. E. Singer, (1962). Cognitive, Social and Phychological Determinants of Emotional State. *Psychological Review*, 69, 379-399.

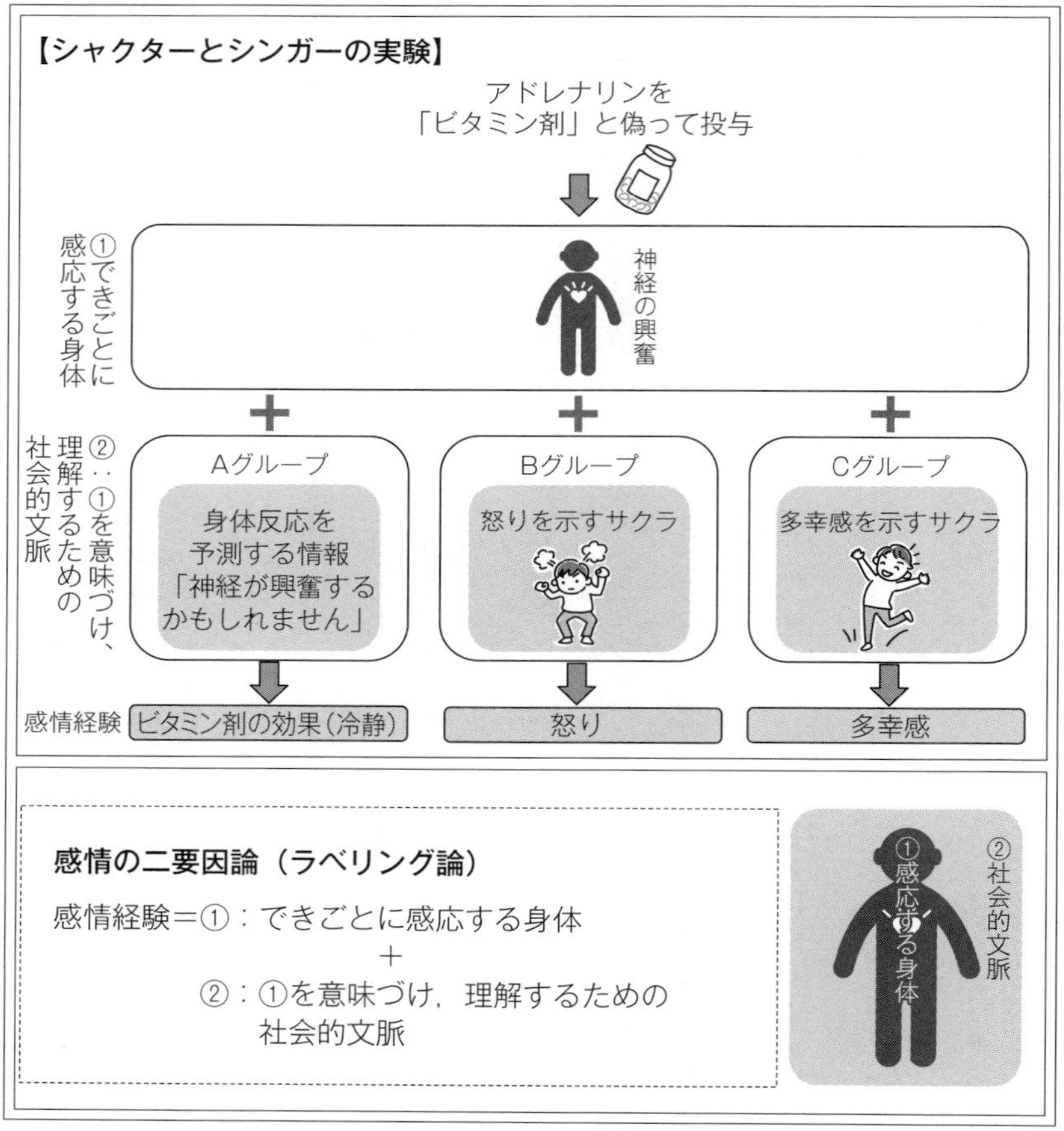

図１：シャクターとシンガーの実験と「感情の二要因論（ラベリング論）」

シャクターとシンガーの実験結果は，たとえ同じ身体的変化が起きても，それを解釈するときの「状況」や「文脈」の違いに応じて，まったく異なる感情を経験しうるという事実を示している。ここに，感情経験には２つの要因が必要だという「感情の二要因論（ラベリング論）」が提唱されることになる。

ループとCグループには何も情報を与えません。代わりにBグループには「怒り」を示すサクラ（わざと演技する人）を、Cグループには「多幸感」を示すサクラを紛れ込ませておきます。

結果は次のようなものでした。Aグループはあらかじめ与えられた情報にもとづいて自らの身体的興奮を「ビタミン剤の効果」と冷静に報告したのに対し、何も情報が与えられなかったBグループは、Aグループと同じ身体的興奮であるにもかかわらず、サクラに影響されて「怒り」と報告し、Cグループは「多幸感」と報告したのです。この結果は、たとえ同じ身体的変化が起きても、人間はそれを解釈するときの「状況」や「文脈」の違いに応じて、まったく異なる感情を経験しうるという事実を示しています。仮に生理学が言うように、それぞれの感情にそれぞれの分泌物が対応しているなら、感情の種類ごとに異なる分泌物が無数に必要になりますが、それはありえません（たとえば、萌えには萌え用の、無念には無念用の、残念には残念用の分泌物があるということになってしまいます）。ここから、どんな内臓感覚や身体的興奮（心臓がドキドキ、口が渇くなど）を抱いていても、それをどう理解するのか――自分は緊張しているのか、恥ずかしいからドキドキしているのか、怒っているからなのか――というときには、その人が置かれている状況の文脈が強く影響しているということがわかってきたのです。ここに、感情経験には二つの要因が必要だという**「感情の二要因論（ラベリング論）」**が提唱されることになります。それは、**①：できごとに感応する身体**、**②：①を意味づけ、理解するための社会的文脈**です。この二つの水準があってはじめて、私たちは感情をそれとして経験することができるのです。

冒頭の質問における困りごとは、まさにこの感情をめぐる二つの水準にかかわって起きていることが予想されます。だとすると、次のことが問われなければなりません。

まず、「①と②は同時なのか、同時ではないのか？」。答えをさきに言うと同時に起きています。また「どちらか一方だけが強い（バランスが崩れた）場合どうなるのか？」。これもさきどりすると、それぞれ違った苦しみが生まれてきます。そして「②の文脈だけが社会的で、①はやはり生理的（非社会的）な現象ではないのか？」。実は①も文化的・社会的な現象として考えることができます。

このように、「感情というのは、社会的につくられているのではないか」という発想の転換、これが次に見ていく**感情社会学**のさまざまな考え方につながっていきます。

3. 感情社会学の考え方

⑴ 感情規則——感情は社会的につくられる

感情社会学は、感情が社会的・文化的・歴史的な構築物であること、つまりさきほどの【図1】の②の影響力を強調します。たとえば、人から「怒ってもいいんだよ」「泣いてもいいんだよ」と言われてはじめて、自分が怒っていることや悲しんでいることに気づくことがあります。つまり、私たちは絶えず、他者とのやりとりや関係性の中で（自他の）感情を理解したり、特定したりしているのだと、感情社会学は考えるわけです。またこれに関連して、感情社会学では**「感情規則（Feeling rules）」**という概念が提示されています。これは感情をめぐる社会的な取り決めです。「親が死んだのに悲しめないなんて非人間的だ！」「そんなことで怒らないでよ！」など、「〇〇なのに××を感じない（感じる）なんておかしい！」

といった非難の言葉があると思いますが、これは裏を返せば、**どのような状況でどのような感情をどのくらい表出するのが適切か**というルールが私たちの社会には存在していることを示しています。このような感情をめぐる社会的なルールがあるからこそ、そこからはずれたときに、非人間的だとか、病気だとか、異常だといった非難の言葉が発せられる（浴びせられる）ことになるわけです。

そして、この感情規則は、文化圏によって実に多様なあり方をしています。たとえば、韓国やアメリカの人は、日本人に比べて一見、感情表現が豊かに感じられるかもしれません。これも、どのような状況で、どのような感情をどのくらいの強さで表現するかのルールが、文化的に異なるためです。また同じ国や文化圏であっても、社会階層やジェンダー、世代やエスニシティなどさまざまな文化的背景によって感情文化は違ってきます。ですから、もし違う時代や文化、階層などに行ったら、私たちが適切な感情経験と思っているものが逆に異常なものとされる可能性があるわけです。つまり、ある感情を抱くことが、その社会の中で異常か正常かは恣意的に決められており、その恣意的なルールが感情規則だということになります。ですが、私たちはそれなしには自他の感情を言語的に理解することはできません。「こういうときにはこういう感情を経験するだろう」という、その社会の中で理解可能な意味の結びつきとしての感情規則を手がかりにして、私たちは自己や他者の感情を理解しているからです。

そのため、感情規則がうまく適用できないような場面では、自分の感情ですら理解することが難しくなります。身体は反応していても、言葉では理解できない。たとえば学校で、「あの子と一緒にいるとドキドキする」ので、どうしていいかわからずにその子に意地悪をしてしまう。「それは恋だよ」と言われてはじめて「これが恋なんだ」と意味づけします。身体的レベルでは何かを感じとっていても、感情規則にもとづいた文脈的理解が与えられないと、それに振り回されるということが起きうるのです。

(2) 感情教育という営み

では、感情規則はどのように学ばれるのでしょうか。赤ちゃんはまだ、①自分の身体と、②社会的な状況とのつながりはお構いなしです。電車の中で泣き出すのは不適切とされている行為ですが、赤ちゃんは気にしません。しかし、次第に赤ちゃんはそのつながりを学びはじめます。養育者は「よしよし、お母さんいなくて寂しかったのね」とか、「こんなことで泣かないの」、「おもちゃなくしちゃって悲しいね」などと語りかけます。赤ちゃんはそれを聞きながら、状況を理解するための言葉の使用法を覚え、同時にそれらの状況と自らの感情的な身体状態との理解可能な意味のつながり（規則）も学んでいきます。こうした過程を経て、子どもは**「こういうときはこういう感情を経験したり、表出したりしてもいいんだ」**ということを学んでいくのです。[4]

しかし、この学びのプロセスがうまくいかないこともあります。その一つが虐待です。子どもが泣いたりワガママを言ったりしてもいい場面で暴力などの身体的虐待を受けると、子どもは**泣いていいときがわからなくなります**。心理的な虐待も同様です。たとえば、子どもがカブトムシをつかまえてきて、自慢げに楽しそうに「こんなに大きいのをつかまえたよ」と、親に見せてきたとします。そのときの親の反応としては三つのしかたが想定できます。一つめは「大きい虫ね、すごいわね！」と、子どもが虫をつかまえてきたことを評価するパターンです。二つめは「何この汚い虫！　捨ててらっしゃい！」と、プラスに評価はしていないけれど、虫をつかまえてきたこと自体は受けとめているパターンです。三つめは「坊や、服が汚れているわよ、着替えてらっしゃい」と、子どもがカブトムシをつかまえた事実も、子どもが楽しそうにしている事実も、すべて無視するパターンです。この三つめのパターンですと、子どもはカブトムシをつかまえて楽しかったはずなのに、自分のしたことがよいことなのか悪いことなのか、喜んでいいのかどうかを学ぶことができず、どう反応していいのかわからなくなってしまうでしょう。[5]

こうした不適切なかかわりが繰り返されると、子どもは①「感情的な身体状態／動作」と、②「社会的状況」の適切なつながりや、社会生活に必要な感情をめぐる人とのつながり方を学ぶことができないまま育つことになります。そのような子どもは、成長し大人となって家庭を出るときに問題を抱えがちです。「家庭内で学んだ感情規則」と「家庭外（社会）で必要な感情規則」とのあいだに齟齬《そご》が生じるからです。「嫌なときにはすぐに怒るもの」と家庭で学んだ子どもが、社会でも同じようにふるまえば、周囲から短気で攻撃性が高いと思われるかもしれません。このようなずれが著しい場合（＝適用範囲の狭い感情規則しか学んでいない場合）、自分や他者の感情を理解することに困難を感じてしまうことになり、他者とうまく関係を築き、維持することが難しくなると考えられています。[6]

4　J・クルター（著）、西阪仰（訳）（一九九八）．『心の社会的構成――ヴィトゲンシュタイン派エスノメソドロジーの視点』新曜社

5　R・D・レイン（著）、志貴春彦・笠原嘉（訳）（一九七五）．『自己と他者』みすず書房

6　このような感情教育は学校でもおこなわれます。たとえば小学校の国語の時間、児童たちは主人公の気持ちになって物語を読み、感動することが求められ、その感想文は教師によって評価されます。しかし、評価されるということは、「間違った」感動や「正しい」感動が大人社会によってあらかじめ用意されているということを意味します。そのとおりに正しく感動すれば優等生とみなされ、できなければ添削され、指導される。その結果、児童たちは、もし主人公と似た立場に置かれたら、その主人公と同じように感じ、表現するかもしれません。このように「人は感じるように、それも今ある状況に適した標準化された感情を経験するように調教される」のだと感情社会学者は述べます（岡原正幸・山田昌弘・安川一・石川准（一九九七）．『感情の社会学――エモーション・コンシャスな時代』世界思想社）。

このように、私たちは家庭や学校、地域や出身階層の文化における、日々の何気ない人とのかかわりあいの中で、感情をめぐるルール（文法や規則）を、人びとの反応を受けとりながら知らず知らずのうちに学んできていると言えます。そして、適応範囲の狭い規則しか習得していない場合、後々のコミュニケーションに困難が起こりがちだと言えるでしょう。逆に幅広くさまざまな文脈における規則を学んでいる「文化的雑食（オムニボア）」であれば、広い人間関係に適応でき、社会的に成功する可能性も高まると言われています。このような感情社会学の見方からすれば、感情をめぐる社会的規則は、①できごとに感応する自らの身体を、②状況や文脈の中で理解をする上で、強い影響力をもち、かつ不可欠な要素となっている、ということがわかるかと思います。

(3)感情管理という営み——表層演技／深層演技

ここまで考えてみたところで、**Q1—4「一般的な感情のコントロールの方法」**についてお話ししていきたいと思います。

おもに感情の管理行為がおこなわれるのは、その場で自分が「抱いている」感情と、社会的に「抱くべき」とされている感情とのずれが意識されたときです。その際、一般的に用いられる感情管理の方法には二つあると言われています。

一つは他者から非難されないように感情規則に応じて上辺だけ演技する**表層演技**とよばれる方法です。葬儀の場で笑いそうになっても神妙なフリをする、上司に嫌味を言われてもつくり笑いする、などが典型です。それに対して**深層演技**という中身まで演技する方法があります。たとえば、葬儀の場で、さして親

図２：感情管理の２つの方法

しくなかった故人であっても、その人との日々をわざわざ思い出して実際に悲しくなろうとするとか、上司に嫌味を言われて腹を立てていても、「自分のために怒ってくれていたのかもしれない」、「きっと上司は何か嫌なことがあったから嫌味を言ったんだ、かわいそう」などと解釈を変えて怒りを消す、などです【図２】。ポイントは、身体ではなく、自分の置かれた状況や文脈をめぐる解釈を組み替えることで、自分の感情も組み替えている点です。

　しかし、こうした感情管理はそれを継続的に強いられた場合、さまざまな苦しみ（疎外）を生みます。表層演技の場合、「嫌な気持ちが湧いても演技でつくり笑いをし、本当の気持ちが出せない」、「自分にも相手にも嘘をつき続けている」というように、本心とはかけはなれた身体表現を繰り返すために自己の欺《ぎ》瞞《まん》性に思い悩むことになります。さらに深層演技の場合、一般的に「感情とは自然に湧きあがってくるもの」だと考えられてしまっているがゆえに、「本当の」感情までも意図的につくり変えている自分は「そうした自然なものをもたない人間なのではないか」、あるいは「もう自分でも何が『本当』で『嘘』なのかがわからない」といった苦悩や恐怖を抱えていく可能性があるのです。[7]

⑷感情管理化社会

対人サービス業が支配的となった現代社会では、日常生活の中でもかつてないほど「適切に感情を管理せよ！」と要請されるようになっていると言えるでしょう。このような現代社会は**「感情管理化社会」**とよばれます。さらに、感情管理の要請が高まるにつれ、逆説的に、少しでも「感情管理」の劣る者が逸脱者として病理化され、医療の対象にされていくことを考えると、感情管理化社会とは、互いの感情が適切か否かを、つねに監視しあっている社会だとも言えるでしょう（感情監視社会）。

私が研究のテーマとしているものに、「境界性パーソナリティ障害」があります。「感情管理」に困りごと（見捨てられ不安や不適切な怒りの制御困難、自傷行為など）をもつ人びとで、圧倒的に女性が多いと言われています（男性の四倍）。しかし、この統計データを聞いて、「女性はすぐ感情的になるからね」と考えるのは早計です。むしろ事態は逆です。「女性は男性よりも感情的だ」という偏見（ジェンダー・バイアス）があるからこそ、女性に診断が下りやすいのだと考えられます。言い方を換えると、男性は感情管理できなくても許容されるのに、女性は感情管理できないと病名が付与される、そういう感情をめぐる男性優位（女性劣位）社会に私たちは生きているのだと言えます。たとえば男性の場合、家庭内で妻に怒鳴ったり、街中ですぐに喧嘩をはじめたりすることは、長らく（もしかしたら現在も）男らしさの象徴だととらえられてきました。つまり、「女性よりも理性的だ」とされている男性にも、感情的な側面があるにもかかわらず、それが問題（犯罪・病気）にされないような権力を、社会は長らく男性に与えてきました。対して女性の場合は、家庭内でのケア労働[8]においては「優しさ」といった感情を期待される一方で、男性を困らせるような感情には「ヒステリー」などの言葉が与えられ、異常なものとして病理化されるという、矛盾した感情規則を割り当てられてきたのです。

このようにコミュニケーションにおける感情の問題が「誰（どちら）」に帰属されやすいかは、個人の問題ではなくて社会の問題だと言えます。白人よりも黒人に、健常者より障害者に、ホワイトカラーより

7・8 現代社会では、感情管理は日常的な労働においても求められるようになっています。ホックシールドはこの種の労働を **「感情労働」** と名づけました。感情労働とは、肉体労働や知的労働とは異なり、感情管理の遂行によって対価を得る仕事です（人とかかわる仕事であればどんな仕事でも感情労働の側面はもちますが、疑似的な恋愛関係を演出するホステスや、わざわざ怒りをつくって相手を脅す借金取りなど、職務として相手の感情を動かすための感情管理が課される仕事をおもにさします）。たとえば、育児・看護・介護などを担う **「ケア労働」** の一つである看護師には、業務として自分の感情をコントロールすることで、病気やケガに苦しむ患者の不安を取り除かねばならない局面が多々あります。しかし、このようなケア労働のうち、育児や介護は、人の生活に不可欠であり、しかも、かなりの感情労働にもかかわらず、価値が低いとされ、金銭が支払われない仕事（無賃金労働／シャドウ・ワーク）として、長らく家庭内の女性に割り当てられてきた歴史があります。これもさきほど述べたように、女性には「優しさ」とか「母性愛」といったものが生来、備わっているとされたため、やって当たり前、やることが幸せ、対価を求めるなんてもってのほか、とみなされる社会的背景によるものです。これは、女性だけに割り当てられた不平等な感情規則であり、男性中心社会による経済的・精神的な搾取だと言えます（A・R・ホックシールド（著）、石川准・室伏亜希（訳）（二〇〇〇）『管理される心——感情が商品になるとき』世界思想社）。

こうした感情労働による感情の酷使は、バーン・アウト（燃え尽き）やアイデンティティの危機、自殺などの問題を引き起こします。そこまで深刻でない場合でも、自分の中での「嘘の」感情が日常的に自覚されるようになると、人びとは対症療法として、泣ける映画をわざわざ見にいって、「こんなに素直に泣ける自分がいたんだ」と安心しようとしたり、スピリチュアルの世界や自己啓発（分析）セミナーに行って「本当の」自分探しをはじめたりします。嘘の感情をつくり出さなければならない状況が増えているからこそ、本当の自分を求めてしまう。これらは、感情管理が求められる現代の逆説が生んだ社会現象としてとらえることもできるのです。

もブルーカラーに、大人よりも子どもに、「おまえの感情はおかしい」と、社会的属性によって問題の帰責先が左右されるという現象は、私たちの日常生活のいたるところに浸透しています。

(5) 文脈の重要性——図と地のモデルで考える

ここまでは、【感情経験＝①できごとに感応する身体＋②社会的な文脈や規則にもとづく理解】という【図２】の②の影響力についてお話ししてきました。しかしまだ①と②の関係がどうなっているのか、すなわち、①を②が規定したり抑圧したりするとはどういうことなのか、見えてこないところもあるかと思います。このことを「ルビンの壺」を使って説明したいと思います【図３】。この絵では、壺が「図（＝かたち・対象）」に見えるとき、向かいあった二つの顔は「地（＝背景・文脈）」となって退《しりぞ》き、逆に、顔が「図」に見えるとき、壺は「地」として退いています。このように、私たちが何か物ごとを認識するときには

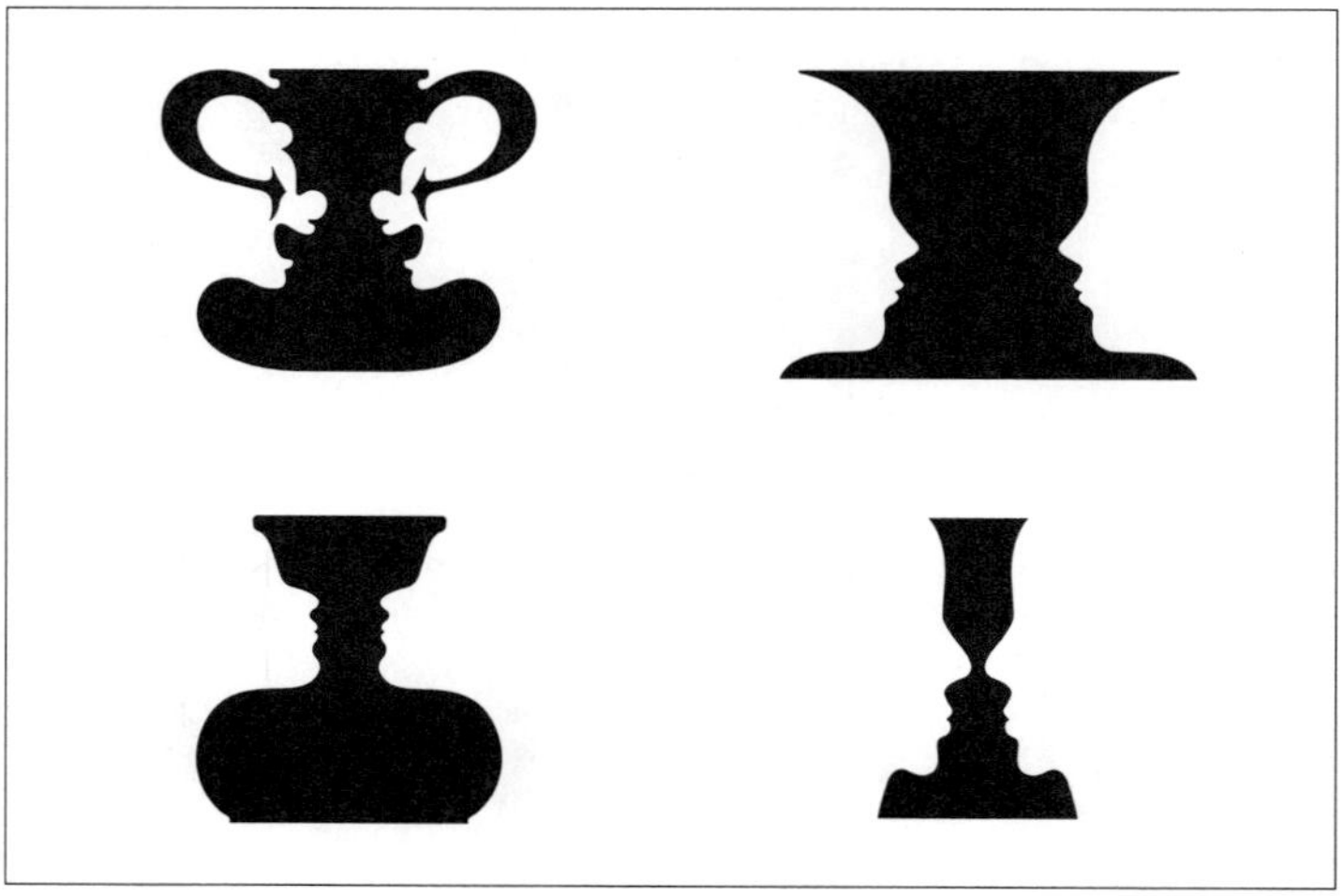

図３：ルビンの壺

つねに、「図」と「地」がセットになっており、どちらが欠けても私たちの認識は成り立ちません。同じことは、私たちが自分の感情を理解するときにも起きています。①身体の状況（図）と②社会的文脈（地）はつねにセットで認識されていて、どちらが欠けていても、自分の感情を言葉で理解することはできませんし、②社会的文脈（地）が変われば、①身体の状況（図）の認識（感情経験）も変わってしまいます。たとえば、「吊り橋効果」というものがあります。吊り橋を渡るときの身体のドキドキ（図）は、高い所を渡るという文脈（地）の中では「恐怖」として理解されますが、向かい側からとても魅力的な人が歩いてきて親しげに話しかけてくるという文脈（地）が与えられると、さきほどまでの身体のドキドキ（図）は、恐怖ではなく「恋」として理解される、というものです。「地」の変化に応じて「図」の意味も変化しているのです。

この図と地のモデルを使って、事前にいただいた質問に答えますと、まず、**Q1―1―（a）「自分で自分の感情がわかる」というメカニズム**とは、①できごとに感応した身体（図）に、②社会的な文脈（地）から意味を与えることだと、説明できるかと思います（例：「明日大事なテストだから緊張（ドキドキ）するなあ」）。ですから、自分の感情がわからないからといって、体内の分泌物や心拍といった自分の身体の状況（図）だけを探っていっても泥沼になることが多々あります。感情は私たちの内側で経験されるものですが、その正体は外側を見なければわからないのです。

次に、**Q1―1―（b）「自分が感情を自覚することと態度（身体）への現れの関係」**についてです。感情の身体への現れについてはこのあと詳しく話しますが、ここで確認しておきたいのは、①身体の現れ（図）は②社会的文脈（地）によって意味の輪郭を与えられないと宙に浮いてしまうということです。理由のわからない漠然とした不安感や焦燥感がこれにあたります。宙に浮いたわけのわからない身体の反応は不安をかきたて、このあと説明する外傷的なできごとにつながっていきます。

そして、**Q1―2「人の気持ちがわかるしくみ」**ですが、これも基本的には**Q1―1―（a）「自分で自分の感情がわかる」というメカニズム**と同じです。【図4左】の泣き顔のように、①表情（図）だけでは、悲しくて泣いているのか、悔しくて泣いているのか、嬉しくて泣いているのか、はたまた痛くて泣いているのか、他人の気持ちはわかりません。しかし、ここに「一位をとった」という②社会的文脈（地）が加わると、一瞬にして嬉し泣きだとわかります【図4右】。他者の感情についても、表情（図）とそれを取り囲む社会的文脈（地）の組み合わせで、私たちは判断・理解しているのです。

しかし、さらに残された問題があります。感情社会学がいう「②社会的文脈や感情規則（地）」の重要性はわかったけれど、「①できごとに感応する身体（図）」はどこから

図4：他者の感情の理解も表情と社会的文脈の組み合わせ

表情（図）に社会的文脈（地）が加わると「嬉し泣き」だと理解できる

くるのか。また、他人の感情がわかるしくみはわかったが、「他人の感情に共感するとか、受けとってしまう」というしくみはどうなっているのか。そして、「感情と時間感覚の関係」が問いとして残されています。つまり、ここまで見てきた感情社会学の考え方は、言葉のレベルでの自分や他者の感情をめぐるわかり方（あの人は悲しい、自分は怒っているなど）をうまく説明できる一方で、身体レベルでの「できごとへの感応」や「他者への共感」、「感情と時間感覚との関係」などはうまく説明することができないのです。「身体のレベルでできごとに感応する」「痛そうな人を見て自分まで痛くなる」「他者の気持ちと身体が共鳴する」「過去のできごとに身体が引き戻されてしまう」……そういう問題を次に考えていきます。

4．感情の現象学——感応する／共感する身体

(1) 自分の感情が「わかる」の二つの水準

身体は、私たちが自分の感情を言葉で「わかる」よりも前に、何ごとかをすでに「わかっている」（だから感応する）のではないか。**感情の現象学**は、感情の身体への現れをそのように問う分野です。

バトラーは、この感情のわかり方の違いを「**理解**（understanding）」と「**感受**（apprehension）」という言葉で説明しています。[9] 感情経験には、①できごとに感応する身体（図）と②社会的な文脈（地）の二

9 ジュディス・バトラー（著）、清水晶子（訳）（二〇一二）．『戦争の枠組——生はいつ嘆きうるものであるのか』筑摩書房

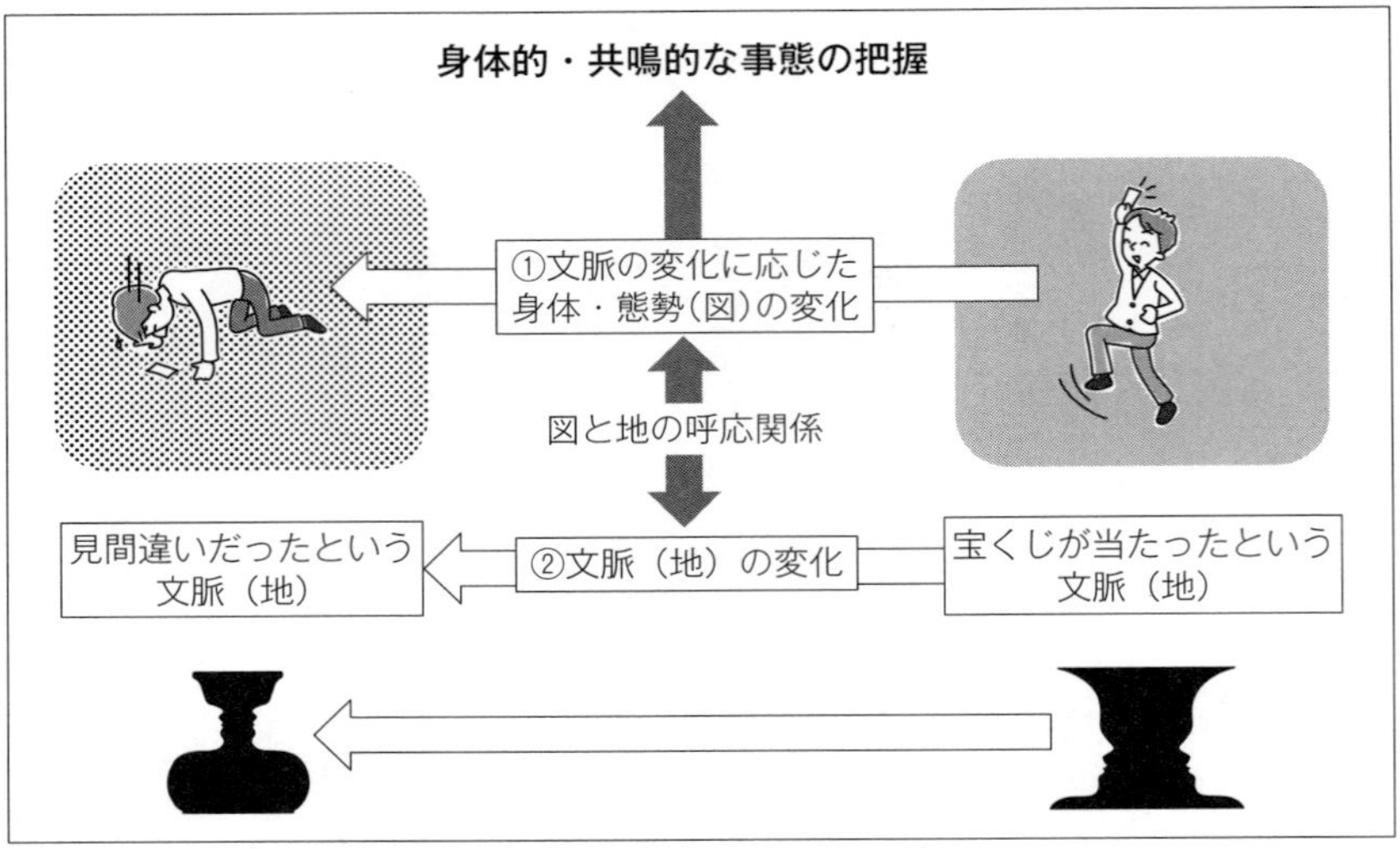

図5：感受（apprehension）のしくみ

ルビンの壺がそのかたちを変えるのと同じように，私たちの身体（図）も社会的文脈（地）の変化に応じてかたちを変える。この一体的な呼応関係から事態が把握・感受されていく。

つが必要だったことをふまえて述べますと、「理解」は前節で見た、②文脈（地）のほうから、①感応する身体（図）を**認知的・言語的に意味づけてわかる**水準です。これに対し「感受」は、文脈の変化に応じた身体の態勢（図）の変化そのものから事態が把握されていくような、**身体的・共鳴的にわかる**水準であり、図と地の呼応関係（相互の一体性）にもとづいています。宝くじが当たったと思って飛び跳ねようとした身体が、見間違いだとわかった途端、がっくりと肩を落とすように、自分が置かれている②社会的文脈（地）が変われば、それに呼応して、①私たちの身体（図）はかたちを変えます【図5】。「感受」はまさに自分自身（図）の変化を通じて、できごとの意味（地）を迎え入れようとする身体レベル（前意識的なレベル）での営みであり、「理解」とは異なる水準での「わかり方」だと言えるでしょう。

『「態勢」の哲学——知覚における身体と生』（勁草書房、二〇一四）という本の著者である佐藤義之氏は、「梅干し」を見るだけで、口の中がすっぱくなり口をすぼめることについて、梅干しを見たという情報が脳に行って口をすぼめるという、いわゆる「刺激—反応図式」では説明ができないと述べています。なぜなら、私たちが口をすぼめるのは、梅干しをまさに食べるものとして、あるいは想像の中で食べられるものとして、それを見たときだけだからです。ここからわかるのは、身体が何かを把握しようとするとき、必ず身体はそれに応じた構えで迎え入れようとするということです。すっぱい梅干しを迎え入れるために口をすぼめるというよりも、口がすぼまるというかたちで対象を迎え入れようとすることではじめて、それは「すっぱい梅干し」という身体的な意味が生きられるのです。

ですから、何ごとかにうまく態勢（図）をつくれないという齟齬は、意味の空白（傷）をつくる可能性があると言えます。たとえば、悩みごとをもっていて上《うわ》の空で食べた食事は食べた気がしないというのも、「食べる」という態勢がつくれていないから（ただ食べ物を口に運ぶだけで）、身体的な意味の充実が起こらない。あるいは、大きな事故の光景に立ち尽くすというのも、そもそもそうした現実（文脈＝地）を受け入れる構え（図）をとることができないということの現れであるように思います。いずれにせよ、私たちの身体は「地（文脈）」に呼応した「態勢（図）」を前反省的に体現しており、そうした変化を通じて身体レベルでの意味把握を一体的におこなっているのです。「重い責任」を背負うときには、本当に何かを背負ったように感じ、重みの態勢をとりますし、「大切な人を失った」ときには、本当に何かの支えを失い、崩れ落ちるような態勢をとり、また無理に「要求を押し通そうとする」ときには、本当に何かを押し

感情経験＝　①できごとに感応する**身体的把握（図）**：apprehension（感受）
↓《呼応関係》↑
②社会的文脈にもとづく**言語的理解（地）**：understanding（理解）

図6：自分の感情が「わかる」の2つの水準

ているような力みの態勢をとっていることでしょう。

顔の表情も身体が体現する構えの一つです。私たちは自分の感情（楽しさや怒り）を「理解する（understanding）」前に、感情的な表情（笑顔やしかめっ面）をつくり出しています。「私、楽しいから笑おうっと」と思ってから笑顔をつくっているわけではないのです。「理解」よりも前に「感受」がはたらき出して、表情という一つの構え（図）をつくり出しています。だから表情は、内的な状態の外的な現れではなく、顔が向きあっている社会的なできごと（地）が身体に図として写し出される共鳴的な現象だと考えられます。顔は、その人が向きあっている現実をもっともよく写し出すのです。[10・11]

定式化すると【図6】のようになります。①図と②地があって、②社会的文脈にもとづく言語的「理解」に対し、①図と②地に起きている呼応関係を①「自らの変化」を通じて身体的に把握するのが「感受」です。たとえば、大勢の前で何かを披露しなければならないとき、勝手に身体が文脈に感応してドキドキするわけです。身体はこのドキドキというかたちですでに自分の置かれている状況を「把握」しています。でもそれは身体レベルなので、明確に言葉にしたり自覚できたりするものではありません。ふと自分のドキドキや身体の固さに意識が向いたときにはじめて、そこに文脈にもとづいた「緊張」という言葉が与えられ「理解」されます。およそマジョリティはこのように感情を生きていると言えます。

そうすると、**Q1—1「自分では怒ったり悲しんだりしているつもりがないのですが、人からは『感情が態度に出すぎている』と言われ」**るという困りごとはどう考えられるでしょう。単に、身体的な「感受」はしているけれども、それを自覚し意味づける言語的な「理解」がなかなかできていない、と考えることもできるかもしれません。しかし、「出すぎている」という指摘は、それ自体がある種のマジョリティ側のルール（感情規則）からの逸脱を指摘しているにすぎず、マイノリティ側からすれば、「出すぎている」わけではなく、まだそれを「理解」する段階ではない、というケースが考えられます。つまり、①と②の関係性の基準がマジョリティとマイノリティで異なっている可能性があるのです。

⑵他者の感情が「わかる」の二つの水準

自己の感情のわかり方が二つあるように、他者の感情のわかり方も「理解」と「感受」の二つの水準があります。さきほど示したように、【図4】の泣き顔を、文脈から判断して嬉し泣きとわかるのが「理解」です。では、他者の感情を身体的に共鳴してわかる「感受」はどのようにして起こるのでしょう。

---

10 このような感情的な「表情」や「態勢」も、感情規則同様、生得的な反応というよりも文化的につくられたものとしてあります。社会学では「ハビトゥス（身体的傾向性）」とよばれ、何を好む（嫌う）か、どんなできごと（地）にどんな構え（図）をとりやすいかは、文化や時代、階層、ジェンダーを背景に後天的に身体に蓄積された経験にもとづいています。感情的な構えには、文化的な「型」のようなものがあるのです。ですから逆に言うと、かかわる他者が変わればこれらも変化します。たとえば、昔はワインなどどれを飲んでも同じだとしか感じられなかったのに、ワイン通の友人の話を聞きながら一緒に飲んでいると、微細な味や香り、舌触りや重さが感じとれるようになったり、過酷な人間関係を生きてきた人が安心できる居場所を見つけると顔つきやふるまいが柔らかくなったりと、「その人らしさ」は常に変化に拓かれているのです。
鈴木智之（二〇一五）.「ハビトゥスの共鳴——身体的相互作用と性向の現働化」『社会志林』61巻4号

11 中田基昭（二〇一一）.『表情の感受性——日常生活の現象学への誘い』東京大学出版会

たとえば、みなさんはコンビニの店員さんから「ありがとうございました」と言われた経験があると思います。私たちは店員さんが「感謝」してくれていることを理解はできるのですが、別段、その想いを感受して、それに共感してしまうなどということはないように思います。あるいは、誰かに悩みを相談したり、されたりする場面を考えてみてもいいでしょう。自分が悩みごとを相談して、相手は「うんうん、わかるよ、わかるわかる」と理解はしてくれているようなのだけれど、どうも受けとってもらえている感じがしないことがある。反対に、誰かに悩みを相談されて、相手の言おうとしていることはどうもよくわからないのだけれど、相手の苦しさやつらさだけは受けとってしまうことがある。実はこうしたずれは、日常的にしょっちゅう経験しているはずです。相手の言っていることが**理解はできるが伝わってこない**とか、**理解はできないが伝わってくる**というようなずれです。伝えようとしても伝わらない、あるいは、伝えようとしなくても伝わってしまうというときも、他者の気持ちの「理解」と「感受」ですれ違いが起きているわけです。

どうしてこのようなことが起きるのかというと、他者の感情のわかり方の違いの背景にも、やはり構えの違いが存在しているのです。他者の気持ちを言語的・認知的に「理解する」ときは、他者と**「対峙しあう」**関係にあるのに対して、他者の気持ちを身体的・共鳴的に「感受する」ときというのは、他者と**「並ぶ」**関係、**「なぞる」**関係にあると言えます。たとえば、一緒に公園を散歩するときに、いつの間にか歩調が合ってきて、何を話すわけでもないのに、相手の気持ちが伝わってくるように思えることがあります。そのようなとき、二人はお互いを図として対象化する「対峙しあう」関係ではなく、むしろ二人で同じ対象や意味世界を共有する「並ぶ」関係にあります。また、何気ない会話の中で、かつて二人で観た映画の場面を思い出しながら懐かしみ、一緒にそのストーリーを再構成していくような場面でも、二人はその想起すべき対象や物語世界に対し「並んで」います。はじめは交互に新たな想起を加え、ストーリーを織り込んでいきます。しかし、しばらくすると相手の発話の一部をなぞりはじめます。「あっ、そうそう、それで（それで……）、かあさんが（さんが……）でかけて（けて）、あにきが（きが……）」。こうして相互の発話をなぞっているうち、どちらがどちらの発話をなぞっていたのか、自分の発話なのか、相手の発話なのかわからなくなり、二つの身体（図）が一緒になって一つの発話（地）を紡ぎ、織りなしていきます。これをユニゾン的な同時発話と言います。このように自分と他者が並ぶ関係において他者の発話や歩調をなぞることは、自分の身体（図）を相手の身体（図）に重ねつつ、同じ対象世界（地）の中に身を置こうとし、そこで自分に感じられていることを手がかりに、相手の状態を探る「なり込む」という共感的な経験の基礎になります。[12] 相手が見ている景色や生きている物語世界という「文脈（地）」を共有しようとすることで、最初は異なるかたちの「図」だった互いの身体が、やがて相手が感じているように感じようとし、共鳴していくのです【図7】。

また、この対峙する「理解」の関係と、並ぶ「感受」の関係は、必ずしも対立しあうものではありません。Aさんが「これこれでつらかった」と訴えるのに対しBさんが向きあい、「これこれでつらかったんだね」と相手の発話を繰り返す。このとき、単に繰り返しているわけではなく、相手の感情を言葉で「理解」し、「君の話をちゃんと聞いている」というメッセージを伝えています。それと同時に、相手の語る

12 岡田美智男（二〇一二）．『弱いロボット』医学書院

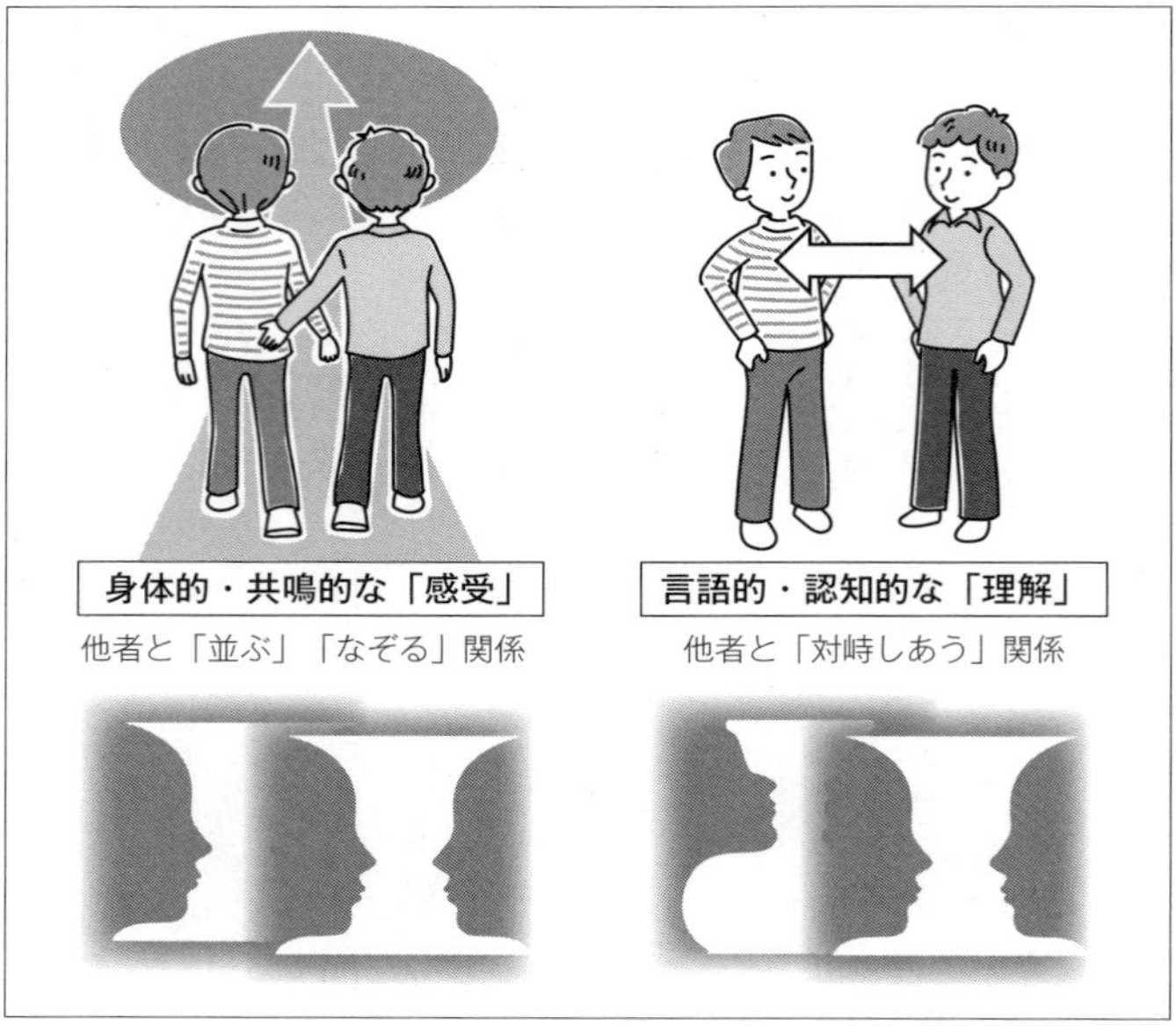

図７：他者の感情が「わかる」の２つの水準

物語の文脈や景色（地）を一緒に見ながら、相手の身体（図）を自身に引き写すようにして、そこで生きられる「地」と「図」の変化に伴走していく。そうしたかたちでのなり込み（呼応的な推測）によって、相手の感情を身体的にも「感受」し、共感的に対話を深めていく。このように、よき他者理解が生じているときというのは、「理解」と「感受」の両方が同時に成立しているときなのではないでしょうか。

たとえば、看護ケアの場面では、言語的な理解だけに頼らず、ときに患者さんの抱く不安や苦しみを共感的に把握することが求められるといいます。左記に紹介する「爪の痕」[13]は、看護師の佐藤登美氏による、ある終末期の患者さんとのそうしたエピソードの一つです（冒頭［　］内は引用者による経緯の要約）。

[正月あけに、悪性神経鞘腫《しょうしゅ》が進行したKさんが五度目の入院をする。すでに、Kさんはあらゆる抗癌対策をしたあとであり、これがおそらく最後の入院となることが予想されていた。左下肢（原発部位）の痛みとしびれ感は次第に強くなり、二月二〇日、独立歩行が困難となる。それでも彼は歩行器にぶらさがるようにして、冷汗をかきながらも歩くことへの執念をみせ続けた。しかしまもなく、両大腿部にゴロゴロと発育してきた腫瘍の圧迫から、運動・知覚神経麻痺がはじまった。二七日の朝、「歩けないんです、足に全然力が入らないんですッ」と、歩行器を前に立ちあがろうとして立てないことを発見し、その驚きで、いまにも泣き出しそうだった。三月一日には、この麻痺の急速な上行とともに、彼の「存在の感覚」は腰部から下腹部へとかけて脱落していっていた。]

3月2日、昨日と同じように、彼は一日中タオルを顔にのせて、仰臥位で身じろぎもしないで、じいっとしているかのように見えた。……誰もがそのタオルを取ることも、取るように本人に言うこともためらわれ、あえてタオルの下の彼の顔に出合おうとはしなかった。そして、回診時、神経診をするために毛布をのけ、寝巻の前を開けた時、下腹部の無数の小さな少し赤い点々がついているのを見つけて、それが爪の痕だとわかると、私（たち）はゾーッとなった。彼は決して、じいっとしていたのではなかった。目を（タオルで）ふさぎ、毛布の下で、少しずつ確実に上行してくる麻痺の進行を、指先で抓《つね》ることで確かめつづけていたのである。否、じわじわとこじあがってくる麻痺の気配に、そうせずにはいられなかったにちがいない。その何回となく確かめられた、おびただしい爪の痕は、感覚のあるところとないところの境《さかい》めを明瞭に示していた。「もう、足の痛みもしびれもありません……」という、タオルの下からの力のない声がして、私（たち）は、この爪の痕にゾーッとしながら、それを束の間見つづけていたことに、ようやく気づいたのである。……今、彼は共振れをさそう震源であり、その前にいる私は、ややもすれば共振れそうな感じがして、恐いのである。このみなもとには、存在そのものをゆさぶりそうな共振れをさけて、防衛的にはたらいている私の〝身体〟がある。……けれども、このゾーッとする、ということは、私の他者に対する身体が、彼が感じたように感じようとする、つまり呼応的なはたらき（推測）があって生じていることである。……しかも、この推測の重要性は、相手の具体的な生き方を、「私」に探るという点で、言わば共感的であり、臨床場面ではそ

13 佐藤登美・西村ユミ（編著）（二〇一四）．『〝生きるからだ〟に向き合う――身体論的看護の試み』へるす出版

ういうこだわりからしか推測できないようなことも多いのである。……その痛みや麻痺が、彼をしてどんなふうに感じさせ、彼をして何が起こっているのかを推測して、ようやく彼についての何かがわかるのではあるまいか。そしてこの推測は、彼が感じたように、私の〝身体〟を用いて感じることでしか、なされ得ない。したがって共振れの根拠である私（の身体）は、同時に彼への推測の根拠でもあると言えるだろう。……それは端的には、相手のもつ「思い」を、私にできるだけ具体的に再現すること、だと思われる。……しかし、相手のもつ「思い」には、これをはるかにこえるものがこめられている。

看護師さんたちは、医学的知識にもとづいて患者さんの状態を言語的に理解するだけでなく、患者さんの生とそのケアのためのニーズを把握するために、ときに患者さんと「並ぶ」ようにして、彼／彼女が生きている意味世界を、彼／彼女が生きているように生き、彼／彼女が感じているように感じ、これを「私」にできるだけ再現することを試みていきます。しかし、それだけに「私」（看護師の身体）は、患者さんのはかりしれない不安や恐怖に呼応し、「共振《ともぶ》れ」てしまいそうにもなるのです。

私たちは他者の感情を、文脈（地）を介することで「理解」したり、自らの身体（図）を他者の身体（図）に重ねることで「感受」したりすることができると説明してきました。しかし、そこには必ず「わかり尽くせなさ」が伴っています。どこまで行っても他者の感情を「完全にわかる」ということはありえないのです。とりわけ、自分が経験したことのない経験の中にいる他者の感情は計り知れないものですし、たとえ、自分も経験したできごとであっても、他者も同じだとは限りません。つまり、他者の感情が「わかる」と思ってしまうことは、傲慢な自己満足になる可能性があるのです（たとえば、「お前が喜ぶと思ってやったのに！」という一方通行な他者理解がはらむ暴力性を考えてみてください）。ですから、真に他者と共感的にかかわるためには、他者が自分の理解や共感を超えたところにいる可能性に「敬意を払い続ける」ということが必要になるように思います。自分の枠組みから出なければ、たとえ対面していたとしても、本当はその他者に「出会う」ことはできていない。逆説的ではありますが、他者の感情が「わからない」ということを受け入れる勇気が、共感的な他者理解への一歩になるのかもしれないのです。

　これで冒頭の質問の二つめと三つめに応答できると思います。**Q1―2「自分では共感しているつもりなのですが、『あなたは人の気持ちがわからない』と言われる」**という困りごとがありました。自分なりに**「感受」**しているのだけれど、マジョリティ側からすると**「理解」**ができていないととらえられてしまう、すれ違いが起きていると考えられます。**Q1―3「怒られているとき、どうしても上司の感情ばかりを受けとってしまい、指摘内容がわからなくなります」**という困りごとも、同じように考えられます。[14] マジョリティ側では、「感受」よりも「理解」のほうが日常的な他者理解の方法として優位になっているだけに、「理解」ができてないことに過敏に反応するのかもしれません。実際、これまでの研究では、自閉スペクトラム症者同士であれば、「理解」[15,16]も「感受」[17]もスムーズである可能性が示唆されています。マジョリティ同士、マイノリティ同士というように、身体的特徴が近いもの同士であれば、すれ違いが少な

14　ただし、厳密には、「Q1―2」と「Q1―3」では当事者の方がとっている感受は異なると考えられます。前者は、他者との並ぶ関係における共感的な感受（他者がグーなら自分もグーの図をつくる）であるのに対し、後者は対峙する関係における把握的な感受（他者のグーを自分はパーの図で迎え入れる）になります。

15　Komeda et al. (2013). Episodic memory retrieval for story characters in high-functioning autism. *Molecular Autism*, 4, 20.

16　Komeda et al. (2015). Autistic empathy toward autistic others. *Social cognitive and affective neuroscience*. 10(2): 145-52.

17　Schilbach L. (2016). Towards a second-person neuropsychiatry. *Philosophical transactions of the royal society*. B 371: 20150081.

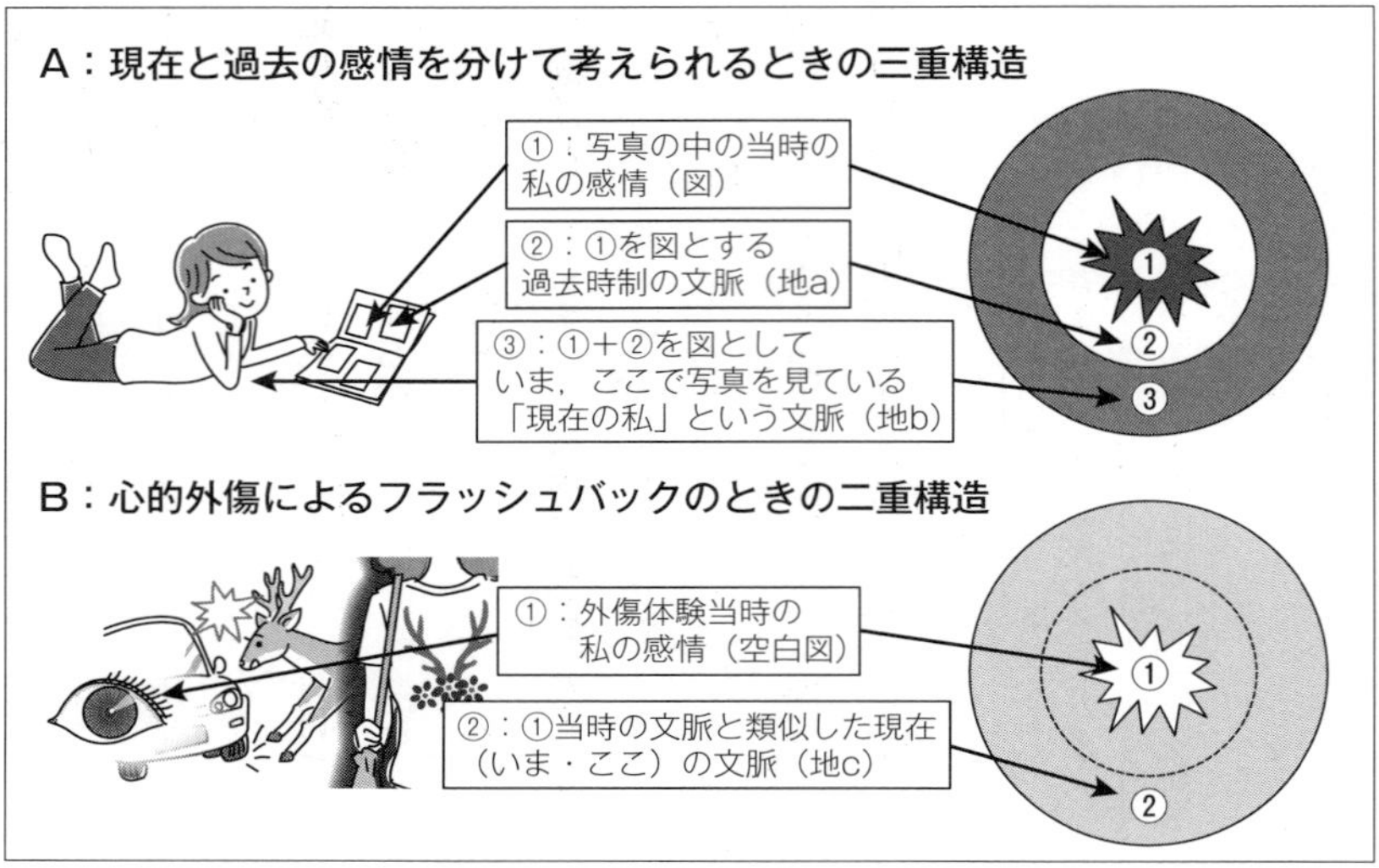

図８：感情と時間感覚

いと言えそうです。マジョリティとマイノリティのどちらが正しい、間違っているというのではなく、コミュニケーション方法の差異から生じた「理解」と「感受」をめぐるすれ違いであるにもかかわらず、マジョリティ側から一方的にマイノリティ側だけが責められるのはおかしいと私には思えます。

(3)感情と時間感覚の関係

最後の困りごとは、**Q1―5「昔のショックだったできごとの記憶の世界に飛んでしまうことがあります。すると、当時の感情が現在のできごとに対して放出されてしまいます。『過去と現在を混同しないで』と言われても、自分にはその境目がわかりません」**というものでした。

私たちは普段、現在と過去の感情を分けることができています。【図８Ａ】を見てください。子ども時代のアルバムをめくり、運動会で転んで悔しがっている写真を見て懐かしがっているとき、そこには必ず、「写真の中の当時の私の感情（図）」【図8A①】が真ん中にあり、「①を有意味に浮き上がらせる『悔しかった理由』という当時の文脈（地a）」【図8A②】がそれを取り囲んでいるだけでなく、同時にその外には、「①と②を現在から振り返っていまここで写真を見ている、というさらに大きな文脈（地b）」【図8A③】があります。このように**三重の構造**になっているから、現在と過去を分けて考えることができるのです。

しかし、Q1―5の質問のような状況はそうではありません。そこには、過去のあるできごとをめぐる感情（図）を理解し、意味づけるための文脈（地）が、その過去の時点では存在しなかった、という経験が深くかかわっています。ルビンの壺で言えば、「図」を図として浮き上がらせる「地」がない状況です。そうすると自らの感情に意味や輪郭が与えられず、それはぽっかりひらいてしまった傷口のような、空白の世界（非意味）が広がる混沌として経験されることになります。[18] そして、この空白図は、絶えずそれを意味づける文脈（地）をもとめ続けるかたちで潜在し続けていきます。「どうして私はあんな目にあったのか」、「私が悪かったのか」、「どうして、どうして」……そういう言葉にならない、答えのない声を発し続け、「あの経験（空白図）」を意味づけるための文脈（地）を欲し続けているわけです。このような状態を**「心的外傷」**とよびます。

そういう心的外傷の経験を抱えていると、「フラッシュバック」が起こります。【図8B】では、街中を

18　ハーマンは、戦場からの帰還兵や性暴力の被害にあった女性たちが、その深刻な経験の記憶について、しばしば真っ白な世界であると語ることを指摘しています。つねに「意味」に包まれて生きることしかできない人間にとって、こうした「非意味」の空白は傷になるのです（ジュディス・L・ハーマン（著）、中井久夫（訳）（一九九六）．『心的外傷と回復』みすず書房）。

歩いているときに、たまたま前方から来た人のTシャツに鹿の角をモチーフにしたデザインがほどこされているのを見て、突然、かつて山をドライブしている際に鹿が飛び出してきて、命にかかわる大事故を起こしたシーンに心が飛んでしまっている状態を表しています。このようにフラッシュバックでは、外傷時の前後の文脈をなぞるような、類似した文脈が現在に起こると【図8B②】、それを待ち構えていたように、文脈を渇望していた外傷的体験（空白図）が再演されてしまうのです【図8B①】。たとえば、過去にドメスティック・バイオレンスを受けた女性は、男性の大きな声を聞くだけでも、（そのあとに）暴力を受けるのではないかと身をすくめてしまいます。このことは、社会的にもまだまだ理解がされていないと言えます。だからマジョリティは、「過去と現在を混同しないで」と簡単に言えてしまう。混同したくてしているわけでもないし、意図的に混同しないようにすることも難しい。身体レベルでの困難なのです。

このようなトラウマ的経験が和《やわ》らいでいくためには、この空白図に対して、傷口にカサブタがつくように、それが現在のことではなく過去のことであるという時間軸（文脈）をつくる必要があります。そのためには現在と過去とを行ったり来たりするのではなく、現在の立ち位置にいながら過去の経験を他者に聞いてもらって、受けとめてもらう過程が大事になってきます。なぜなら新しい文脈は他者とのあいだでしか生まれないからです。そのとき私たちには、「理解」してくれる他者だけでなく、「感受」してくれる他者の両方が必要になります。ただし「理解」は専門家でもある程度可能ですが、「感受」となると当事者以外にはどうしても難しい面があります。同じ問題を共有している他者と話し合うことではじめて、空白な図に対して「これってこういうことだったんじゃないか」と、等身大の自分の腑に落ちる文脈を与えることが可能になり、非当事者との語り合いでは見つけられなかった自分の経験を言葉にし、人に伝えることができてくるケースは少なくありません。同じ経験をもつ人との出会いは、トラウマやフラッシュバックの問題をとらえていけるようになる、かなり有効な契機になると思います。そうして徐々に過去のできごとへの意味が変わり、痛みが減少していくのではないでしょうか。

Q&A：一問一答

質問：物心つくころからつねに表向きに演技をしているようで、本当の気持ちがわかりません。家族が死んでも、損得からしか悲しむことができないことを自覚しており、真の愛がないと悩んでいました。いまは「本気で人を助けたい、人の役に立ちたい」と思うのですが、すべて言語的で、心の底からの思いやりはありません。しかしこれも本心の欲求だと感じます。いま、家族が死んでも利害の上からしか悲しくないのですが、それも本当の悲しみなのか、本心から悲しみたいと願う心は何か、利害抜きで感じることはできないのか……。人と接しても、「本気で呼応する人」を演技するプログラムにしたがって共感しているという罪悪感があります。私の家族が亡くなったときの言語的悲しみは本物なのでしょうか？

回答：今回お話しした内容に照らせば、家族が亡くなった際に損得からでしか悲しめない自分を責めてしまうのは、「家族が死んだら（損得ぬきに）無条件で悲しむのが普通だ」という感情規則が存在しているからだと、ひとまずお答えできるかもしれません（実際、無条件に家族の死を悲しめる人は、ある意味、幸せな人だと思います。親との関係がうまくいっていなかった人や介護で疲弊しきっていた人が、親が亡くなったときにホッとした場合、誰かがそれを責めることができるとはとても思えません）。ですが、おそらく質問の焦点は、たとえそうした社会的ルールの存在によって罪悪感を抱かされているだけだとわかっていても、わりきれない想い、「本心から悲しみたいと願う心は何か」ということのほうにあるように思います。

私自身、いま、そうした両義的な想いを抱いています。父が末期ガンにより、在宅で終末期を迎えているため、介護に追われる日々を送っているのですが、私は父が末期ガンだとわかる日まで、ずっと父とは口をきいていませんでした。私は幼いころに父がたびたび母に暴力をふるっているところを見せられており、そのことをいまでも赦すことができないでいたためです。だから、私は心の底からは父の死を悲しんでおらず、最期に豊かな時間を過ごしてもらおうと毎日介護するのも、自分が死にゆく人間に対して冷たい非情な人間だとは思いたくない、という心理的な損得からなのかもしれないと思っています。でも、ある学生が言ったのです。「先生、赦せないという気持ちは、本当は『赦したい』という気持ちがあるからではないですか」と。もしかすると、質問者の中にも、悲しみたいという気持ちがあるから、悲しめないという悲しみが、苦しくも、かけがえないものとしてあるのだとも思うのです。

質問：①感情規則はどのようにつくられますか？　転換点とかあるのでしょうか？　②澤田先生が新たな感情規則を意図的につくろうとしたら、どのように社会にアプローチしますか？

回答：「このようなときにはこのような感情を経験するものだ」という感情規則は、私たちが自他の感情を理解するのに必要なものですが、同時に少数派の人の感情を抑圧します。だから、感情規則に対抗していくことが必要になります。これまでも抵抗運動は数多くなされてきました。性的マイノリティの人たちの運動はその代表例です。「人間なら異性愛が普通だ。それ以外は異常だ」というような多数派の感情規則に対し、「おかしい！」と異議申し立てをしてきました。このようにして、私たちの社会における感情にはルールがあること、それが恣意的につくられていること、そしてそれゆえに抑圧性をはらんでいること、これらを暴いていくことが解放に近づいていく重要なアプローチの一つではないかと思っています。

　しかしそれだけでなく、感情規則によって抑圧されている人、困りごとを抱えている人の経験を共感的に人に伝えていく場がより大事になります。それはまさに「理解」ではなく、「感受」でなければならないと思います。世間に流布する「お涙ちょうだいもの」は、安全な場所にいる多数派が、少数派を他人ごととして眺め、「かわいそう」「自分じゃなくてよかった」と消費して終わってしまう「感動ポルノ」とよばれるものが少なくありません。でも、苦しんでいる人に出会い、その苦しみの経験を感受したとき、自分たち多数派が無自覚に乗っているルールについて考えるようになると思います。多数派という自分のポジショナリティが、目の前のこの人を苦しめているという自らの加害者性に気づくからです。①社会的ルールの存在を見えるようにする、②そのルールで苦しんでいる人の経験を共感的に伝えていく、この二つがそろったとき、感情規則を変換させる可能性がある。だから、多数派が少数派の経験世界を「なぞる」ことができるように、「なぞらえ」（比喩・メタファー）に満ちた当事者ならではの言葉や表現を編み出し、この社会に溢《あふ》れさせていく。このソーシャル・マジョリティ研究や当事者研究は、まさにそのための重要な手段であるように思います。

〜コメント：お話を聞いた感想（綾屋）〜

私たち発達障害当事者の仲間の話を聞いていると、冒頭の質問にあげたような事例において、「感情を適切に調整できない自分が悪い」と責めているケースがよくあります。しかし、澤田先生のお話をふまえますと、ことはそう単純ではないことがわかってきました。それぞれの社会には、それぞれの社会における多数派の身体や文化的背景において、自然とつくり出される感情規則というものがあり、その規則に沿っていない個人は、同じ感情規則を学習するのに向いていない身体的特徴、家庭環境、文化的背景だった、ということが考えられます。そのような少数派に対して、多数派社会の規則を押しつけているという状況があるわけですね。つまり「単なる感情規則の違いである」ととらえる視点を少しもつだけで、これからは「自分の感情規則はいまどうなっているだろう」「いま、私の感情規則は他の人たちと違ったけれど、この場における多数派の感情規則はどうなっているだろう」というように、自分を責める前に自分と周囲を比べて観察する段階を追加することができる気がします。また、もしこちらが一方的に責められたとしても、「そのような感情規則を頭ごなしに押しつけられたくない」と考えることで、自分を守る方向にも動けそうです。

もう一つ、「感受」するというときに、「身体になり込む」という説明がありましたが、それも、「多数派の身体はだいたいこれくらいである」という標準があるとすると、似た身体の人同士は経験も似ていて、わりと容易になり込みができるかもしれませんが、身体に違う部品や組み合わせをもっていると、どんなに頑張っても、なり込む身体が違うわけですから、「感受」には高いハードルが生じることになります。すると当然、言語的な「理解」のほうに傾き、様子を探り、観察して見ていくしかないという状況が、とくに少数派側に生まれてしまうことになります。そこで私たちは、少数派ながらも似た身体や経験をもつ人同士で集まることにより、ようやく「感受」を経験し、新たな感情規則を生成しながらお互いを生きやすくしていくわけです。そこに当事者で集まることの意義があるのだと、今回、改めて感じました。

参加者の感想

♣ 澤田先生のお話を伺って、いままでボンヤリと感じていたことがスッキリしました。お友だちに連れてきてもらってよかったです。母性に弱い母親ではありますが、子育てに少し自信がもてました。

♣ ケンカっ早い人、おとなしい人の差は、社会的文脈の違いだけなのか。生理的反応の違いもあると思った。

♣ やや難しい話だったと思うが、カブトムシの例（感情規則の齟齬）や、「非意味」という言葉……自分の中の「何かがオカシイ」という感覚を、うまく意味づけることができずに苦しんできた経緯があるので、自分の抱えている問題（自分が何に苦しんできたのか）の、まさにその根本の部分が、僕にはとてもよくわかるような気がしました。僕は人に「共感できない」のではなく、「共感」（身体的な感応）と、「理解」（言葉や社会的なふるまい）を、うまく結びつけることができないために、結果として、人とうまくつながれないのだと思う。「あなたのことは、すべてわかってるよ」と、安易に「理解」されてしまう（しかし「共感」は成立しているとは言えない）……そんなことへの〝理由〟のわからない苛立ち。あるいは〝意味のわからない〟（共感できない・してくれない）ことへの無力感。……それらは、「共感」（身体）と「理解」（言葉の意味）の結びつきが、チグハグであるところからきていると思う。僕が、ずっと何に苦しんできたのか、いまは「理解」はできつつあるように思うが、それを本当の意味で「共感」を伴って、人や社会に伝えることのできる言葉を、いまだに見つけられずにいるように思う。

第2章

発声と発話のしくみってどうなっているの？

藤野　博

コミュニケーションの困りごとを抱える当事者からの質問

Q2−1. ◆私は話すときにいつでも「声が大きい」と注意されます。多くの人は「自分の声をどのくらいの音量にすればよいか」が自然とわかっているようなので不思議です。

◆自分が話すと何度も「えっ?」と聞き返されることが多いです。音量が足りないのか、不明瞭なのか理由がわからず、自分が適切に発声できているかどうか、つねに自信がありません。

⇩**普通とされる人びとの場合、声の大きさはどのように調整しているのでしょうか。**

Q2−2. 話していると、ときどき息ができずに窒息しそうになります。どうやら無意識のうちに息を止めて話しているようです。他の人が話す様子を見ていると、そんなことで困っていないようです(ちなみに私は、飲み物を飲んでいるときにも、よく溺れそうになります)。

⇩**一般的に、人の身体では、呼吸と発声はどのように調整されるのでしょうか。**

Q2−3. ◆私は子どものころ、サ行がシャ行になるのをずっと注意されていました。大人になったいまは言えますが、間違えそうなのでつねに緊張します(まわりにはサ行↓チャ行、キ↓チ、ラ行↓ダ行など、耳は聞こえていてもうまく音がつくれない人たちがいます)。

◆私は話しているとすぐにのどが痛くなるので、自分が話すときにはいつも意識的にのどの調整をしています。しかし多くの人はわりとすらすらと、無意識で話せているように見えます。

⇩**一般的に言葉の音をつくるしくみはどのようになっていますか。**

1. 声を出すということ

言語における現象は幅広く、音声としての側面、意味の側面、意図の伝達の側面など、さまざまな角度から研究がおこなわれており、一度に言語全体を扱うことは到底できません。【図1A】は「ことばの鎖」[1]という有名なモデル図で、音声言語のはたらきにおいて、話し手の脳から聞き手の脳までどのように情報が伝わっていくかについて示したものです。本章では、この中でもとくに「声を出すとはどういうことか」に絞り、どちらかというとメカニックな面について、すなわち、「声を出して、口を動かして、音として表出され、さらに自分で話した声を自分で聞いて調整する」というしくみについて、話を進めていきます。

1　「ことばの鎖」は音声言語医学の教科書には必ず出てくるものです。いまは絶版になっていますが、ベル電話研究所のスタッフがつくった、『話しことばの科学』（ピーター・B・デニシュ／エリオット・N・ピンソン（著）、切替一郎・藤村靖（監修）、神山五郎・戸塚元吉（共訳）（一九六六）．東京大学出版会）という世界的にスタンダードであった教科書に出てくる「スピーチ・チェーン」という有名な図です。

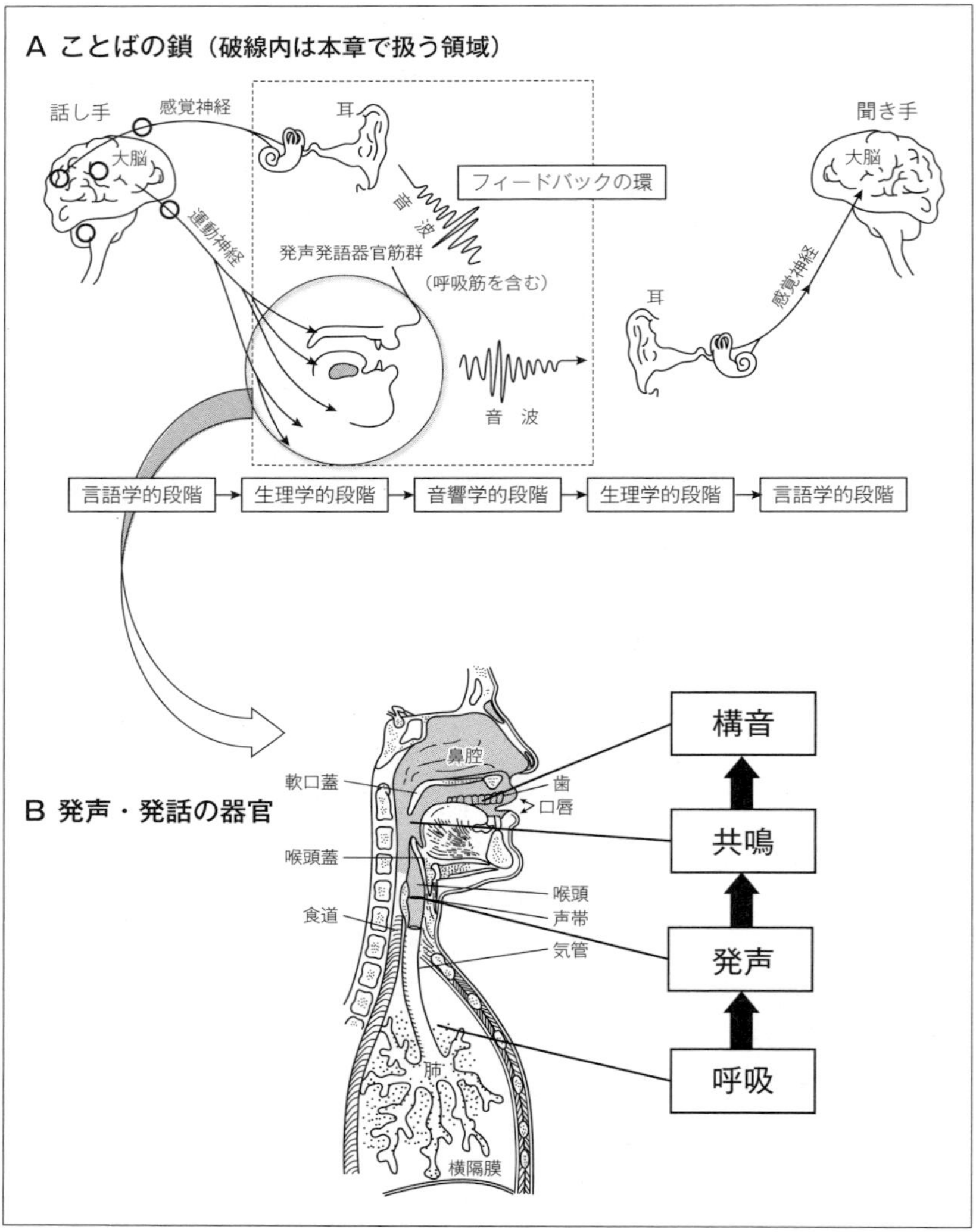

図１：発声・発話の全体像

Denes & Pinson（1966）.『話しことばの科学』東京大学出版会を一部改変

【図1B】は発声・発話にかかわる身体器官の断面解剖図です（神経系を除く）。順番を見てみますと、まずは呼吸です。息を吐かなければ声は出ません。そして呼気による空気の流れが声になり（発声）、それが口の中で響きます（共鳴）。さらに響きが加わった声を、舌・唇・あごなどを動かすことによって言語音として出し分けます（構音）。この過程について順番にお話ししていきます。

(1) 呼吸のしくみ

それではまず、呼吸から見ていきましょう。いま私が声を出しているのは、すべて呼気（吐く息）によるものです。息を吐き出して、その空気の流れから声はつくられます。

そして、何もしていない安静時と発声時では、息を吸ったり吐いたりするしくみが少し違います。安静時の呼吸は無意識的かつ自動的なものなので、夜寝ていて意識のないときでもはたらき続けます。空気の出し入れは、おもに胸の部分とおなかの部分を隔てる「横隔膜」を動かしておこなわれています。この横隔膜は、神経から運動指令が届けられていない状態のときは、お椀を逆さにした形状で緩んでおり【図2①】、「息を吸う」という運動指令が届けられたときに緊張・収縮します。すると、緩んでいた横隔膜が張ってきて下に動きます。また「息を吸う」という運動指令は外肋間筋も同時に収縮させ、それによって胸郭（胸椎、肋骨、胸骨からなる籠状の骨格）が上に動きます。こうして肺の容積が上下に広がります。これが「息を吸う」という一連の過程です【図2②】。一方、息を吐き出すときは、とくに運動指令はなく、収縮した横隔膜や外肋間筋などを緩ませるだけです【図2③】。今日はブーブークッションをもってきたのですが、これも同じしくみです。しっかりと膨らました状態で空気の通り道をあけると、そのまま

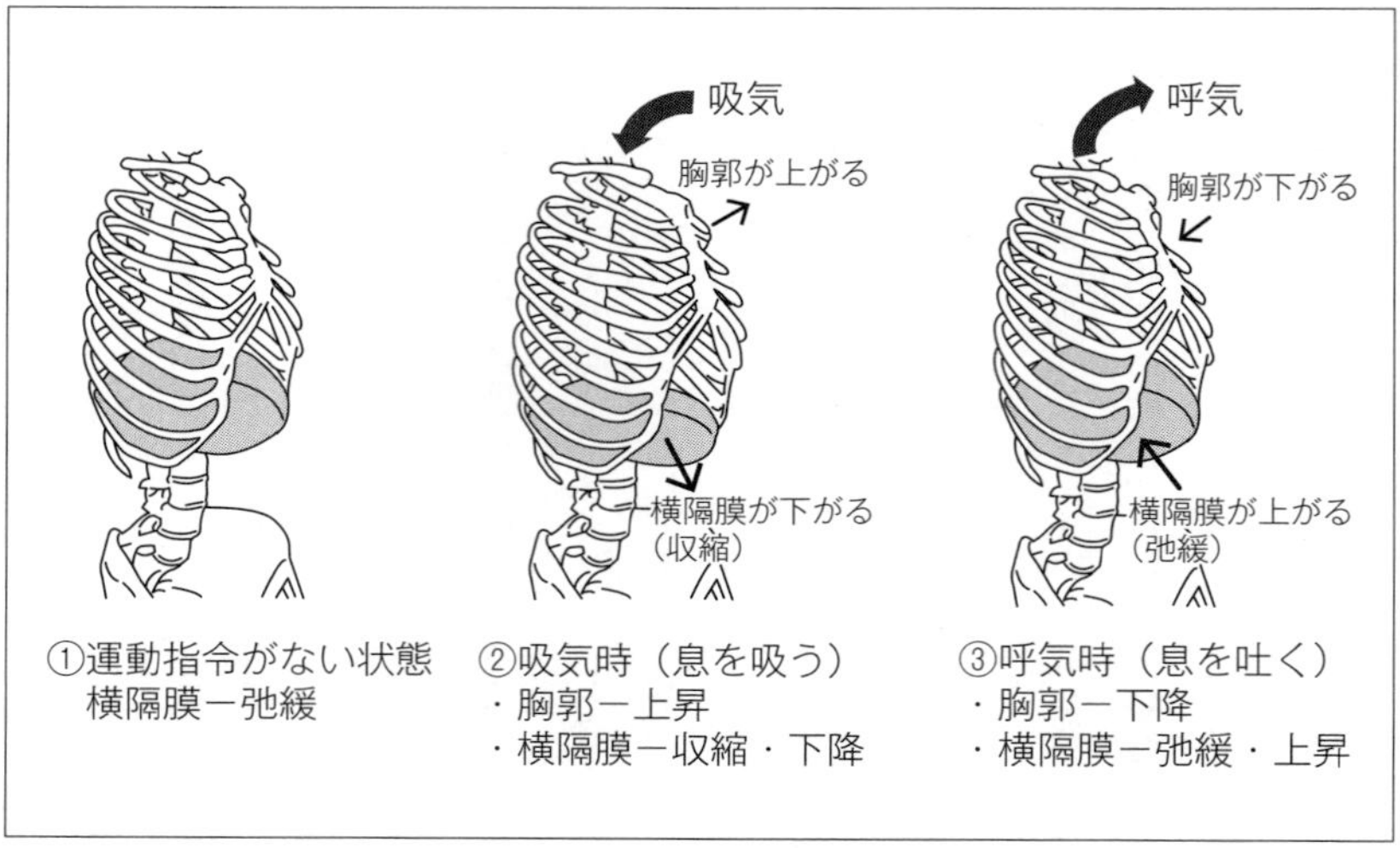

図２：呼吸のシステム

ゴムの弾力に任せて自然に空気が流れますが、音は鳴りません。

これに対して声を出すときは、息をすばやく吸い、一定のペースで少しずつ、同じ分量だけ吐き出すというように、息の出し入れを自分の意思で調整して動かします。そのやり方で声を出してみると「アー」となりますね。ちなみに安静時の息の出し方で声を出しますと「はぁ」とため息のようになります。

このあたりは冒頭の**Q2―2「一般的に、人の身体では、呼吸と発声はどのように調整されるのでしょうか」**という質問にかかわるお話になるかと思います。ところで、鳥類とクジラ、イルカなどの水棲のほ乳類には共通点があるのですが、何かわかりますか？　それは「複雑な音声（音波）でコミュニケーションしていること」、そして「自分の意思で息を止められること」です。鳥類は空中を高速で飛んでいるときや強風にあおられたときなどには思うように空気を吸えなくなります。また、水棲のほ乳類はエラ呼吸ではないので、水中で肺に水が入らないようにしなければいけないことから、やはり息を止める必要があります。ちなみに地上に生息するほ乳動物で息を止められるのは人間だけです。息を止められることは呼吸をコントロールできることであり、それが、調整された声を出すための土台となっています。つまり、声を出すときは息を自由自在に調整しながら止めたり出したりできる必要があるのです。

(2) 発声のしくみ

次は、肺から出た空気の流れが、どのように声になるかを見てみましょう。気道の最上部にあたる喉頭《こうとう》には、一般に「のどぼとけ」とよばれる甲状軟骨や、「声帯」という左右の壁から張り出した二枚の筋肉のヒダでできている器官などがあります。そしてこの声帯が、おもに気管から吹き上がってきた息の流れ（呼気）を音に変換するはたらきをしています。

声帯は声を出す器官としてできたのではありません。もともとの機能は気道を守ることです。食べ物や飲み物が肺に入らないように、飲み食いするときに気道をふさぐ役割をもっています。発声はそれに付加された機能です。

【図3】を見てください。声帯は、呼吸時には開いて空気を通していますが、発声をするときには、強く閉じすぎず、開きすぎず、ほどよく閉じた状態になります。そこへ呼気が吹き上がり、外に出ようとする空気の圧力が、声帯を閉じる圧力よりも上回ると、声帯が一瞬、開きます。このときに呼気から音への変換が生じます。そして一定量の空気が流出すると声帯は再び閉じます。

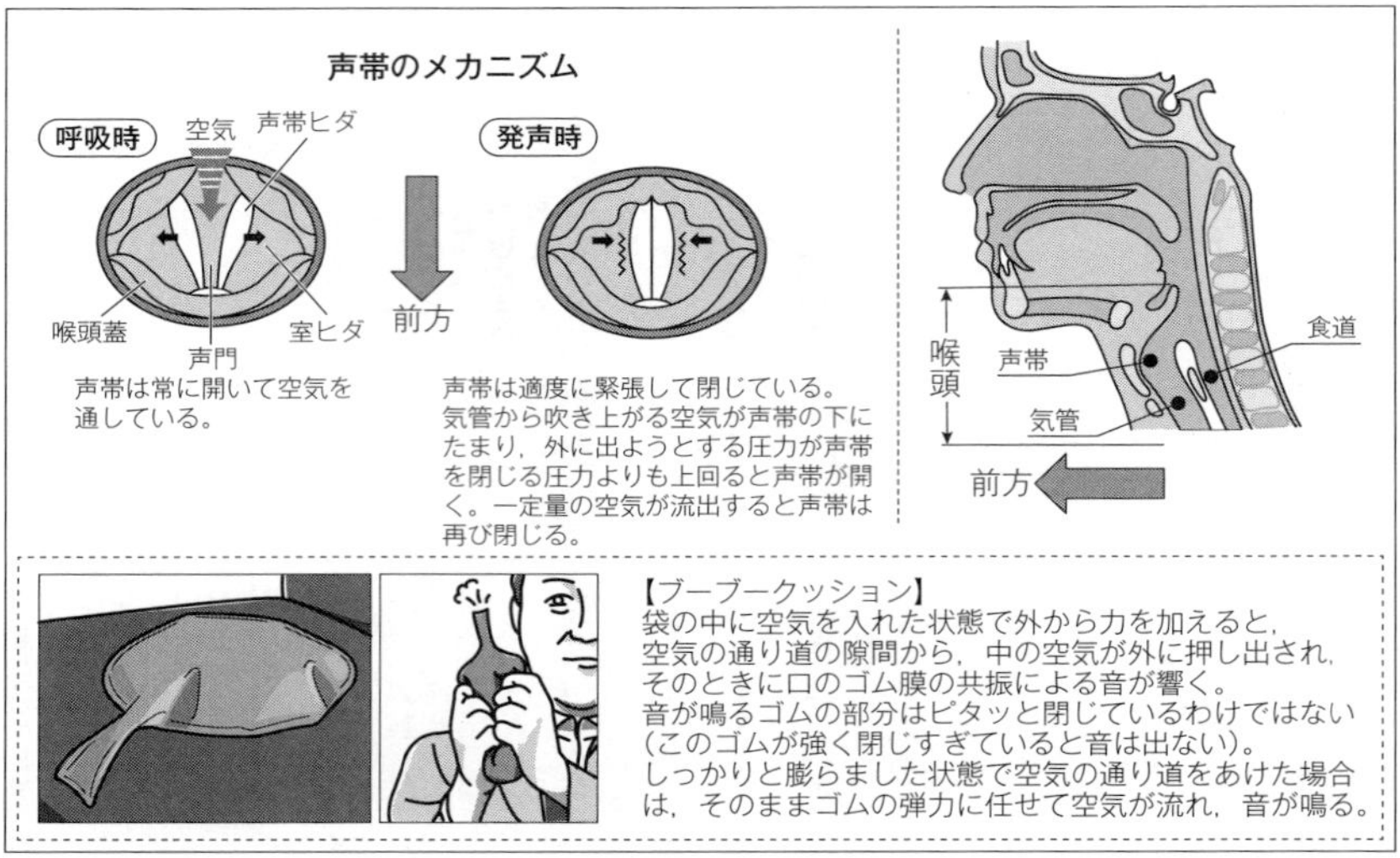

図３：声帯のしくみ

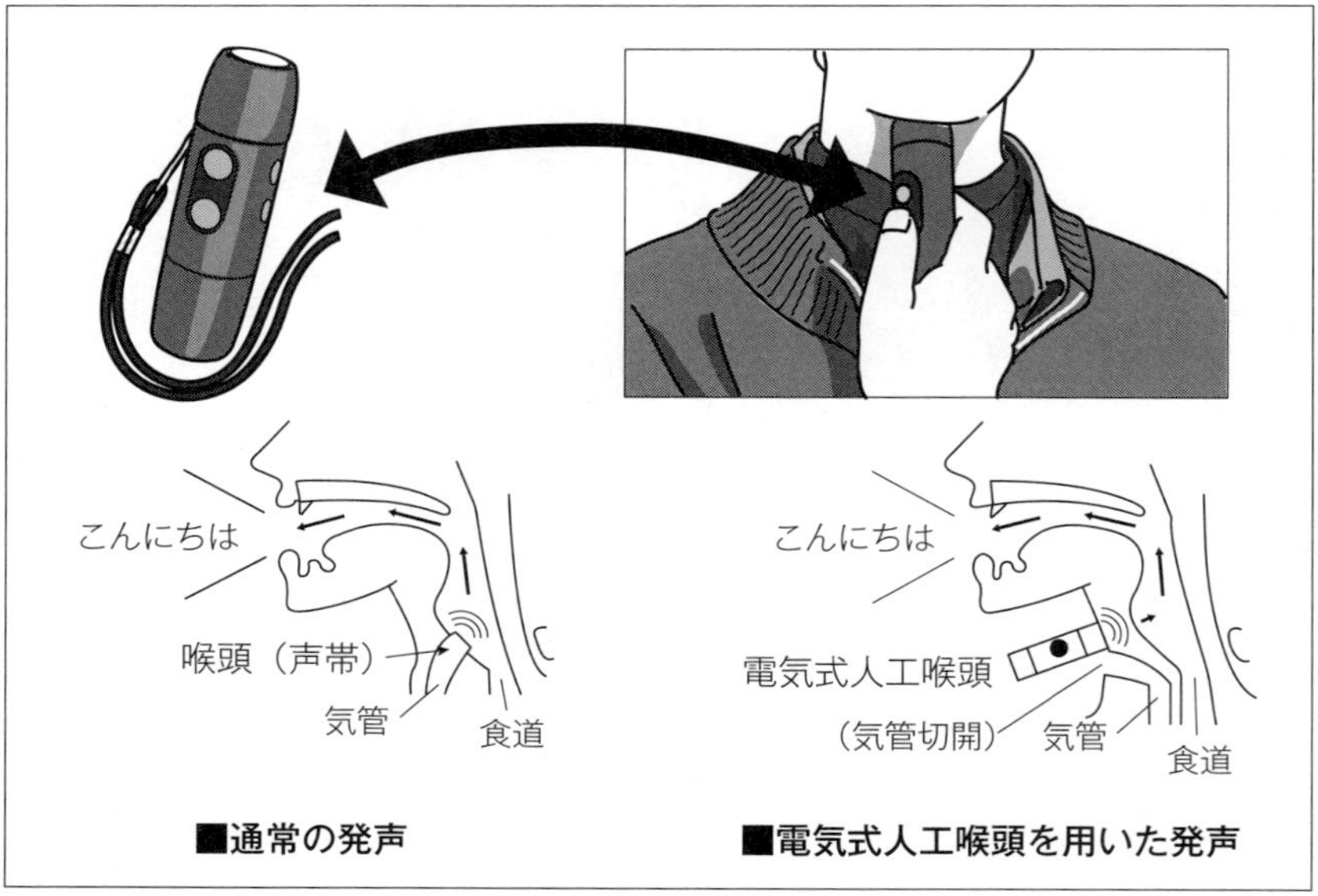

図４：電気式人工喉頭

さきほどのブーブークッションに再登場してもらいましょう。呼吸だけでなく発声においても、ブーブークッションは人と似たようなしくみになっています。音が鳴るゴムの部分はピタッと閉じているわけではありません。空気の通り道の隙間から、中に入っている空気が外側へ流出するときに、ゴムの部分が振動して音が出ています。このゴムが強く閉じすぎていると音が出ませんし、また、そもそも先端にこのゴムの管がついていなければ、空気が出るだけで音は出ません。

こうして見てみますと、発声が適切におこなわれるためには、**声帯が隙間なくきちんと閉じること、声帯が過度な負担をかけられることなく振動すること、さらには喉頭をコントロールする神経が機能していること**など、いくつもの条件があることがわかります。

さて、このようにして声帯が震えてできた生の音のことを「喉頭原音」と言いますが、私たちはこの音を聞くことができません。口の中の空間を通るあいだに「共鳴」とよばれる作用によって別な音に加工されるからです。この過程を理解してもらうのに役立つのが、電気式の人工喉頭です【図4】。これは喉頭がん等で、喉頭の全摘出をされて声帯を失い、声が出せなくなった方が、声帯の代わりに人工的に振動を生じさせ、それを音源とすることで、代用音声を生成させるための装置です。（電気式人工喉頭を使いながら）いま、私は口パクでまったく声帯を震わせていません。喉頭原音の代わりになる音の生成を人工喉頭に任せている状態です。のど元のうまく響く場所を探し、そこに当てるのがポイントです。

(3) 音のしくみ

さて、発声のしくみを紹介するにあたり、ここで、そもそも「音とは何か」について基本的な説明をしたいと思います。[2]

音は空気の分子の動きから生じます。空気の分子に力が加わり波動が生じ、それが鼓膜を圧迫し、その振動が中耳を介して内耳と聴神経を通って大脳の聴覚中枢に至り、音の感覚をもたらすわけです。

音は、「大きさ（強さ）」「高さ」「音色」という**三つの側面**から見ることができます。

【図5A】をご覧ください。ご覧のように、音の種類には**純音**と**複合音**があります。純音とは聴力検査をするときに、ピーとなる音です。ご覧のように、この音の波形はつり鐘のようなかたち（正弦波）になっています。一方、複合音は、周波数の異なるいくつかの純音が組み合わさっている音のことです。

また**周期性**のある音とない音という分類もできます。純音には周期性があります。人間の「アー」という声も周期性があり、同じ波形が繰り返して起こっています。人間の音声は複雑な複合音ですが、このような周期的なパターンが生じています。一方、周期性のない音は「雑音（ノイズ）」とよばれます。人の声だと子音が雑音の成分です。たとえば、「サ」の子音部である［s］は子音ですが、「ア」は同じパターンの繰り返しなのに対し、［s］には周期性がありません。このように、人の音声は、周期性のある音と周期性のない音が組み合わさってできています。

音の大きさの単位は、デシベル（dB）です。健康診断の聴力検査で調べている音はだいたい三〇デシベルくらいの音で、普段の生活であればささやき声ぐらいです。そのくらいの声が聞こえていれば、精密検査はしなくてもいいだろうということです。いまここで私が黙ると四五デシベルぐらいですね。私が話しますと五〇～六〇デシベルくらいになります。目安としては、静かな部屋の中は四〇デシベル、一メートルから二メートル離れた相手との普通の会話の声が六〇デシベルぐらい、ちょっとうるさいのが八〇デシベルくらい、耳をふさぎたくなるかなり大きな音は一〇〇デシベルくらいになります【図5B】。

音の高さは一秒あたりの振動数（空気の震えの繰り返し回数）を示す「周波数」によって表され、ヘルツ（Hz）という単位が用いられます。高い音は周波数が高く（＝振動回数が多い）、低い音は周波数が低くなります（＝振動回数が少ない）。たとえば母音はピアノの鍵盤の中央より右側あたりの高さになり、さまざまな周波数を幅広く含む子音には、さらに高い音が含まれていることがあります。ちなみに加齢で耳が遠くなると、高い音から聞こえにくくなってくるのですが、日本語の場合ですと、周波数が高い［s］を含むサ行などから聞きにくくなることが多いです。

また、ある人の普段の話し声の高さとして認知される周波数のことを「基本周波数」と言います。これはさきほど登場した「喉頭原音」が固有にもっている声の高さのことです。成人男性の基本周波数は、ピアノの一番低いほうから三番目の「ド」の音ぐらいで、成人女性の基本周波数はそこから一オクターブ高い（中心のド）くらいです。この違いは男女の声帯の長さや厚さの差から生じています【図5C】。

(4) 共鳴のしくみ

次は声帯でつくられた声の音量を大きく響かせたり、音色を整えたりする「共鳴」のしくみについて述

2　音響関係の有料・無料アプリがタブレット端末やスマートフォンで利用できます。設定した音の波形を見ながら、その波形に対応する音を聞くことができる「Fourier Synthesizer（フーリエシンセサイザ）」、実際の声など可聴範囲の信号を分析して波形グラフに変換する「Spectrum Analyzer（スペクトラムアナライザー）」、環境音の音量を計測する「dB Volume Meter（デシベル・ボリュームメーター）」などのiOSで使えるアプリを、この講義では紹介しました。

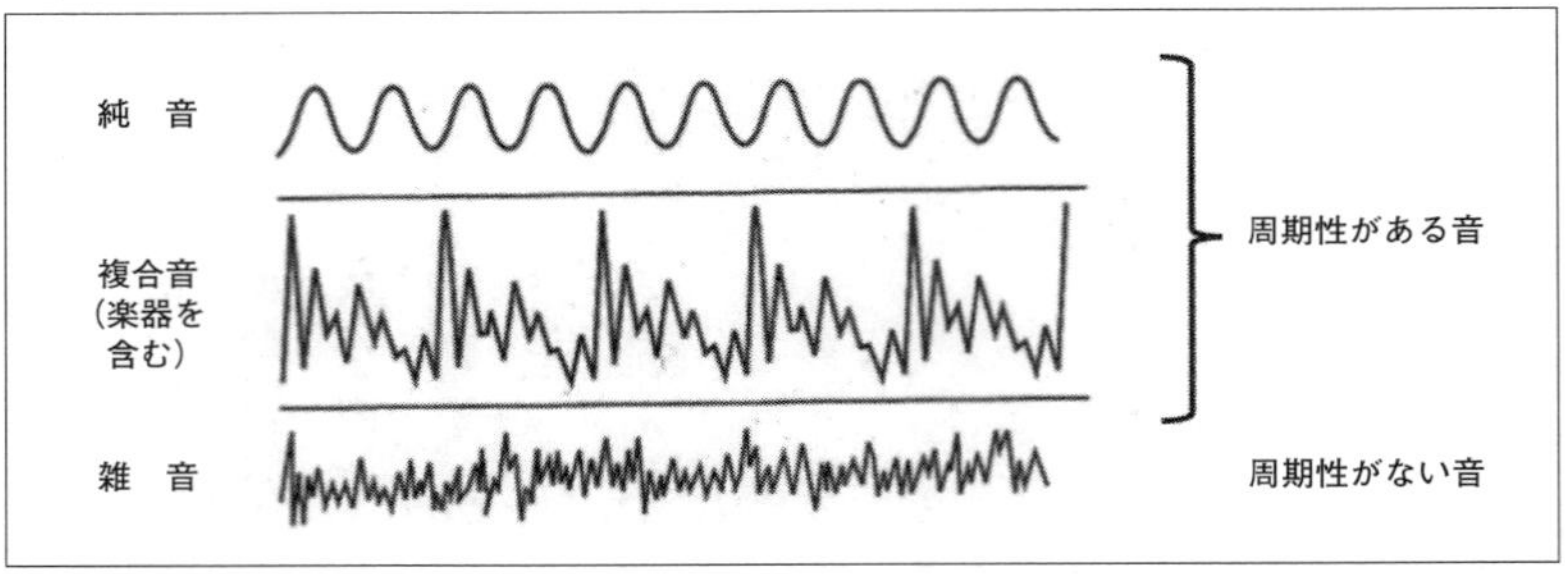

A　音の種類　　一色信彦（2006）．『声の不思議』中山書店

- 単位はデシベル（dB）

- 0dB：聞こえるか聞こえないかの境目
- 20dB：ささやき声
- 40dB：静かな部屋の中
- 60dB：ふつうの会話の声
- 80dB：大きな声
- 100dB：騒音

B　音の大きさ

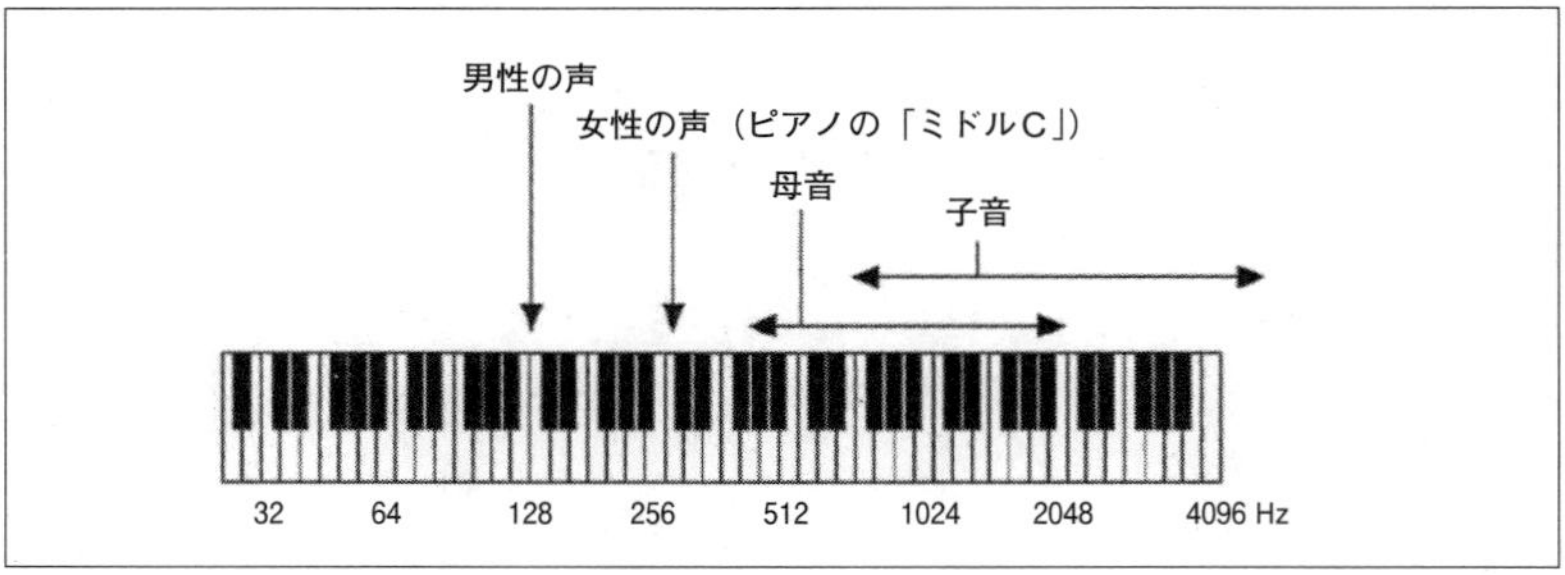

C　音の高さ　　Plante, E. et.al（2005）．『コミュニケーション障害入門』大修館書店

図5：音のしくみ

べます。共鳴は、声帯で発せられた音が体外に放出されるまでのあいだに通過する空洞部分である「声道」において生じます。

この声道の形状を、ヒトのオトナ、ヒトの赤ん坊、チンパンジーで比較してみますと、ヒトのオトナの場合は、非常に豊かな空間があり、声を響かせるための十分なスペースが確保されています。しかしヒトであっても赤ん坊のあいだは、まだ狭くてたくさんのバリエーションの声を出すことができません。またチンパンジーには高度な知能があり、京都大学の霊長類研究所のアイちゃんのように、訓練をすれば言葉や数字を覚えられる可能性もありますが、発声発語の器官は生物学的にかなり異なるため、オトナになっても声道が狭いままなので、いくらトレーニングをしてもヒトと同じように多様な声を出すことはできません【図6A】。

話をヒトに戻しまして声道の構造を見てみますと、声道は、のどのあたりを境目にして大きく「咽頭《いんとう》腔《くう》」と「口腔《こうくう》」という二つのスペースに分かれています。咽頭腔は、人の胚が発生したころに六つの咽頭弓として形成されたものが、耳・あご・舌・表情・のどといった部位の骨・筋肉・神経など、多様な構造へと分化していく中で完成します。また口腔は、人の発生の初期において左右に分かれていた口蓋（上あご）が、だいたい胎生の九週ごろ、徐々に左右の口蓋突起がのびてきてくっつき、その結果、鼻腔（はな）と口腔（くち）が分かれることで完成します。

この「咽頭腔」と「口腔」という二つのスペースがあることが音の出し分けには大事です。あごの開きや舌の動き、唇の開き具合で空間を調整し、日本語であれば五種類の母音である「アイウエオ」をつくり出します。

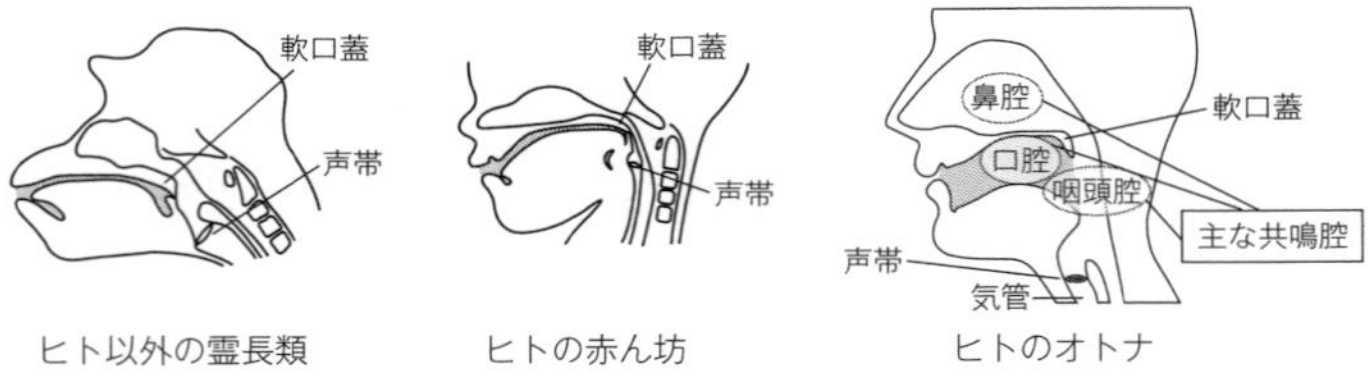

A　声道形状の比較

長谷川寿一（編）(2010).『言語と生物学』朝倉書店より改変

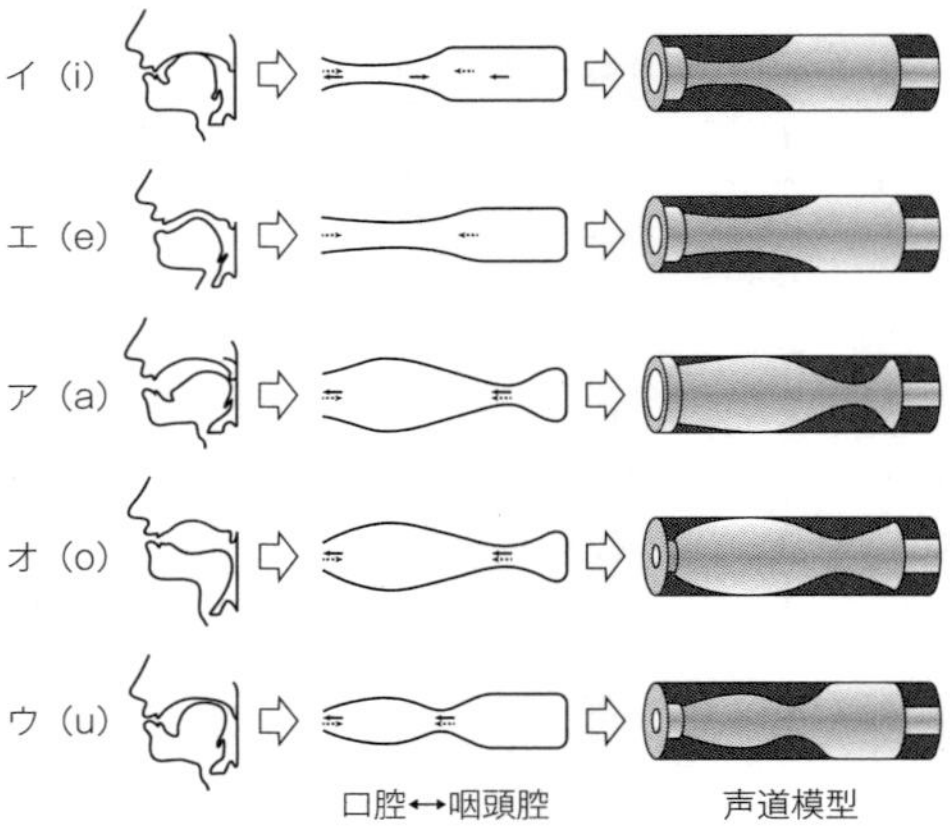

ペットボトルの底をくり抜いたものを声道の代わりにして，人工喉頭を音源として共鳴させてみる。このように手で押さえてかたちを少し変えるだけでも，「ア」に近い音になったり，「エ」に近い音になったりする。
音の響く空間のかたちによって響き方が変わるところがポイントである。

B　母音の声道断面図と声道模型

T. chiba and M. Kajiyama, (1942). *The Vowel, Its Nature and Structure,* Tokyo-Kaiseikan
千葉勉・梶山正登（著），杉藤美代子・本多清志（訳）(2003).『母音』岩波書店より改変

図6：声道のしくみ

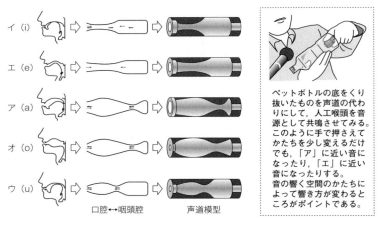

ペットボトルの底をくり抜いたものを声道模型にして実験してみましょう。音源がないと音は出ないので、人工喉頭を音源にします。手で押さえてかたちを少し変えるだけでも、「ア」に近い音になったり、「エ」に近い音になったりします。これはただのペットボトルですが、もっと精密にかたちをつくった声道模型ですと、かなりそれらしい「アイウエオ」になります。このように音の響く空間のかたちによって響き方が変わるところがポイントです【図6B】。

(5) 構音——言語音をつくるしくみ

次は最終ステップです。言語音をどうつくるかという「構音[3]」の話に移ります。この項はQ2—3「一般的に言葉の音をつくるしくみはどのようになっていますか」という質問にお答えすることになるかと思います。

母音と子音は音を出すしくみが異なります。母音は声帯の振動を伴うものです。のどに手をあてて「アー」と発声してみますと振動を感じますよね。次に「サ」の子音部である［s］だけを発声してみてください。今度は振動しません。ほかにも「タ」の子音部は舌打ちみたいな［t］の音ですし、「カ」の音の子音部はうがいをするときに鳴る音のような［k］の音になります。これらはいずれも、声帯を使わない音（無声音）であり、また周期性のない音なので「雑音」のカテゴリに入ります。さきほどは音の周期性の観点から「人の音声は、周期性のある音と周期性のない音が組み合わさった音」であると説明しま

3　言語学では「調音」とよびますが、音声言語医学では「構音」とよびます。

したが、同じことを構音の観点から述べますと、私たちの言語音は声帯を振動させる成分（有声音）と声帯を振動させない成分（無声音）がミックスされてできています。[4]

では子音の種類をいくつか見てみましょう【図7】。母音である「アイウエオ」は、さきほど述べましたように声道のかたちの変化だけで音がつくられており、最終的に口から音が出るまでの空気の流れを妨害するものはとくにありません。しかし子音の場合はさまざまに空気の流れを妨げることで音を変化させています。たとえば「パ」の子音部である［p］は「破裂音」ですが、口から空気が出るときに一度口が閉じられて空気の流れを妨げたあと、開放して出しています。「タ」の子音部である［t］も同様に舌でいったん閉鎖をつくってから開放します。

「サ」の子音部である［s］は「摩擦音」で、空気の通り道を完全に閉じるのではなく、狭い隙間から空気を押し出しています。すごく狭い隙間から空気をむりやり押し出すと乱気流が起こり、それが雑音の発生源になります。

ちなみに「サ」と「シ」の子音部は五十音表だと「サシスセソ」で同じグループとみなされていますが、音声学上は違う種類です。「サ・ス・セ・ソ」の子音部は［s］ですが、「シ」の子音部は［ʃ］で、

●**破裂音**：p（パ），t（タ），k（カ），b（バ），d（ダ），g（ガ）
→口腔の閉鎖をつくったあとに，急激に開放し気流を通す

●**摩擦音**：s（サ），ʃ（シ），ç（ヒ），ɸ（フ），h（ハ）
→口腔に狭めをつくり，狭い隙間から持続的に気流を通す

●**破擦音**：ts（ツ），dz（ヅ），tʃ（チ），dʒ（ヂ）
→破裂とともに摩擦をおこなう

●**弾音**：r（ラ）
→舌先を巻き上げ硬口蓋で弾き，口腔内に一瞬閉鎖をつくる

図7：子音の例

「シャ・シュ・シェ・ショ」の仲間になります。構音としては「ʃ」よりも［s］のほうが舌のかたちをより複雑につくらなければならないため難しいのです。「ʃ」と［s］はよく似た響き方で、舌の構え方、動かし方なども近いのですが、「ʃ」のほうが舌のかたちのつくり方がより単純なので出しやすく、発達過程においては［s］のほうが後回しになります。小さな子が「サカナ」を「シャカナ」、「サル」を「シャル」と話すのを聞いたことがあると思います。

ほかには「ツ」の子音部である［ts］などの「破擦音」があります。これは破裂音と摩擦音のミックスで破裂とともに摩擦を起こして音を出します。「ラ」の子音部である［r］は「弾音」と言います。舌を丸めて上に巻いてから弾いて出します。

構音の発達には順序性がありまして、標準的に発達している子どもであっても、日本語の中のすべての語音を一度に間違いなく構音できるわけではありません。一般的に［p］や［b］（両唇破裂音）は早期に習得され、［s］（歯茎摩擦音）、［ts］［dz］（歯茎破擦音）、［r］（歯茎弾音）などの習得は、五歳前後になってからと言われています。すべての構音の完全な習得にはけっこう時間がかかります。

「サカナ→シャカナ」といった小さな子によくありがちな置換の場合は、ある程度の年齢になると正しく構音できるようになることが多いのですが、通常は見られない独特の歪み方をするものもあります。それは異常構音ともよばれ、自然には治りにくいものです。たとえば「側音化構音」とよばれるものはイ列やエ列の音に歪みが生じ、たとえば「シ」が「キ」のようでも「ヒ」のようでもある音に聞こえます。微

4　バ行の「b」（破裂音）、マ行の「m」（鼻音）、ザ行の「z」（摩擦音）など、声帯の振動を伴う子音もあります。このような子音を「有声子音」と言います。

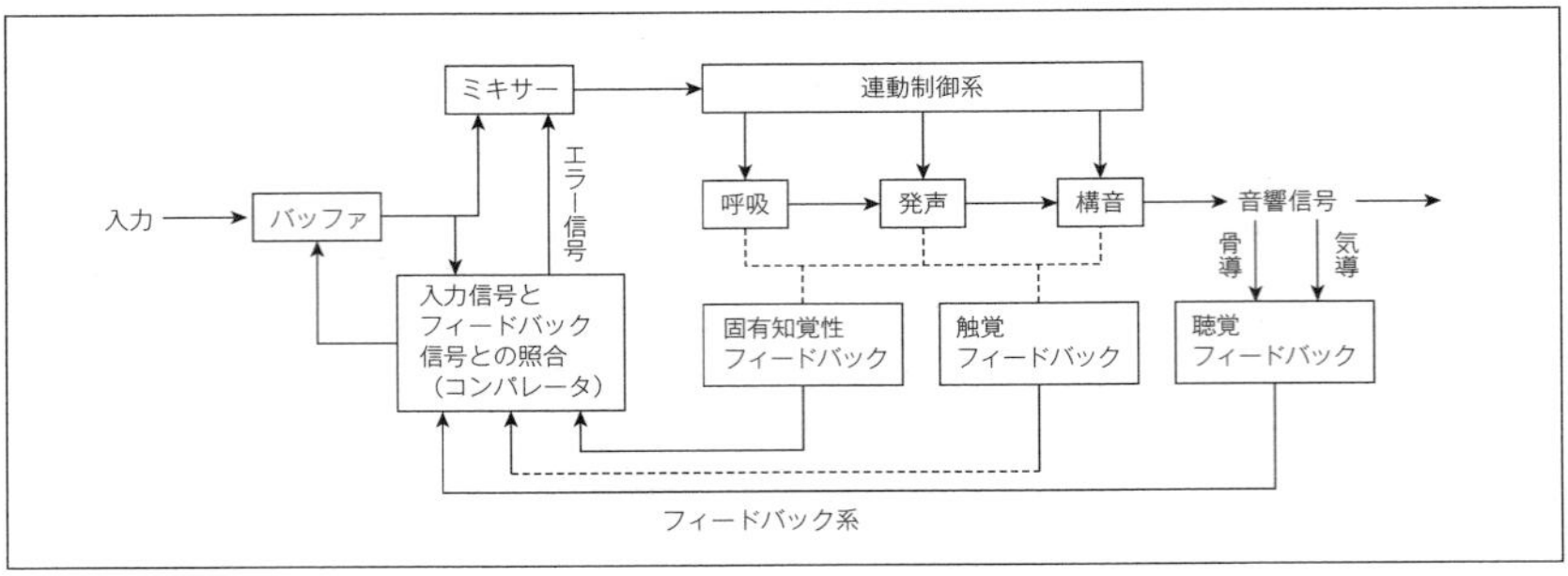

図８：発話とフィードバック機能

Fairbanks G. (1954). "A Theory of the speech Mechanism as a Servisystem." Journal of Speech and Hearing Disorders 19

妙な音の歪みなので一種の発音のクセのようなものとみなされ、問題視されることも特別な指導を受けることもなく、成人に至るまでそのまま残ることもあります。そういった発音のくせのある人は身近にもたまに見かけます。幼いうちにトレーニングを受けると改善することが多いですが、本人も周囲もとくに気にならず、自然なコミュニケーションがとれているなら、無理に矯正する必要はありません。

2. 発話にかかわる聴覚フィードバックについて 5

ここまで発声と発話のしくみについて説明してきましたが、最後に「自分で話した声を自分で聞く」しくみ、すなわち発話とフィードバック機能の話にうつりたいと思います。

私たちは自分の発話を、自分の耳で聞きながらチェックをしていますが、その際には耳から音声として入ってくる聴覚フィードバックだけでなく、筋肉の感覚としてもフィードバックされて運動状態をモニターしています。また、口の中で舌があちこち触っていますから触覚フィードバックもやっています【図8】。それらのフィードバック情報が自分の中で統合されることで、「あ、いい感じで話せているな」「いま私の声、小さいかも」「話し間違えちゃった」などとチェックしながら発話を進めています。ただし、それはいつも意識的なわけではなく、たいていは無意識的で自動的な過程です。その中でもここではとくに、聴覚フィードバックによって、どのような発話の現象が起きるかについて、三つの例を紹介したいと思います。

(1)ロンバール効果

ロンバール効果というのは、騒音下で話すと声が大きくなる現象のことです。たとえば、ヘッドフォンで音楽を聴きながら誰かに話しかけると、知らないあいだに声が大きくなって「声大きいよ！」などと言われた経験はないでしょうか。音楽が鳴っているところで自分の声を出しているので、自分の声がかき消された状態になるため（マスキング効果）、無意識のうちにいつも自分に聞こえているくらいの大きさに声を出そうと修復がはたらく結果、大きな声になってしまいます。意識的に「いま、声が小さくなっているから大きく出そう」と思って調整しているわけではなく、自動的・反射的な現象です。[6]

これは、**Q2―1「普通とされる人びとの場合、声の大きさはどのように調整しているのでしょうか」**という質問の答えのヒントになるでしょう。一般的に人は意識することなく、自分が発声する音量をどの

5 さらに詳しい聴覚機能の内容については第3章をご覧ください。

6 ただし、さきほどの騒音計アプリなどを使って自分の声の大きさをキャッチし、表示されるモニターを見ながら意識的にトレーニングをすることで、声の大きさは調整できる、とも言われています。

くらいの大きさにするかについて、周囲の音を聞きながら自然と調整しているのです。

(2) DAF効果

DAF効果というものもあります。DAF(Delayed Auditory Feedback：遅延聴覚フィードバック)とは、自分の発話を〇・二秒くらいの時間遅らせて、本人に聴覚フィードバックさせることです。[7] その結果として一般的に、母音を伸ばして話したり、同じ単語を繰り返してしまうなど吃音に類似した状態が生じ、うまく話せなくなる現象が誘発されます。本来ならば、自分が話している言葉が耳の鼓膜や骨を通って(骨導)、即座にフィードバックされているのですが、少し遅らせてフィードバックさせることで、自分がいま話している言葉と耳から聞こえてくるフィードバックにずれが生じます。すると「いまこれを話しているはずなのに、なんでこれが聞こえるんだ」と混乱して、滑らかな発話が妨害されるしくみです。これも聴覚フィードバックにおける発話への影響の一つです。このDAF効果を活用した事例として、「Speech Jammer(スピーチ・ジャマー)」という装置があります【図9】。この装置を使い、黙らせたい相手に向けてトリガーを引くと、その人が話しにくくなっておしゃべりをやめ、静かになるというもので

図9：スピーチ・ジャマー

す。[8] 日本人によってつくられ、二〇一二年にイグ・ノーベル賞という国際的なユーモアの賞をとりました。

(3) 聴覚ゲーティング機能

聴覚ゲーティング機能とは、無意識のうちに自分にとって不必要な音を脳内で消去する聴覚機能のことです。これは、ご自身が吃音で、吃音の研究をされている吃音ドクターとして有名な、九州大学病院の耳鼻咽喉科の医師である菊池良和先生が提唱した仮説です。〇・五秒間隔で二回連続するクリック音を聞かせて脳波をとりますと、一般の人の場合、一回目は反応が敏感ですが、二回目に反応が弱くなるという現象が生じることが菊池先生の研究によって明らかになりました。このように、一般的に「この音は自分にとって重要ではない」と思ったら、自然に無視する機能がはたらいているという仮説もあります。

3. おわりに

社会的多数派の人びとは、自分の声にいつも意識を向けているわけではありません。「いつもどおり話しているはずなのに雑音が入ってきて、いつもより自分の声が小さくなっている」「自分の声がいつもよ

7　DAFに関しても「Delayed Auditory Feedback」「DAF Assistant」など、音を遅らせてフィードバックさせるアプリがあります。
8　栗田一貴・塚田浩二「Speech Jammer：聴覚遅延フィードバックを利用した発話阻害の応用システム」http://mobiquitous.com/pub/wiss2010-speechjammer.pdf

り遅れて戻ってきたから、いつもどおり話していないかもしれない」というように、予測と異なる情報を感知し、違和感や異変を受けとったときだけ、センサーがはたらいて、自分の話し方を修正するはたらきがあるようです。聴覚のモニターは常時見張りを続けているのではなく、普段は無意識のうちに外界にあふれるいろいろな音をスルーしていますが、ちょっとの異変が起こるとスイッチが入って、修復の試みがおこなわれているのだと考えることができます。

本章では、メカニックなアプローチで「人間の発声・発語器官はこのようになっている」という生理学的なレベルの話をしましたが、そのシステムの形成・発達には心理・文化的なプロセスもかかわってきます。生物的に備わったものに加え、人とのかかわりの中で習得される部分があります。聞こえた音の流れをどこで区切って言葉として認識するかといった、言葉の認知の枠組みは、社会的な相互作用の影響も受けます。それは一人ひとりが育つ過程の中で、母親や年長者からの声かけや言葉かけを通して、獲得されていくものです。たとえば、お母さんが赤ちゃんに話しかけるときは、「マザリーズ」と言って、大人同士が話すときよりも、声を高くしたり、発音を誇張したり、ゆっくり話しかけたりすることが知られています。無意識のうちにわかりやすい話し方で赤ちゃんの耳に入りやすくしているのです。つまり、私たちは他者からの介入なしに自然と声の出し方や言葉を習得しているのではなく、「足場かけ」と言って、大人が子どもに受けとりやすく言葉を提示することによって習得していくのです。その社会の中で使われている言語構造があり、お母さんはその構造に沿った音の区切り方を子どもに示すことを通して、言葉の聞き方や話し方を子どもに伝えていきます。このように、語彙や文法などとともに、話し方や声の出し方なども、人とのかかわりの中で学ばれていくのです。

Q&A：一問一答

質問：話そうと思っても緊張して声がまったくつくれないことがあります。むりやり出そうとすると声が裏返ります。一般の人でも緊張すると話しづらそうですが、私はそれ以上です。緊張した状態と発声や呼吸の調整はどのように関係がありますか？

回答：運動制御には三つの種類があり、だんだん慣れていくにしたがって洗練されていきます。[9] 第一段階はフィードバック制御とよばれるもので、自分がおこなった運動の結果をモニターし、修正していく制御方法です。第二段階と第三段階はフィードフォワード制御とよばれるものです。第二段階では、あらかじめ動きの軌道を視覚的に決めておいて、そのとおりに体を動かします。これは外受容感覚を中心に体の動かし方を計画し、それに体を沿わせるものです。この制御をおこなうためには体をすごく緊張させておく必要があります。そのほうが正確に軌道をなぞることができるからです。第三段階はもっとも洗練されていて、始点と終点だけ動かし方を決めておいて、その途中は軌道を決めずに自動化するものです。これは小脳のはたらきによるもので、体性感覚を中心にモニターしながらもっともしなやかに、そして正確に終点に到着できます。このときの体はリラックスしています。人は慣れている運動ですと第三段階でおこなっていますが、エラー（予測誤差）に直面すると、第二段階、第一段階へと戻ります。普段、第三段階でおこなうことができている運動が第二段階に戻ると、人の意

9　大須理英子（一九九六）．「生体の運動制御における軌道計画のメカニズムおよび視覚運動連関に関する研究」

識にこれまで気にしていなかった外受容感覚が目立ってきますし、身体に緊張も生じます。さらに第一段階に戻るとフィードバックの誤差に敏感になります。聴覚で考えてみますと、普段、緊張していないときは第三段階の戦略を用いることができていて、なめらかに話せているけれど、慣れないプレゼン場面などでは第二段階に戻り、よいとされているお手本どおりに声の出し方や話し方を正確に制御しようとすることに集中し、聴覚（外受容感覚）への意識が大きくなり、体も緊張するでしょう。一方でのどの震えや呼吸など（内受容感覚）はおろそかになり、うまく調整できなくなる可能性があります。さらに第一段階まで戻ると自分の声の予測誤差に細かく反応してしまうかもしれません。

質問：私には幼いころから吃音があるのですが、吃音のしくみはどのようになっているのでしょうか？

回答：吃音は「と、とけい」と最初の音を繰り返してしまったり、最初が引き伸ばされて「とーけい」と話しはじめたり、話そうとしているけれど詰まって出てこない「……トケイ」と、ものすごく努力してひっぱり出す感じになったりする、発話の流暢性の障害と言われるものです。DAFをおこなうと多数派の人びとは流暢に話せなくなることをお話ししましたが、逆にDAFによって吃音症状が改善する場合もあるようです。マスキングノイズで自分の聴覚フィードバックを遮断したり、DAFをおこなったりすることで吃音症状が影響を受けて軽減することから、聴覚フィードバックシステムが多数派と吃音者では異なっているという説もあります[10]。吃音の人には聴覚フィードバックの障害があり、発話前後のエラーを繰り返し修正していることで吃音が発生するという仮説をふまえ[11]、先述の菊池先生は実験をおこないました。その結果、吃音症状を抱えている人には聴覚ゲーティング機能のはたらきが乏しいことを確認し、不要な聴覚入力エラーを生じている可能性があること、そして、聴覚入力エラーを無意識のうちに（自動的に）繰り返し修正することで、吃音が発生することを示唆しています。

10　菊池良和・小宗静男「脳磁図を用いた吃音症の聴覚ゲーティング異常」*Audiology Japan* Vol. 55, No. 5 2012　315-316

11　Postma, A., and Kolk, H.,（1993）. The Covert repair hypothesis: prearticulatory repair processes in normal and stuttered disfluencies. *Journal of Speech, Language, and Hearing Research*, 36, 472-487；Postma, A.,（2000）. Detection of errors during speech production: a review of speech monitoring models. *Cognition* 77, 97-132

～コメント：お話を聞いた感想（綾屋）～

私が人生で最初に抱えた困りごとは「うまく話せない」というものです。物心ついた二～三歳のころから、発声方法がわからずにずっと苦労してきたので、大学時代には声の代わりにしたいと思って手話を覚えました。そのような自分の経験があるので、発声や発話のしくみについて伺うことができた藤野先生のお話は、とても興味深いものでした。

私は自分の身体の特徴を「多数派の人びとよりも、情報を細かくたくさん摂取している」という言葉で表現しており、私がうまく話せずにきた原因の一つにもこの特徴が関係しているのではないかと考えています。そして、自分とは異なる身体特性をもった多数派の人びとに生まれたときから囲まれていたために、多数派同士の会話のやりとりの中から、発声や発話の方法を自然と取り込む、ということが難しかったのかもしれないと推測しています。

また、多数派の人びとは、「普段は発声について意識を向けておらず、予測に対する誤差があったときだけ気づいて修正する」ということでしたが、これに関しても自分との違いを感じました。私の場合は自分の発声や発話に対して日常的に予測誤差を感じ続けており、「あれ、思っていた響き具合と違う」「いまの音量で大丈夫かな」と、いまでもしょっちゅう意識させられ続けているのです。今回のお話を聞いて、「多数派の身体はとても便利だなぁ」と一瞬うらやましく思いましたが、応用してちょっと考えてみて、もしかしたら私が抱え続けているこの予測誤差も、違う身体に囲まれているからこそ生じているのかもしれないと思い至りました。そういえば、自閉スペクトラム症の当事者同士で集まったときに、しばしば滑舌のいい発声を聞くと「そうやって口を動かしたい感覚、わかる～」「聞きとりやすい！」と嬉しくなることがあります。そうやって、私と似たような身体をもった仲間同士でやりとりをすれば、「この発声で大丈夫だろうか」という不安もなくなるのかもしれません。

◆参加者の感想

♣ 私は子どものとき「リ」の音を、右の奥歯の奥でぶつけるように発音していて、野球のリードをとるときに「リーリーリー」とうまく言えずに悩んで、親に話しても一笑にふされたのですが、中学の入学式の日、「ラ行」のほかの音は舌先と前歯で発音するのに、自分の「リ」だけは違う、と気づき、「リ」も他の「ラ行」と同じように発音することで、「リ」と言えるようになりました。

♣ 私は発話で苦労していますが、「フィードバック機能」という考え方を伺って、そこに何か原因があるのではないかと思いました。私自身について考えを進めるきっかけとなりそうに思います。

♣ 発達障害当事者です。話す内容を意識すると、声の大きさやコントロールをすることがとても難しくなる、という感覚をもっています。

♣ 親しい人とおしゃべりしているときにはなりませんが、みなが聞いている前で何かを述べるとき、自分の声が妙にはっきりと聞こえます。それに聞き入ってしまうと、いま何を話しているのか、次に何をするのが適切なのかがわからなくなり、パニック・赤面して言いたかったことが言えなくなります。緊張とともにさめてしらけた耳で自分をモニターしている部分もあるので、あとになって「何であそこでちゃんとやれなかったんだろう」と悔しいことがよくあります。

♣ 自閉スペクトラム症や社会不安障害の方とお会いする際、身体感覚（心臓のドキドキ、言葉の発し方、音量など）に過敏な方が多いように感じています。聴覚だけでなく身体感覚のフィードバックの問題も関連があるのかなぁと感じました。

第3章　人の会話を聞きとるしくみってどうなっているの?

古川　茂人

コミュニケーションの困りごとを抱える当事者からの質問

Q3－1． 私は物音であっても、人の話し声であっても、話している相手以外の音が少しでもすると、相手の話が聞きとりづらくなります。BGMがかかるとお手上げです。**多くの人たちは、なぜ物音がしても聞きたい音だけを聞きわけられるのか**不思議です。

Q3－2． グループで話をしているとき、しばしば、グループ以外の人に聞こえないように誰かが小声で話しはじめることがあります。そういうときに私は、ちょっと身を乗り出したくらいでは聞きとることができません。そのため「実は私だけに聞かれたくない話がはじまったのかな」「いままで同じグループ内にいたつもりだったけれど、実は嫌われていたのかな」と思ってしまいます。それが怖くて人の輪に入りづらいです。**普通の人たちはなぜ声が小さくなっても聞きとれるのでしょうか。**

Q3－3． 私は「滑舌《かつぜつ》がよすぎる」と指摘されることがよくあります。自分が発声するときだけでなく、人の話を聞くときも、滑舌がよい教師、知人、歌手の歌などであれば聞きとれますが、反響の強い教室で話を聞いたり、一音一音がはっきりしない発音の人の話を聞いたりする際には、多くの人より、かなり手前で聞きとりから脱落してしまいます。**多くの人は、なぜ不明瞭な音声でも、言葉として聞きとれるのでしょうか。**

Q3―4．私は会話の際にどちらから声が聞こえているのかわかりづらいため、複数の人と話しているときに、誰を見ていいのかわからず、ついていけないことがあります。思わぬ方向から声が聞こえてびっくりすることもあります。**一般的に音の方向はどうやって判断しているのでしょうか。**

1．聴覚の「中次機能」

この章では、音について、それがどのような物理現象なのかを説明するとともに、その音を聞きとる側の人間の耳や脳の構造を説明します。

いわゆる「聴覚」という言葉を聞くと、「音が聞こえるか聞こえないか」という低次機能のレベルか、もしくは、言語や記憶といった高次レベルの問題を思い浮かべることが多いかと思います。前者に問題があれば、原因は耳のあたりにあるだろうと考えて耳鼻科を受診するでしょうし、後者であれば原因は脳にあると考えて、神経内科や精神科にかかるのかなと思います。しかし、この章で強調してお話ししたいのは、低次機能と高次機能の中間に、たくさんの機能があるということです。仮にそうした中間の機能をまとめて「中次機能」とよぶことにしましょう。中次機能は、いろんな情報を音から抽出して、再構成するような仕事をしています。中次機能を担《にな》う部位は、脳幹や聴覚野とよばれる場所です。そういった中次機能のはたらきは、意識に上っていないことが多いです。いまだにこのあたりの機能の問題は結構難しく、ハッキリした話ができる段階にないという事情があります。メカニズムが複雑なので、同じ障害名の人でも個人差があり、「この障害はこうである」とスパッと切ってしまうと誤解を生む可能性があります。さらにこの中次機能に問題があったときに、どこのお医者さんにかかればいいのかというと、そういう科がないのが現状だと思います。しかし、だからこそ、コミュニケーションに問題がある方を評価するときに、低次機能や高次機能をチェックするだけでなく、中次機能も重要な要素として目を向けるべきだと思います。

2. 音情報の表し方――スペクトルとスペクトログラム

中次機能の話に入る前に、第2章と重なる部分もありますが、簡単に低次機能の説明をします。まず音というのは、音源となるものが振動し、それが空気の振動＝音（波）を生み出します。一般的に、私たちはつねにたくさんの音源に取り囲まれており、複数の音源から発せられた音波は、耳に届くまでのあいだに互いに重なりあいます。たとえばプールサイドのいろいろな場所で同時に水面をバシャバシャやると、それぞれの波が水面を伝わって広がり、互いに重なりあうのですが、そのプールの真ん中に待機して、そこに届いた波の状態のみから、プールサイドの各所で何が起きているかを推論するとなると、なかなか難しそうですよね。しかしそのように耳のところまで届いた音波から逆算して、音源の状態を知るのが聴覚の役割です。

空気の振動である音波は、圧力の高いところと低いところが交互に繰り返す構造をしています。この圧力の高低差を、音波の「振幅《しんぷく》」と言います。振幅が大きい状態のことを、「音が強い」「エネルギーが大きい」「レベルが大きい」という言い方で表現することもあります。音の強さの単位はdB（デシベル）を用います。

もう一つの音の重要な特徴が「周波数」という概念です。音波が伝わる空気中のある一か所に注目すると、圧力が上がったり下がったりを繰り返しています。一秒間に何回この周期的な上下運動が繰り返されているのかを表したのが周波数で、単位はHz（ヘルツ）を用います。周波数は「音の高さ」と関係しており、周波数の値が大きいほど人間には高い音に聞こえます。

この「振幅」を縦軸にとり、「周波数」を横軸にとって示されるのが「スペクトル」です【図1】。実際の生活の中で聞こえてくる音のほとんどは、いくつかの純音が組み合わさっている複合音になっていますが[1]、スペクトルでは、１００Hzの音がこのくらいの振幅、３００Hzがこれぐらいの振幅、５００Hzの音がこれくらいの振幅で含まれているというように、ある複合音の情報を純音ごとに分解した結果を簡潔に伝えてくれます。複合音を表現するには、スペクトルは非常に便利です。

しかし、実世界で遭遇する音の多くは、同一の音がずっと続くということはなく、時間とともに音の特

1 純音と複合音については第2章七二ページも合わせてご参照ください。

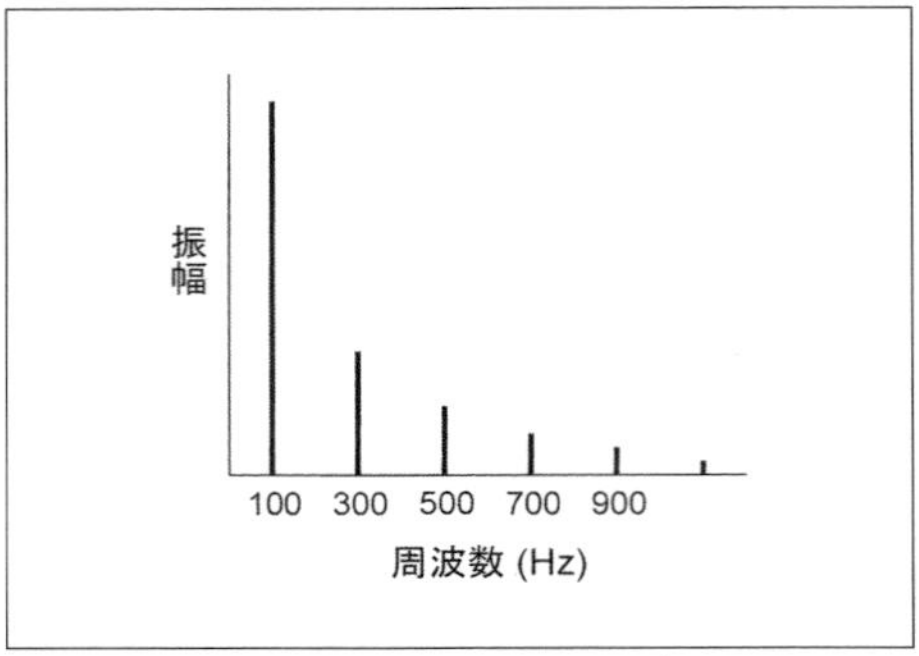

図１：スペクトル

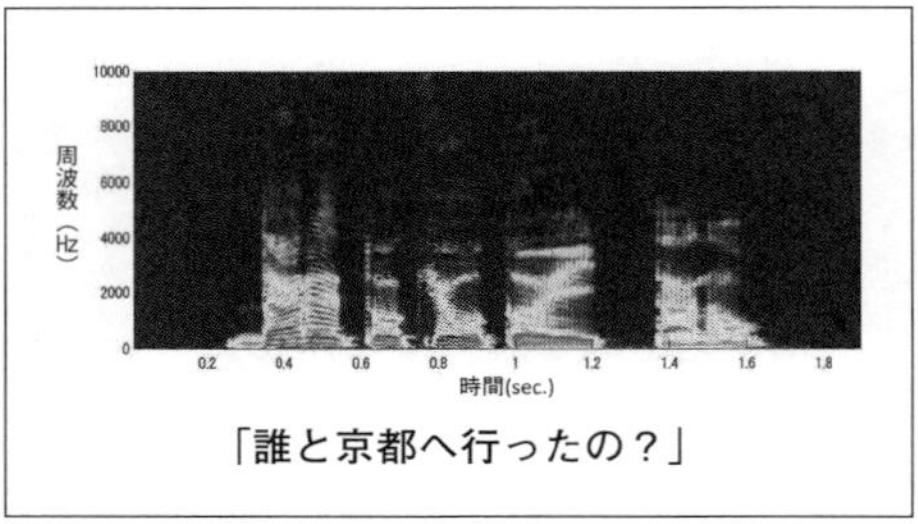

図２：スペクトログラム

徴はどんどん変わります。ですから、時間とともに変化する音を表現するためには、時間とともにスペクトルが変化していく様子を記述する方法が求められます。

そこで今度は、さきほどのスペクトルでは横軸だった「周波数」を縦軸にします。代わりに横軸は「時間」にします。さらに、さきほど縦軸だった「振幅」は色の濃さで表すことにします。こうして、時間、周波数、振幅のすべてを一枚の図で表したものを「スペクトログラム」とよびます【図2】[2]。スペクトログラムを使えば、音声のように時々刻々と変化する複雑な音を表現することができます。たとえば【図2】は、「誰と京都へ行ったの？」という台詞のスペクトログラムです。

実は、スペクトログラムのような情報処理は、人体の聴覚情報処理系が実際におこなっていることでもあります。ですから、「時間」「周波数」「振幅」の三つをベースにして音を表現する考え方は、耳や脳の中で音がどう処理されているかを理解する上での基礎になっています。

３．音の情報処理をおこなう耳

では次に、人体における聴覚情報処理の話に移ります。【図３】の一番上にあるのは耳の断面図です。外界から耳に入ってきた音波は、耳介、外耳道を通り、「①鼓膜《こまく》」に到達します。音波を受けとった鼓膜は、音の圧力の上下を反映するかたちで振動します。鼓膜の振動は次に、中耳腔という空間の中にある「②耳小骨《じしょうこつ》」という、互いに連結した三つの小さな骨（つち骨、きぬた骨、あぶみ骨）の振動を引き起こします。

耳小骨の一つであるあぶみ骨は、「③蝸牛《かぎゅう》」に接続しています。蝸牛はカタツムリの殻のように巻かれた管状構造をもち、中にはリンパ液が満たされています。耳の断面図の下にあるのは、蝸牛の管を模式的に引き伸ばして横から見た図です。その右は、その引き伸ばした蝸牛の断面図を示しています。よく見ると蝸牛を上下に区切る、横長の細長い膜があり、この膜を「④基底膜」（医学的には基底板）と言います。あぶみ骨の振動は、リンパ液やこの基底膜の振動に変換されます。

基底膜は非常に重要です。入ってきた音の周波数によって、基底膜の揺れ方が変わるのです。たとえば３００Hzの比較的低い音だと、【図３Ａ】の部分が振動し、１０００Hzの高い音になると【図３Ｂ】が振動します。さらに、二つの音を同時に流すと【図３Ｃ】と【図３Ｄ】のように二か所振動します。した

2　色のついたスペクトログラムは、巻頭カラーページをご参照ください。

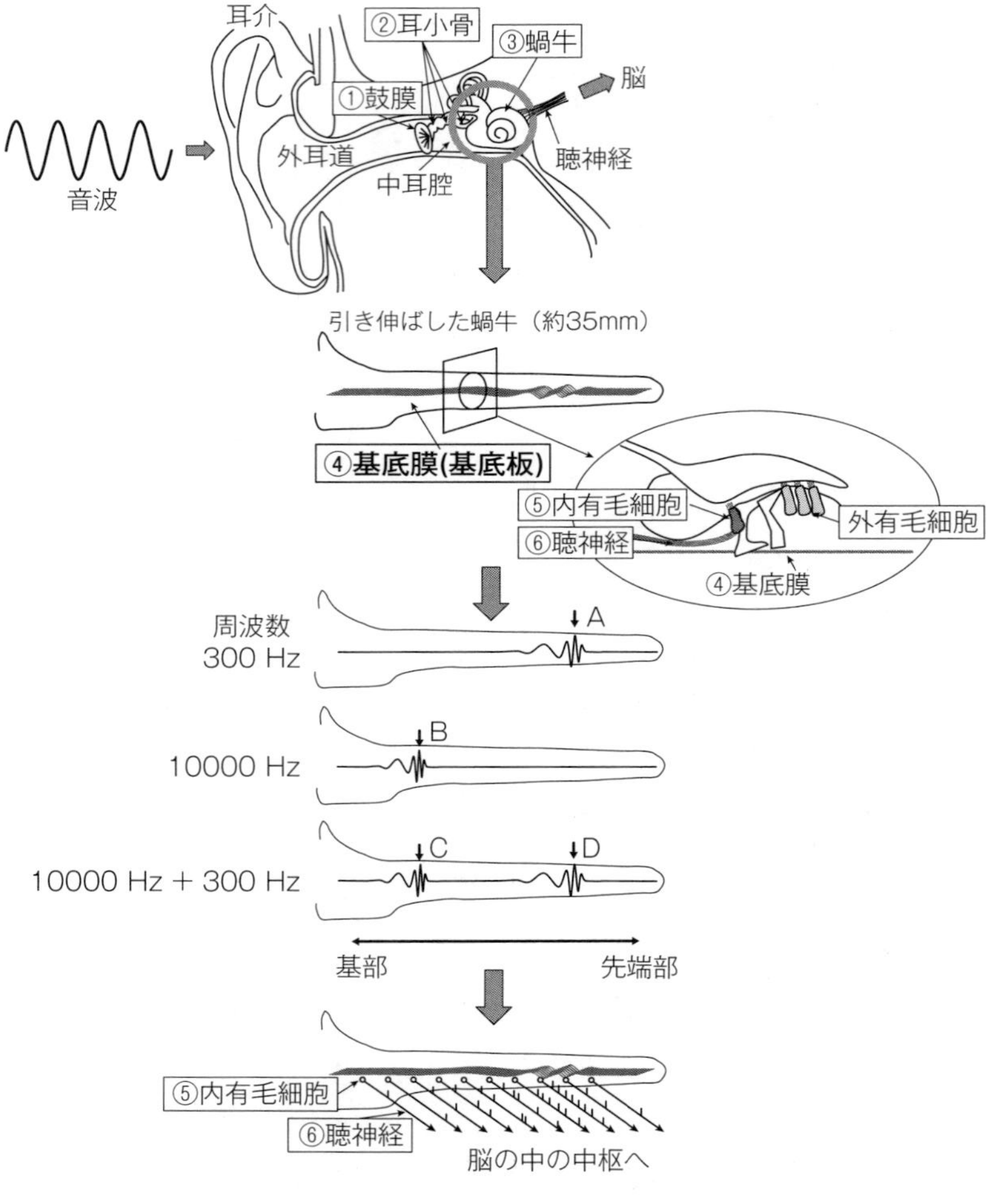
耳介
②耳小骨
③蝸牛
脳
①鼓膜
外耳道
中耳腔
聴神経
音波
引き伸ばした蝸牛（約35mm）
④基底膜(基底板)
⑤内有毛細胞
⑥聴神経
外有毛細胞
④基底膜
周波数
300 Hz
A
10000 Hz
B
10000 Hz + 300 Hz
C
D
基部
先端部
⑤内有毛細胞
⑥聴神経
脳の中の中枢へ

図3：聞こえのしくみ

がって、基底膜の振動部位と振幅を見ると音のスペクトル情報がわかるのです。このように基底膜は、複雑にまとまって入ってきた音を、音の周波数ごとに、どのくらいの音の大きさになっているかを分解して表しています。

基底膜によって振り分けられた振動は、基底膜の表面にたくさん存在している「⑤内有毛細胞」とよばれる細胞によって、電気信号に変換されます。つまり内有毛細胞は、物理的な波を電気信号に変換するマイクロフォンの機能をもった細胞と言えます。内有毛細胞は「この場所は300Hz担当」「この場所は10000Hz担当」といったように、細胞ごとに担当周波数を分業しており、一つ一つの内有毛細胞の根っこの部分は「⑥聴神経」（有線マイクのケーブルのようなイメージ）につながっていて、脳に電気信号を送っています。こうして音のスペクトル（そしてその時系列変化であるスペクトログラム）の情報は、電気信号に変換されて脳の中枢に送られていきます。

以上の基本的な前提知識をふまえて、中次機能に関する冒頭の四つの質問に答えていきたいと思います。

4. なぜ物音がしても聞きたい音をだけを聞きわけられるの？（Q3—1）
——聴覚情景分析[3]

ここまではおもに、単一の音源から発せられる音を、例として取り上げてきました。しかし生活をして

3 「選択的聴取」とよばれることもあります。

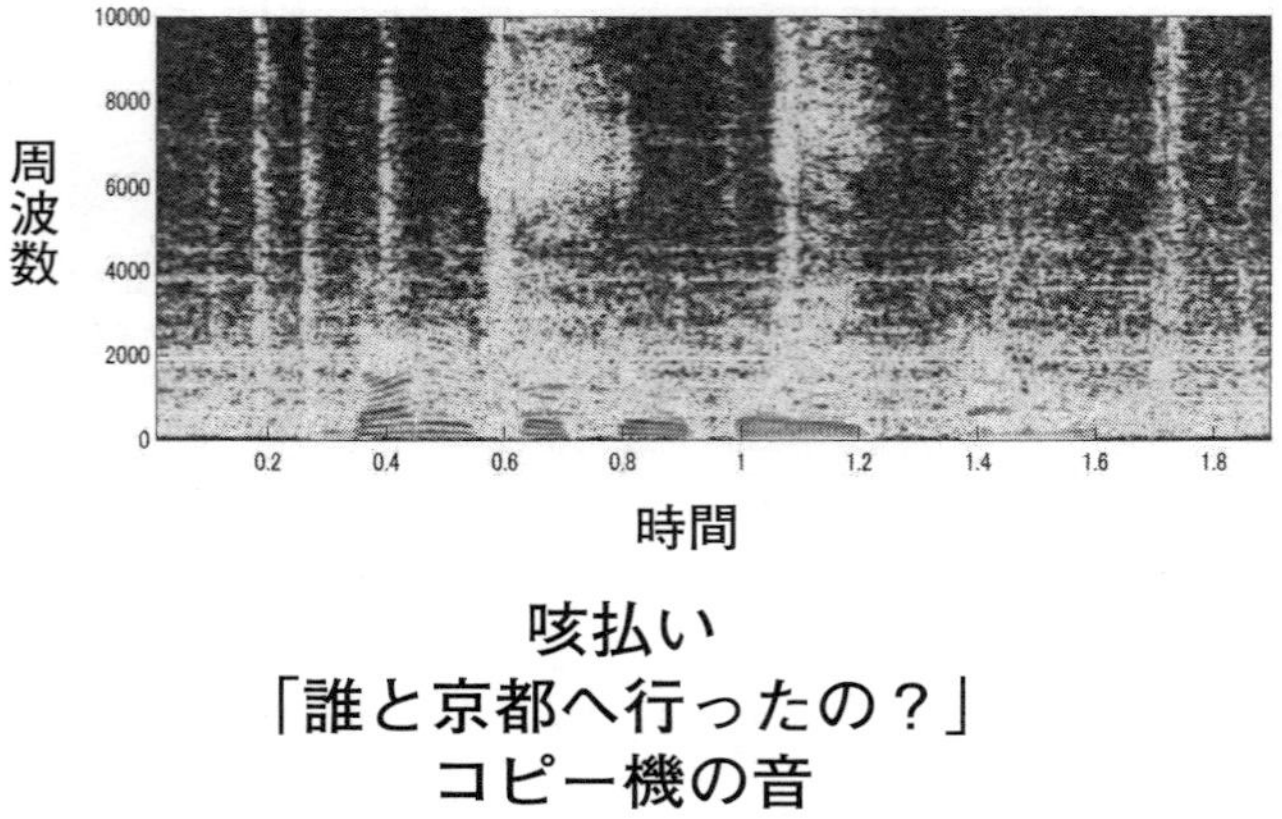

図４：３つの音源がまざったスペクトログラム

いれば普通、複数の物音が存在しています。私が話しているたったいまも、パソコンでカチャカチャしている音や、エアコンの音がしています。このように、私たちの耳に届く音は、いろいろな音源から発せられた音が混在しているのです。このような、複数の音が混在してできあがった音全体の特徴はどうなっているでしょうか。たとえば、【図4】のスペクトログラムは、「誰と京都へ行ったの？」という人の声と、「コピー機の音」、そして「咳払い」という三つの音源から発せられた音を混ぜてできたものです。【図2】と比べると、周波数方向（縦軸方向）にも、時間方向（横軸方向）にも、声以外の音の情報が分散して加わっていることがわかります。また、一つの音源の音が、別の音源の音に一部かき消されてしまうこともあります。加えて質問のように、日常的な場面では、同時に聞こえくる複数の音源のうち、一つだけを選んで聞きとりたいという状況がしばしば起こります。こういったことを処理するのが、「聴覚情景分析」とよばれる情報処理です。

質問への答えを段階的に検討する上で、まず考えなくてはならないのが、周波数方向に分散してしまった混在音を、どうやって音源ごとに「分離」し、「グルーピング」するかという問題です。どの周波数成分がコピー機で、どれが声で、どれが咳払いなのか、私たちはどうやって分離・グルーピングしているのでしょうか。また、音源の分離・グルーピングは、時間方向にもおこなわれなくてはなりません。これを専門用語では、「経時的グルーピング」または「音脈分凝《おんみゃくぶんぎょう》」と言います。では、周波数成分の分離・グルーピングと、音脈分凝のメカニズムについて、それぞれ見ていくことにします。

(1)周波数成分の分離・グルーピング

まず周波数成分の分離・グルーピングをおこなう上で、もっとも頼りになる強い情報は、「調波構造」です。調波構造とは、自然界にある多くの重要な音源に多く見られる特徴であり、スペクトルを見ると、ある低い周波数の整数倍のところに規則的に周波数成分が出現しているような特徴のことを意味します。【図1】のスペクトルも調波構造の一例と言えるでしょう。またスペクトログラムであれば、【図5】の上側に示したように、等間隔な横の縞模様になって現れてきます。人間の声なども調波構造をもっているので、周波数成分の分離・グルーピングをおこなう上で役立ちます。

もう一つ、調波構造のほかに、周波数成分の分離・グルーピングをおこなう上で参考になる単一音源の特徴が「共通運命」です。これは、振幅（色の濃さ）の経時的な変化パターンがそろっており、音の開始／終止のタイミングもそろっている周波数成分は、同一の音源から発せられた可能性が高い、というもの

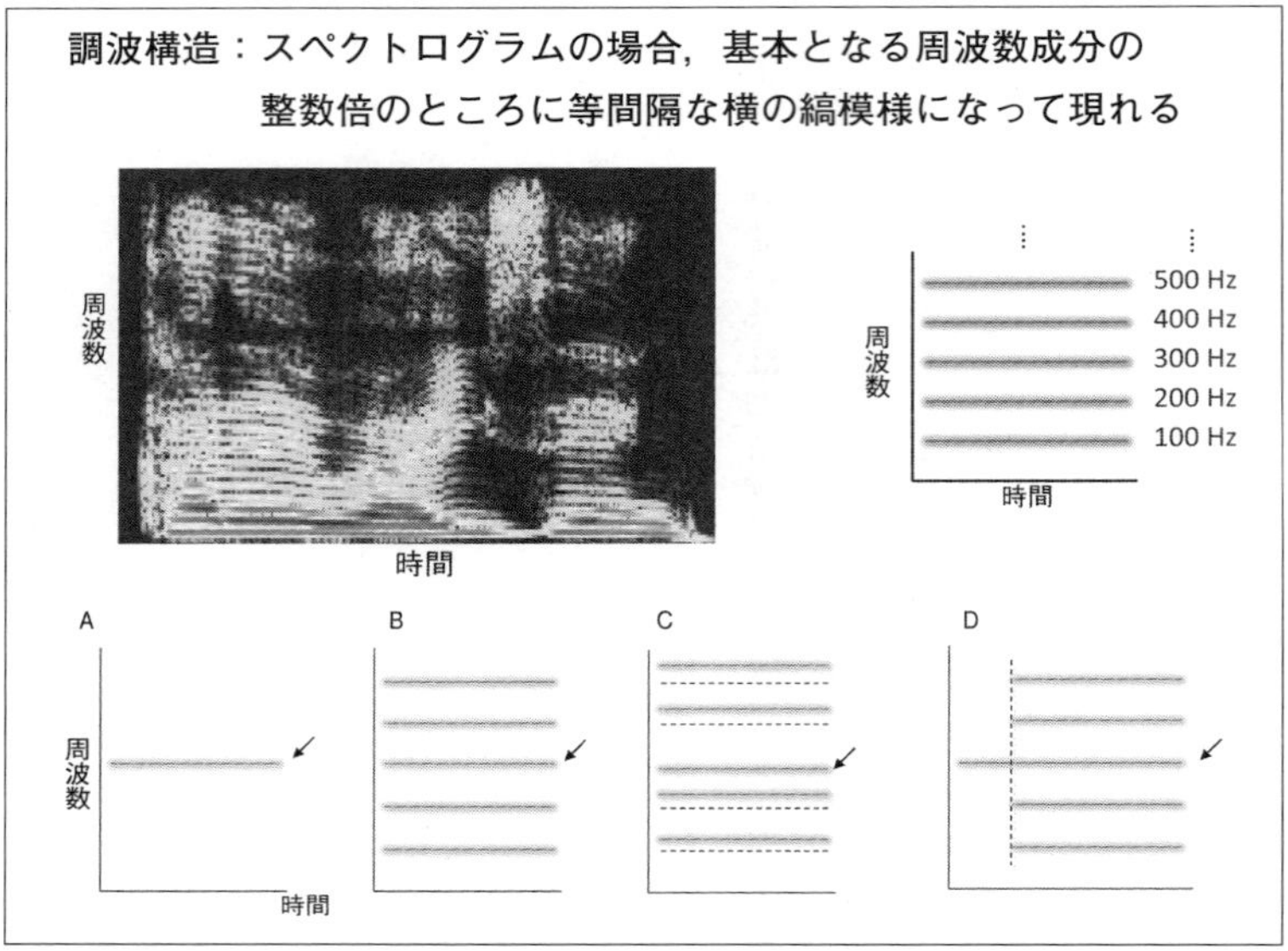

図５：周波数成分の分離・グルーピング

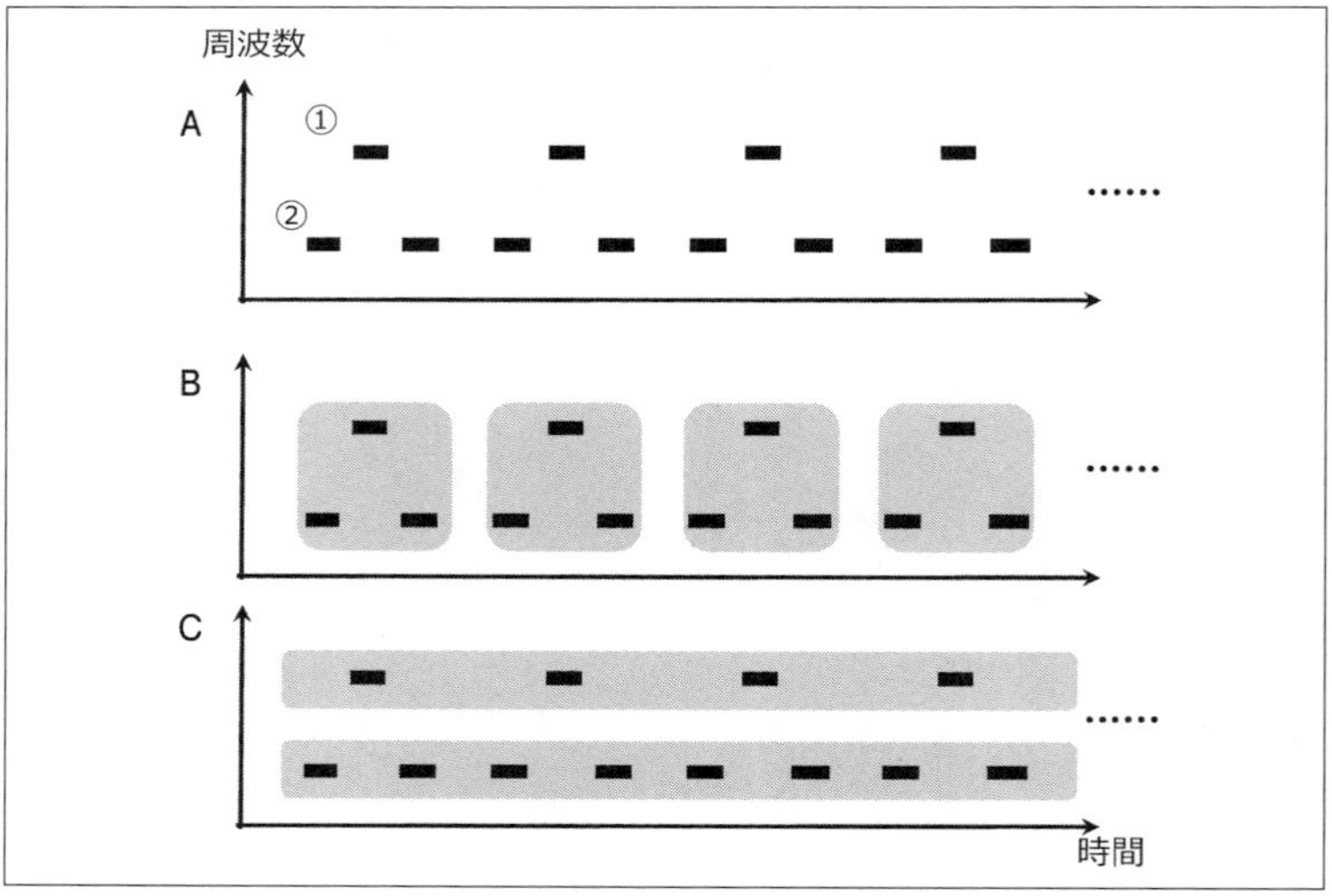

図６：音脈分凝（経時的グルーピング）

です。

われわれが調波構造や共通運命といった特徴を手がかりにしながら、音源の分離・グルーピングをおこなっているということを実感していただくための簡単な実験を紹介します。【図5A】で矢印が示すような純音をターゲット音とよぶことにします。このターゲット音と調波関係にある成分をもつ背景音と同時に鳴らしてみると【図5B】、ターゲット音は背景音の調波構造の中に埋没してしまい、それだけ取り出して聞くことは難しくなります。つまり、別音源として分離・グルーピングできないのですね。では、ターゲット音はそのままにして、背景音の調波構造を平行にずらしてみます【図5C】。だんだんずれを大きくしていきますと背景音の高さが変わり、「ピー」というターゲット音と「ブー」という背景音が、同時並列で聞こえるようになってきます。ターゲット音と背景音が別の音源として分離・グルーピングされたと言えます。

共通運命のほうも簡単に体験できます。ターゲット音と背景音が同時に開始する状態【図5B】から、今度は、ターゲット音を、背景音よりも数十ミリ秒だけ早くはじめるようにします【図5D】。ほんのわずかな開始時間の差によって、ターゲット音が背景音から分離されて聞こえます。このように人間の耳は時間的ずれも使いながら、複数の音源を分離・グルーピングしています。

(2) 音脈分凝（経時的グルーピング）

次は音脈分凝（経時的グルーピング）の話に移ります。二人の話者が同時に話しているときのスペクトログラムを見たとき、Aさんの成分とBさんの成分は、それぞれ、どのように経時的につなげればいいのでしょう。音脈分凝のメカニズムについてはまだわからないことが多いのですが、一般的に言われているのは、周波数成分の近いもの同士が経時的に結びつけられやすいだろうということです。

【図6A】のように、高周波数の純音①がゆっくりなテンポで繰り返すピッ、ピッ、ピッという音源と、低周波数の純音②がその二倍のテンポで繰り返すポポポポポポという音源を考えます。こういった音列は、解釈によって二通りの聞き方ができます。「低音・高音・低音」が一セットになって、ポピポッ、ポピポッ、ポピポッ、といったように単一のメロディを奏でているという聞き方【図6B】と、無関係な二種類の周期的なリズム音（ピッ、ピッ、ピッとポポポポポポ）が独立に続いているという聞き方【図6C】です。はじめは二つの音源の周波数（音の高さ）を近くしておき、徐々に離していくと、最初は単一のメロディ【図6B】のように聞こえていたのに、あるところを境にして二つの音源に分離して聞こえはじめます【図6C】。ただし注意しなくてはならないのは、周波数が近ければ必ず単一のメロディに聞こえるというわけではなく、たとえ音の客観的な物理的性質が一緒であっても、解釈によって聞こえ方が変わることがあるという点です。

自然で複雑な環境の中で混在音から複数音源をグルーピングしていく際には、答えが一つに決まるような計算過程とは違い、つねに間違う可能性や、複数の答えが導かれる可能性があります。曖昧な音を処理しなくてはならないとき、脳は自らいろいろな解釈を試します。これは聴覚だけに限ったことではありません。視覚の例では、第1章（四〇ページ）に紹介されている「ルビンの壺」が有名です。白い部分に注目すれば壺のように見えるけれど、見方を変えて黒い部分に注目すると、二人の人が向かいあっているようにも解釈できる図形ですね。物理的には同じ絵ですが、解釈によって見え方が変わります。このような

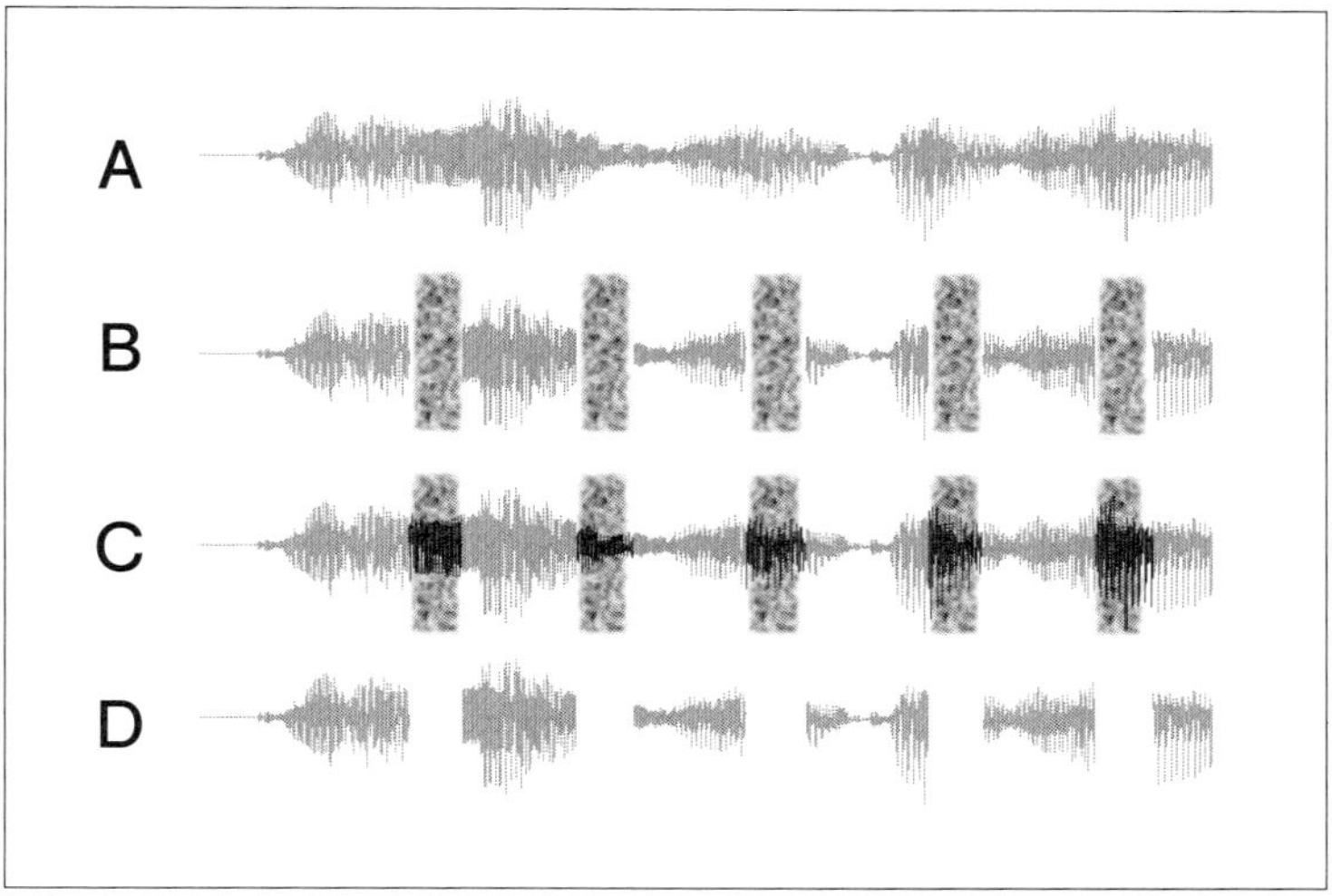

図7：知覚的補完

ことが、音でも起きているのです。さきほどは二つの音源の周波数の差を変えて聞いてみましたが、差を固定したまま長いあいだ、音をずっと聞いていると、勝手に聞こえ方が変わってくるのです。実はこれには個人差があって、聞こえ方がしょっちゅう変わる人と、そうでもない人がいます。私たちの研究グループでは、主観的な聞こえ方の変化が、脳のどのような活動の変化と関連しているかを調べています。主観的な聞こえ方は音の物理的性質のみで決定するのではなく、脳の解釈によって影響を受けるという点が重要です。

(3) 知覚的補完

「聴覚情景分析」の例の三つめは「知覚的補完」です。複数の音源が重なったときに、別の音の存在によって聞きたい音の一部がかき消されることがありますが、どのようにそれに対処しているのかという問題です。たとえば人が話しているとき、別の人が咳をして、一瞬話者の声がかき消されるということはよくありますね。これまでの研究によれば、脳にはかき消された音を修復する「知覚的補完」という機能が備わっているらしいということがわかってきました。例を見てみましょう。

【図7A】は、ある音声の波形です。そこに人工的に空白を挿入したのが一番下の【図7D】の波形です。この波形に相当する音源を聞くと、ブチブチ切れて聞こえます。「桃太郎の話かな？」と、かろうじて推測できるだけです。次に【図7B】のように、このブチブチ切れた空白部分にノイズを入れてやります。このノイズには、ちょうど誰かが咳をしたのと同じ効果があります。このノイズは耳障りですが、不思議なことに台詞はブチブチ切れているようには感じず、滑《なめ》らかにつながっているように聞こえるのです。これを「連続聴効果」と言います。話し声だけでなく音楽でも同じことが起きます。ノイズを入れる前はとぎれとぎれになって音楽としては成立しませんが、その途切れたところにノイズを入れると、つながって聞こえるのです。この現象がおもしろいのは、言葉や音楽の情報としてはまったく何も足していないにもかかわらず、頭の中で意味のあるものを構成して空白を埋めているところです。つまり雑音によって本来聞きたい音がかき消されたとしても、十分な条件（「補完されるべき音が存在し、別の音によってマスクされた」と仮定しても矛盾が生じないという条件）がそろえば、脳が勝手につなげてくれるわけです【図7C】。

(4) 注意

「聴覚情景分析」の最後は、聞くべき音を選ぶ「注意」という機能について説明します。聴覚における注意の機能にもいくつかあります。私たちはたくさんの人がガヤガヤと話している音を聞いても、何を言っているのかほとんどわかりません。では、何人が話していたかと尋《たず》ねてみると、大体の人が、三〜五人と答えます。たとえ正解が五人であっても一〇人であっても、大概の場合は五人くらいと答えます。

次に、はじめにある一人だけが話している声を聞き、そのあと五人のガヤガヤが加わった音を聞いた場合はどうでしょう。おそらくほとんどの人が、ガヤガヤ音の中にはじめの一人の声が含まれているとわかると思います。今度は、「数字を読みあげている人がいるので、数字を聞きとってください」とアナウンスしたあとにガヤガヤ音を鳴らしてみます。すると、全部は聞きとれなくても、数字を読みあげている人がいるということはわかる人が多いと思います。しかし、事前のヒントなしに、ガヤガヤ音だけを聞いたときに、その存在すら気づきにくいような声もあります。以上のことから導かれる、人間の聴覚的注意の特徴は何かというと、一つめに「音源の数を聞きとるのは難しい」ということがあげられます。別の言い方をすると、五人が話している場面で、五人をきれいに分離・グルーピングするような処理はおこなっていないのです。せいぜい、「一つ、二つ、それ以上」という粗《あら》い分離くらいしかしていません。二つめに、「『この人の声を聞いてください』と言われれば、音声の個体的特徴にもとづいて聞くことができる」という点です。三つめとして、数字など「内容にもとづいて音を聞くことはできる」という特徴もあります。そして四つめに「注意を向けないと聞こえない音というものがある」という点も重要です。

注意しないと聞こえない音がある一方で、とくに注意を向けなくても、どうしても聞こえてしまう音があります。望んでいないのに聞こえてしまうと、生きていく上で、聞きたい音を聞くことが困難になります。そうした状態がひどくなると、聴覚過敏を引き起こす可能性もあります。

私たちの研究グループでは、注意を引きつける音の特徴を調べる研究をはじめました。視覚において

「あなたの注意が何に引きつけられているか」を測るには、視線を調べればよいので簡単です。それに比べて、「あなたがいま、どの音を聞いているか」を外部から観測するのは難しいため、その方法を何とか開発したいと考えています。いま、検討しているのは、注意機能に関連する青斑核という脳部位の活動が、瞳孔の大きさと関連しているという過去の研究をふまえた測定方法です。予期せぬ音を聞いたときに瞳孔は大きくなるのですが、特定の音を聞いた場合は、より強く反応することがわかっています。もしかすると、あなたがどの音に注意を向けているか、瞳孔によって当てることができるようになるかもしれません。

ここまで、周波数成分の分離・グルーピング、音脈分凝、知覚的補完、注意といった中次機能について詳しく見てきましたが、このいずれの機能も、物音がしても聞きたい音だけを聞きわけることに貢献していると考えられます。

5. なぜ声が小さくなっても聞きとれるの？（Q3―2）

この二番目の質問に対して私がお答えできることは、おもに二つあります。一つめは、音に対する感度の調整機能、二つめは、音声の冗長性を活用する機能です。

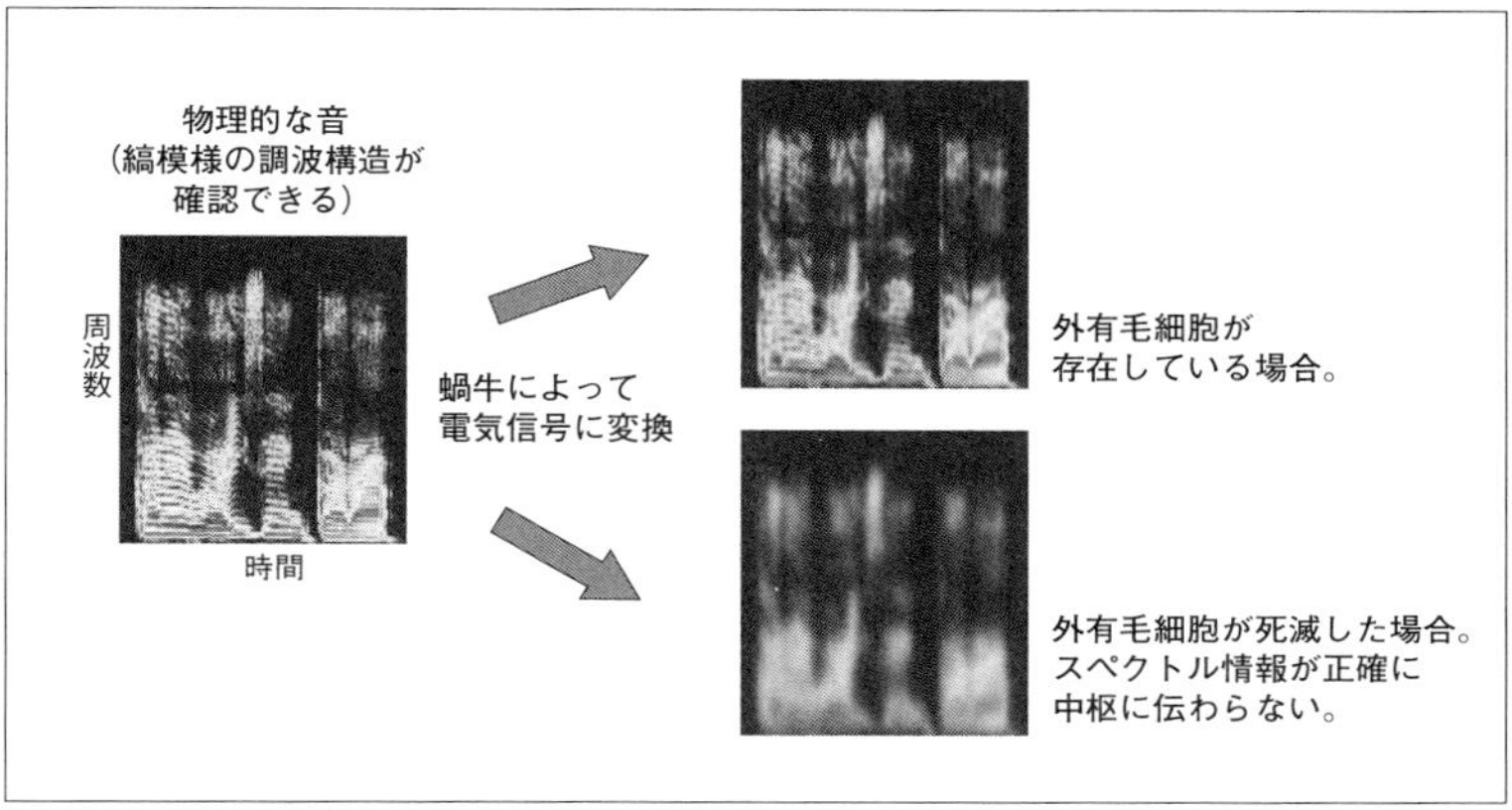

図８：外有毛細胞によるスペクトル分解能向上

⑴音の感度調整機能

感度調整のメカニズムには、おもに三つの種類があります。

（１）まず、弱い音を自動増幅するしくみが、蝸牛に備わっています。さきほど、マイクロフォンの機能をもつ内有毛細胞についてお話ししました。内有毛細胞のそばにはもう一つ、「外有毛細胞」という細胞があり【図３】、長らくそのはたらきはよくわかっていませんでしたが、ここ数十年で、外有毛細胞が弱い音を増幅し、強い音は増幅しないという機能をもっていることがわかりました。外有毛細胞は基底膜にくっついており、外有毛細胞の特徴（長さ、硬さ）が変わると基底膜の振動特性も変わります。通常、音が弱ければ基底膜があまり振動せず、音が強くなると基底膜の振動が大きくなるのですが、外有毛細胞がないと仮定した場合に予想される振動と比較して、実際の基底膜は弱い音のときに強く振動し、強い音のときは予想どおりの振動をすることがわかりました。つまり外有毛細胞は、弱い音だけを拡大するのに貢献しているのです。外有毛細胞に問題があると、小さい音は聞こえないけれど大きい音は普通どおりに聞こえる「リクルー

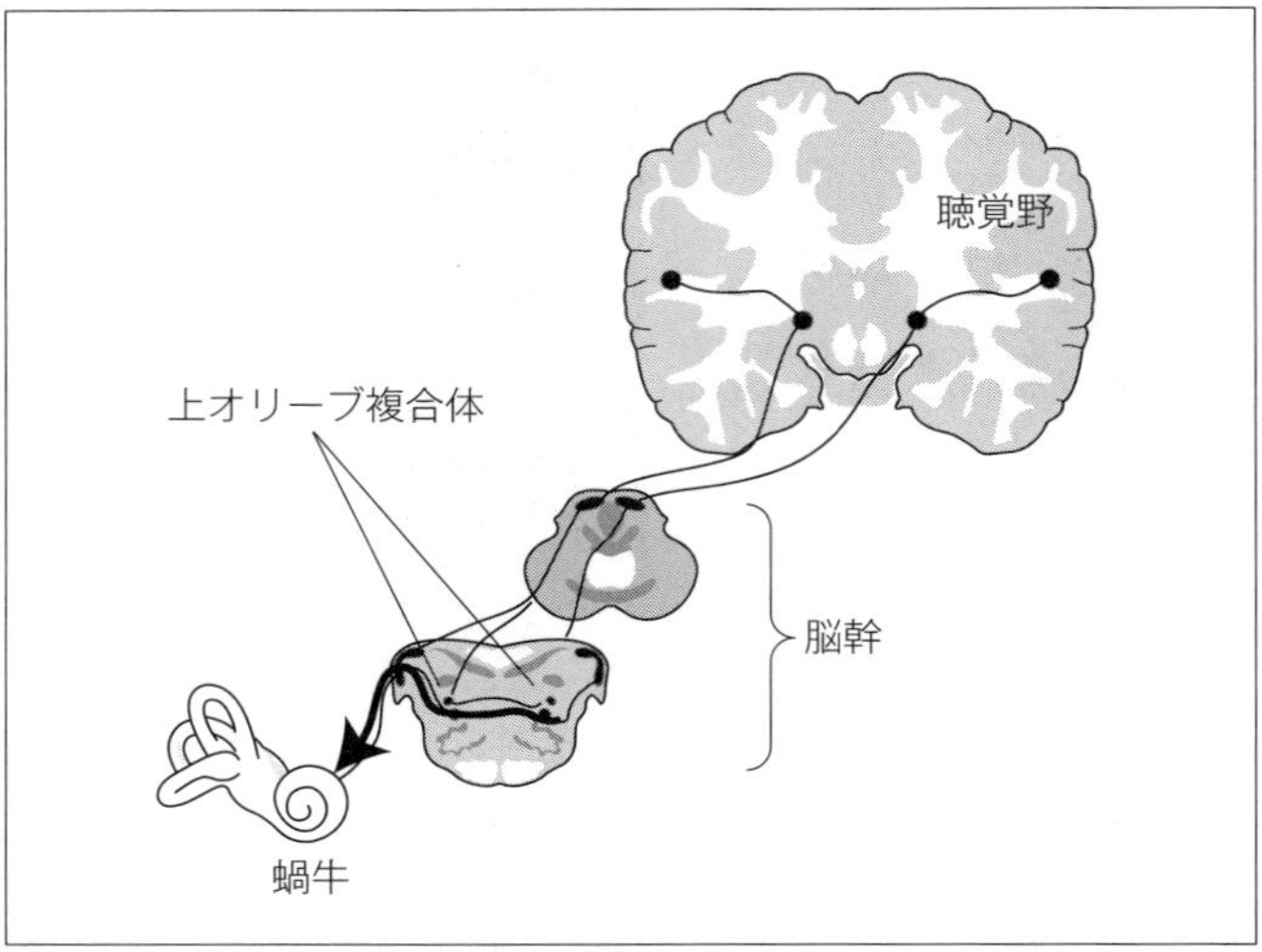

図9：オリーブ・蝸牛システム（矢印部分）

トメント現象」という現象が現れます。多くの人は小さい声が聞こえない相手には大きい声で話しかければちょうどいいだろうと推測しますが、このような現象を抱えていると、大きい声だと今度はうるさく感じることになります。

外有毛細胞には、感度調整以外にもう一つのはたらきがあります。それは、周波数分解機能の向上（わずかなスペクトルの違いを聞きわけられるようになること）です。【図8】の左側にあるスペクトログラムには、縞模様の調波構造が確認できます。それが、蝸牛によって電気信号に変換されたあとの状態を模式的に示したものが右側の二枚の図です。上のほうは外有毛細胞が存在している場合で、下のほうは外有毛細胞が死滅した場合の状態になります。外有毛細胞が機能していないと、ぼやけた情報が脳に伝えられることになるのです。

（2）感度調整の二つめのしくみは、脳幹が耳の感度を調整するメカニズムです。脳幹による感度調整として有名なのは「耳小骨筋反射」と「オリーブ・蝸牛システム」の二つです。それぞれ説明します。

鼓膜の振動を蝸牛に伝える耳小骨には、「耳小骨筋」という名前の小さな筋肉が付着しています。大きな音が鼓膜に入ってくると、その信号が脳幹に伝えられます。次に脳幹は耳小骨筋をキュッと収縮させる信号を出し、耳小骨を振動しにくくします。それによって、鼓膜の大きな振動が蝸牛に伝わるのをブロックしてくれるのです。これが耳小骨筋反射です。

もう一つは「オリーブ・蝸牛システム」です【図9】。これは耳小骨の振動ではなく、基底膜の振動をコントロールすることで感度調整をするシステムです。メカニズムや役割はよくわかっていません。現在の仮説では、自分の話し声をあまりうるさく感じないのは、このオリーブ・蝸牛システムが、自分の声かどうかを聞きわけ、自分の声の場合には基底膜の振動を抑えてくれるからだと考えられています。また騒音のときには、耳を保護するためにオリーブ・蝸牛システムが感度を下げてくれるとも言われています。さらに、騒音下で特定の音源だけを聞きとりたいときにも、このオリーブ・蝸牛システムが役に立っているという報告もあります。

（3）感度調整の三つめのメカニズムは、「環境への順応」という非常に賢いシステムです。一般的に騒音の大きさ（振幅）は、時々刻々変動し続けています。しかし、「ガヤガヤした学生食堂」はこれくらいのレベル、「静かな部屋」や「図書館」だとこのくらいのレベル、というように、おおよそ平均するとこれくらいの大きさ、といったレベルが環境ごとに決まってきます。

特定のレベルの音だけが高い頻度で提示され、それよりも大きいレベル、および小さいレベルの音が、比較的低い頻度で提示されるような人工的な音環境を作成し、麻酔をかけた動物に聞かせるという実験が

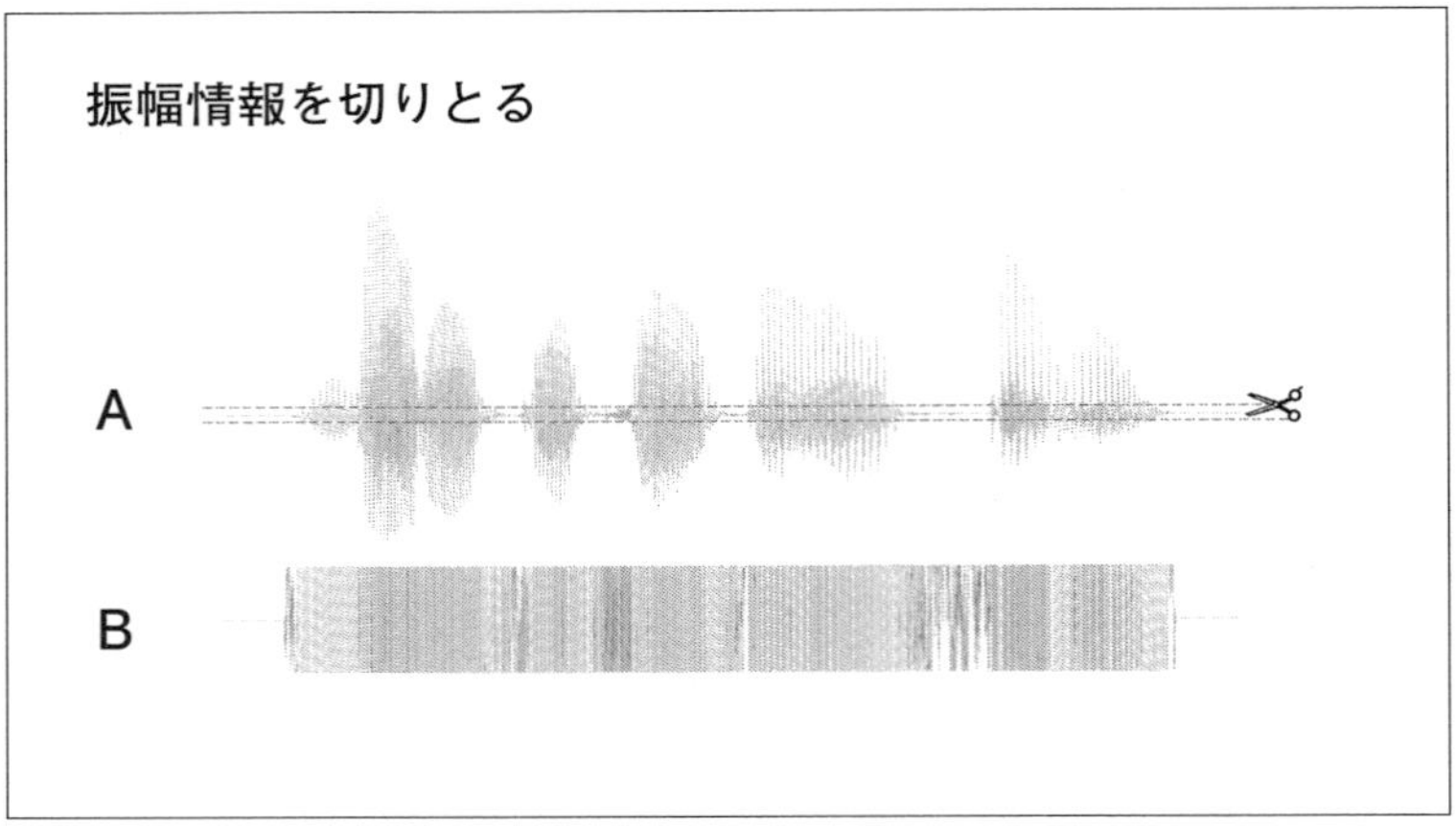

図10：音声の冗長性　その１

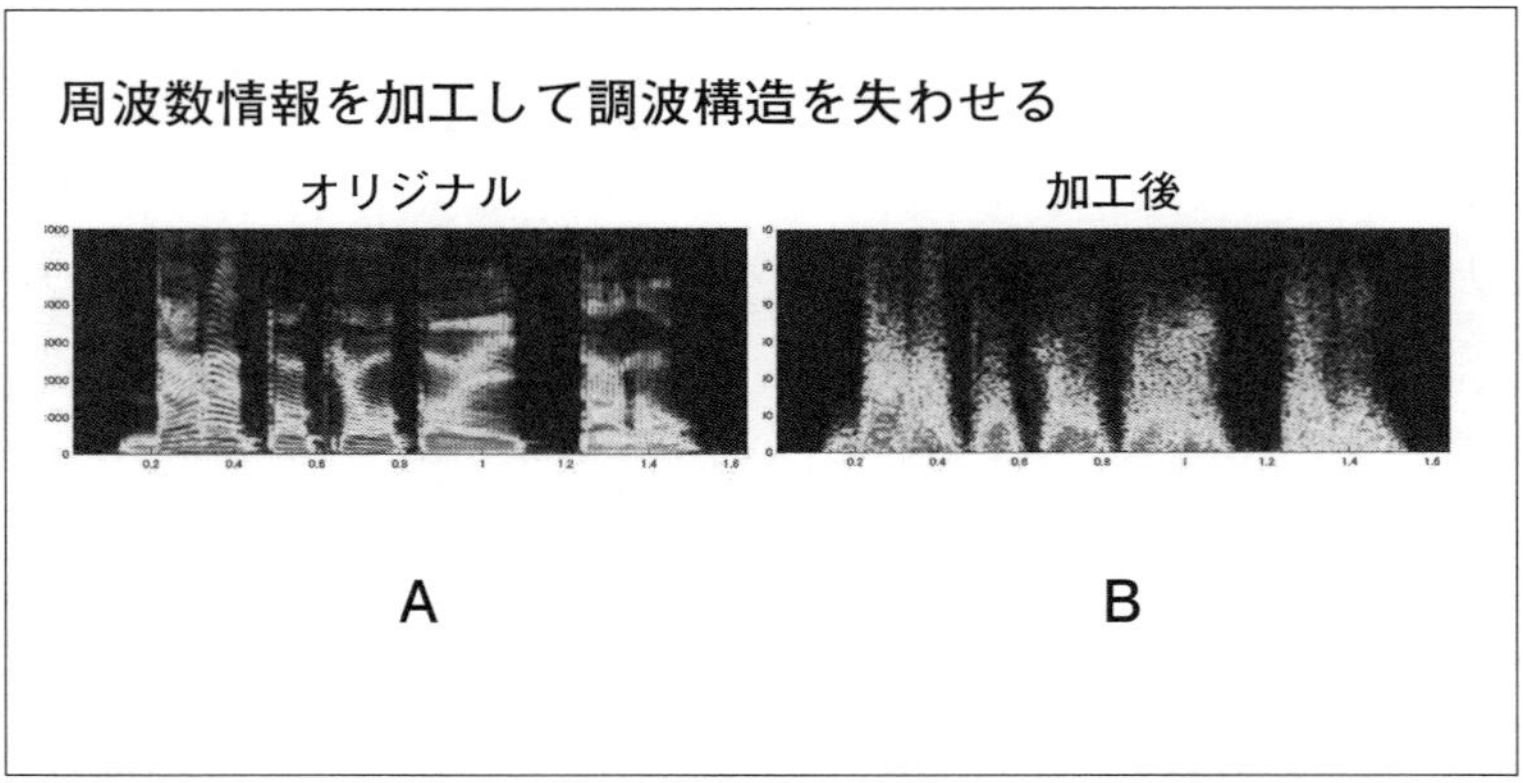

図11：音声の冗長性　その２

あります。[4] その動物の脳幹の中にある神経細胞の活動記録を調べたところ、そのときどきの音環境の条件に合わせて神経は自らの感度を調整していることが知られています。高頻度で現れる音量範囲の音に対して、レベルへの感度が高くなるのです。

(2) 音声の冗長性

ここまでお話しした感度調整機能以外にも、小さい音声を聞きとるメカニズムとして重要なのが、音声の冗長性を利用するメカニズムです。

音声には、さまざまなバックアップ情報が含まれているということが知られています。これは、一部の情報を聞き逃したとしても、別の情報を利用することで音声を知覚できるということです。そうした特徴のことを「音声の冗長性」と言っています。音声を知覚するのに役立つ情報は、さまざまな形式で表現されており、情報のバックアップがとられているので、一つの形式が壊れても、別の形式を用いて情報が修復できるのです。そうしたバックアップ情報を使うことで、声が小さいなどの悪条件でも声の認識ができるようになります。たとえば、「誰と京都へ行ったの？」という音声波形が【図10A】になります。ここから点線の部分で波形を切ってしまって、上下の部分を取り除いたものが、【図10B】になります。これでは音声と数成分の情報はある程度温存されますが、振幅の情報がすっかり失われてしまいました。周波して成立しないかと思いきや、耳障りで壊れたラジオのような聞こえ方ですが、音声としては聞こえます。

4 Dean, Isabel, Nicol S. Harper, and David McAlpine. (2005): "Neural population coding of sound level adapts to stimulus statistics." *Nature neuroscience* 8.12 1684-1689.

これを聞いて、「音声の認識をする上で振幅情報はそもそも必要なかったのか」と考える方もいるかもしれません。しかし、そう単純でもないのです。

今度は逆に、振幅の情報は温存させながら、周波数の情報を加工します。【図11A】は、加工前です。スペクトログラムを見ると、自然な音声の特徴である縞模様の調波構造が確認できます。【図11B】は加工後で、波形を見ると大まかな振幅の時間変動は左と変わりありませんが、スペクトログラムの調波構造はすっかり失われています。しかし、ヒソヒソ声みたいな音になるものの、声として聞きとることができます。

これらのことからわかるのは、振幅情報が使えないなら周波数情報を使い、逆に、周波数情報が使えないなら振幅情報を使うというように、音声の冗長性を利用して認識するしくみが備わっているということです。

6. なぜ不明瞭な音声でも、言葉として聞きとれるの？（Q3―3）

三番目の質問に移りましょう。文字がハッキリ浮かぶような滑舌のよい話し方ではなくても、なぜ多くの人びとは何とか聞きとれているのか、という質問です。すでに説明してきた知覚的補完や、音声情報の冗長性の理由も、こうした聞きとりに貢献していると思いますが、ここではそれ以外のメカニズムとして、

「残響を抑えるはたらき」と「（他の音源にはない）音声を認識する特別なメカニズム」の二つを紹介しましょう。

(1) 残響を抑えるはたらき――先行音効果

まずは残響を抑えるはたらきについて説明します。音波は部屋の壁や物体にぶつかると反射して戻ってきます。したがって、音源が振動を停止したあとも、引き続き反射による音が聞こえる現象が起こります。これを「残響」と言います。一般的に、残響の強い音は聞きとりにくいので、人体には、残響が意識に上らないように抑えるはたらきがあります。反響の強い空間で、ブロックをハンマーで二回ほど叩いたときの音を聞いてみますと、物理的には残響がすごく生じており、一回目のカチーンという音の残響が、次の音に重なるくらい残っているはずなのですが、印象としては、それほど覆《おお》い被《かぶ》さる感じではなく、カチーン、カチーンと二個に分かれて聞こえます。ところが、逆再生するといきなり残響が大きく聞こえ、だいぶ前から残響が鳴っていることがわかります。逆再生しないと、ここまで強く残響は聞こえないのですね。つまり人間の聴覚には、直接音源から耳に届いた音と、それに引き続く残響を区別するしくみがあって、前者だけを聞くことができるようになっているということです。こういうメカニズムがうまくはたらいていると、残響があっても気にならないで済む上に、音の聞きとり能力が向上します。また、後述する、音源の位置を判断するメカニズムにおいても、この残響を抑えるはたらきは役に立っています。残響は、四方八方から耳にやってくるので、音源の位置を一か所に特定する上では邪魔になるからです。

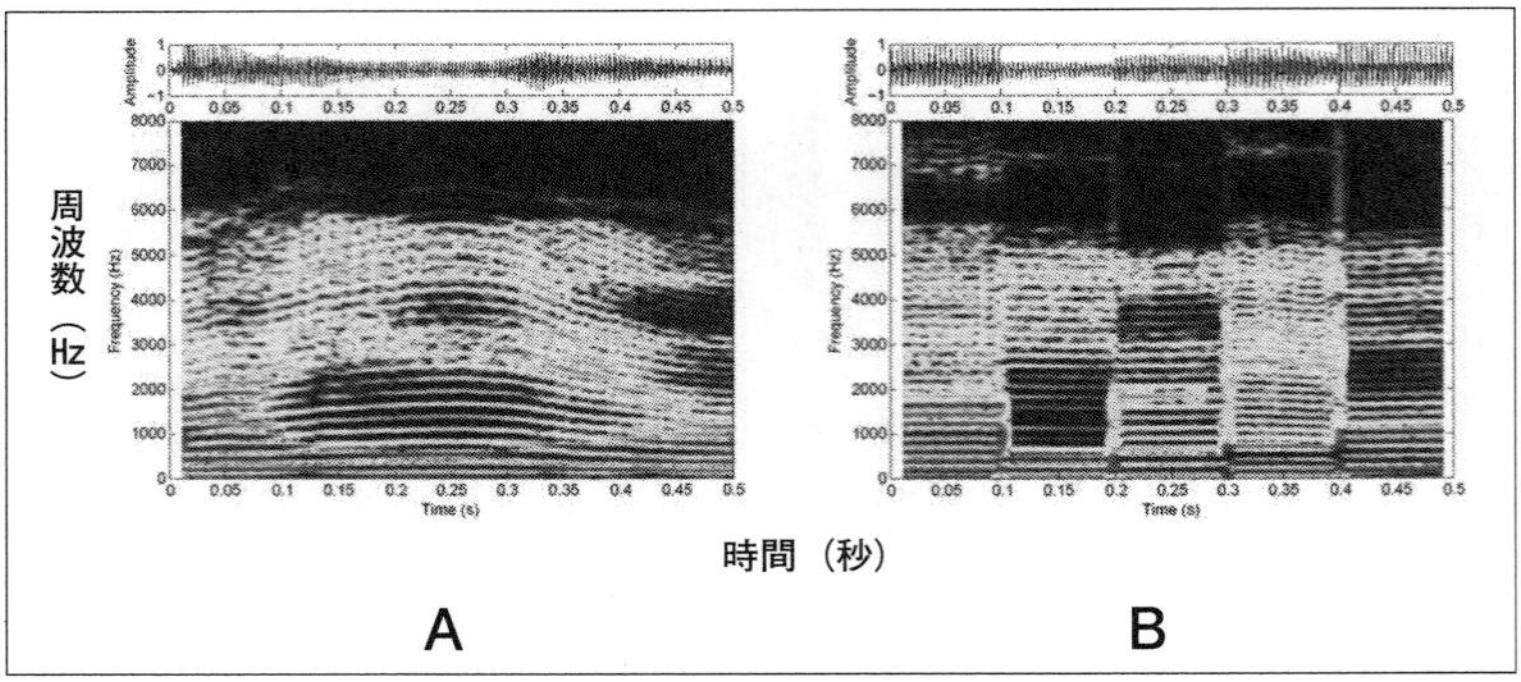

図12：連続音のスペクトログラム

「イリュージョンフォーラム」Webサイトより（協力：NTTコミュニケーション科学基礎研究所）

〔錯聴／言語音知覚の頑健性／母音連結〕

http://www.kecl.ntt.co.jp/IllusionForum/a/concatenatedVowels/ja/index.html

(2) 音声を認識する特別なメカニズム

次に二つめの、音声を認識する特別なメカニズムについて説明します。実は、どんなに滑舌のいい人の音声であっても、たとえば、「あ」「い」「う」「え」「お」といった音素の区別は、物理的にはハッキリとはしていません。物理的な音と、聞こえる音との関係は単純ではないのです。たとえば、「あいうえお」のスペクトログラムは【図12A】ですが、どこまでが「あ」で、どこからが「い」なのかわかりませんよね。物理的にはどこで切れるかわからず、スムーズに変わっていますが、みなさんの頭の中では「あいうえお」と五つの母音として聞こえています。逆に、この連続的なスペクトログラムの中から「あ」と思われるところ、「い」と思われるところ、「う」と思われるところ、「え」と思われるところ、「お」と思われるところをそれぞれ切り出して、順につないでできたスペクトログラム【図12B】を聞いてみると、とてもわかりにくいものになります。このように、物理的な区切りと、言葉の区切りはきれいに対応しません。

もう一つの問題は、話者の個人差です。発声器官の構造はみな違うので、大人の発した「あいうえお」と、小さい子どもの発した「あいうえお」は、物理的にはまったく異なったスペクトログラムになるのに、それを聞きとる側は同じ音素として認識します。人間はどうやって大人と子どもの「あいうえお」に共通する成分を聞きとれるのでしょうか。発声のしくみについては第2章で詳しく扱っているので、ここでは簡単にふれておきましょう。

声は、のどの奥にある「声帯」とよばれるヒダの振動によって生み出されます。【図13C】は喉頭原音（声帯が生み出す音）のスペクトルです。このスペクトルの中のもっとも左に位置する（もっとも低い）周波数を「基本周波数」とよびます。喉頭原音のスペクトルの特徴は、基本周波数の整数倍の周波数が足し合わされたものであるという点であり、典型的な調波構造をもっています。この喉頭原音は、その後、口の中や鼻腔、副鼻腔の中を通過するわけですが、そこで、たくさんの反射や共鳴を経て、喉頭原音のうち、特定の周波数成分が増幅または減衰され【図13B】、音声として口の外に出ます。そのスペクトルが【図13A】です。このスペクトルの頂点を線でなぞると、「フォルマント」とよばれる構造が得られます。これを見ると、増幅された周波数が山の頂《いただき》のようにとがっているのがわかると思います。音声の特徴は、このフォルマントによって表現できます。また、フォルマントの山の頂を、左（周波数の低いほう）から順に、第1フォルマント（F1）、第2フォルマント（F2）、第3フォルマント（F3）……とよびます【図13D】。

母音は、F1とF2が各々どのような周波数かによって表現できます。横軸にF1の周波数、縦軸にF2の周波数をとって、「あ」「い」「う」「え」「お」の違いを表現したのが【図13E】になります。これを

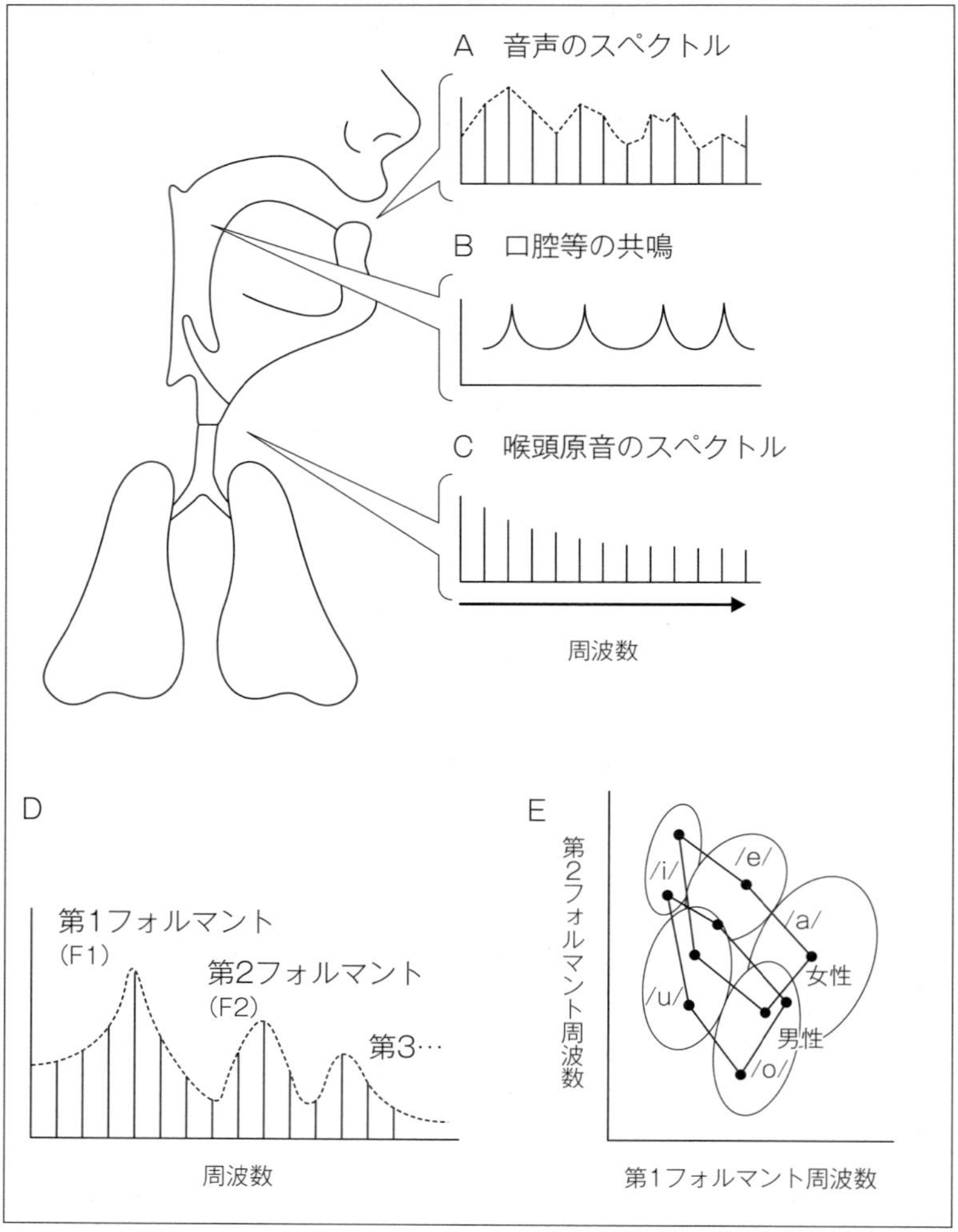

図13：フォルマント

（Eについては，中田和夫（1995）.『改訂音声』コロナ社の図2.2をもとに再描画）

見ると、男性の平均的な「あ」「い」「う」「え」「お」と、女性の平均的な「あ」「い」「う」「え」「お」では、特徴が違います。女性の「お」は、男性の「あ」と近いところにあります。フォルマントだけ見ていると、「あ」と「お」の区別がつかないのですが、なぜか声の高い女性が話していると「お」と判断するし、男性の場合には「あ」と判断できるのです。

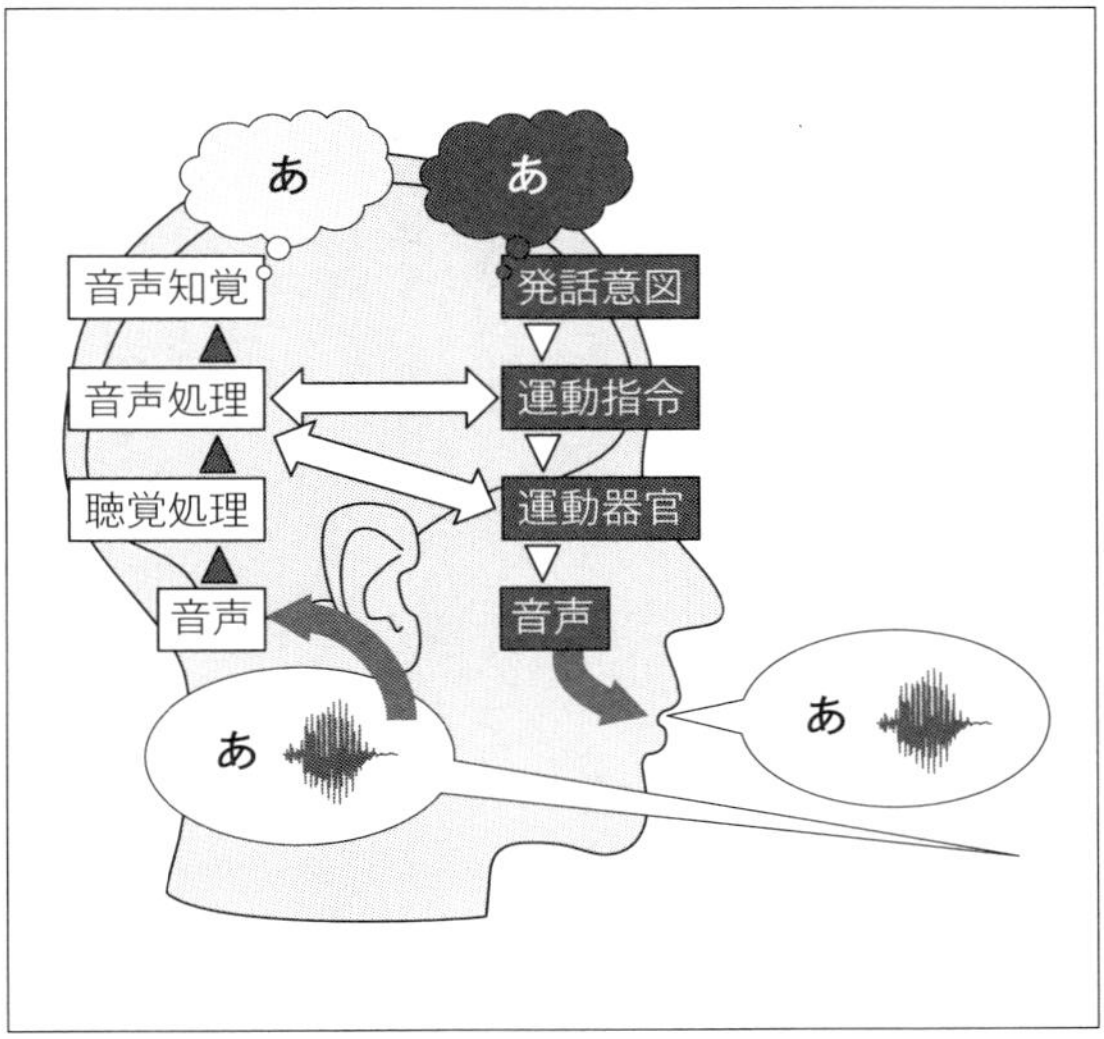

図14：音声知覚の運動理論

これは音声認識の研究をやっている人にとっては深刻な問題です。古くからある仮説として有名なのは、音声知覚の「運動理論」です。[5] これは音声の知覚は聴覚インプットで聞くだけではなくて、声のアウトプットを制御するメカニズムも使って聞いているのではないか、という考え方です。

声を制御する過程を簡単に説明すると、【図14】の右側にある系列になります。まず話者の脳の中で、「あ」と発話しよう、という「発話意図」が生み出されます。次に、この発話意図を実現するために、「運動器官」（のどや口の中にある筋肉や呼吸筋）に対して、どのようなパターンで動けばよいかという

5 Galantucci, Bruno, Carol A. Fowler, and Michael T. Turvey. (2006) "The motor theory of speech perception reviewed." *Psychonomic bulletin & review* 13.3 : 361-377.

「運動指令」が下され、その結果「あ」という音声が産出されます。

一方で、こうして産出された音声を聞いて、それが「あ」であると認識されるまでの過程を表したのが、【図14】の左側にある系列です。まず、聞こえてきた音波に対して、周波数や振幅、継時的変化といった物理的特徴を抽出する「聴覚処理」をおこない、次に、その音が「あ」なのか、それとも「い」なのかを判断する「音声処理」をおこないます。その結果、この音は、「あ」という音声である、という「音声知覚」が生じます。この過程のうち「音声処理」の段階で、【図14】の右の列にある「運動指令」を生み出す神経回路や「運動器官」を利用しているという考え方が、運動理論です。これは、ある人が発声した「あ」を認識する際、聞き手はまず、「あの人は、このような口の動かし方をしているのだろう」という推測を自分の中でおこない、次に、「こういう口の動かし方をしているということは、あの音声は『あ』だろう」という推定をおこなっているという考え方です。

この運動理論に関する議論はいったん廃れていたのですが、最近、ミラー・ニューロンという神経細胞が発見されたのをきっかけに再び見なおされはじめています。この神経細胞は、生きたサルの脳にある神経細胞の活動をリアルタイムに計測する実験の中で、偶然発見されました[6]。実験の休憩中に、脳に電極をさしたままのサルの前で、実験担当者が目の前のチョコレートに手を伸ばしました。そのとき、サルの脳のある神経細胞が、人間がチョコレートに手を伸ばすのに合わせて反応しました。おもしろいことに、同じ神経細胞は、サル自身がチョコレートに手を伸ばすときにも反応することがわかりました。この特殊な神経細胞は、行為主体が他人であれ自分であれ、それを区別することなく反応をします。言い換えると、この神経細胞は、他人の行為の視覚的情報を、自分の身体でおこなう同様の行為に置き換えていると言えます。これは、模倣（ミラーリング）の基盤となる神経細胞だろうと考えられ、ミラー・ニューロンと名づけられました。ミラー・ニューロンの中には、他人の音声の聴覚情報を、自分の発声器官の運動情報に変換するものも存在するかもしれません。それは、運動理論の裏づけとなります。もし運動理論が正しければ、ミラー・ニューロンの障害によって音声知覚が困難になる可能性があります。

7．音の方向はどうやって判断しているの？（Q3－4）

最後の質問です。人間の聴覚は、音源の内容を認識するだけでなく、音源がどこに位置しているのか、その空間的位置を認識しています。音源の位置を認識するメカニズムは、左右方向（水平方向）を認識するときと、上下方向（垂直方向）や前後方向を認識するときでは、異なるメカニズムを用いています。

⑴音の左右方向を認識するメカニズム

音が右と左のどちらから来ているかを判断する手がかりは二つあります。一つめは、右から来た音波は右耳にさきに到達し、少し遅れて左耳に到達しますし、逆に、左から来た音波は左耳にさきに到達するという手がかりです。したがって、同一の音波が右耳に届く時刻と左耳に届く時刻のあいだに生じる時間差

6　Rizzolatti, Giacomo, et al. (1996). "Premotor cortex and the recognition of motor actions." *Cognitive brain research* 32 : 131-141.

（両耳間時間差《りょうじかんじかんさ》）を使って、音源の左右方向を計算することができます。二つめは、左右の音の大きさの差（両耳間レベル差）を手がかりとして、音が大きい側に音源が位置すると計算するものです。

両耳間時間差を計算するメカニズムについては、いろいろなことが言われています。一つの仮説は、【図9】で見た脳幹の上オリーブ複合体とよばれる場所のある部分に無数の細胞が並んでおり、これら一つ一つの細胞は、右耳からの音信号と左耳からの音信号が同時に到達したときにだけ反応する性質をもっているというモデルです。細胞をつなぐ線維の長さの違いにより、それぞれの耳から発せられた信号は上オリーブ複合体の細胞に時間差をともなって到達します。音源位置に応じた音の到達時間差が、この信号伝達時間差を打ち消すような条件で、細胞は反応します。このモデルを用いますと、音源の左右方向の位置に応じて反応する細胞が異なることによって、音源の位置を把握できるような構造が上オリーブ複合体にできあがります。この時間差を測定するメカニズムは非常に高感度です。右のほうで音が鳴ったとき、左右耳に到達する音の時間差はわずか〇・〇〇〇六秒です。人間の耳は、〇・〇〇〇〇一秒ほどの非常に小さい時間差でも計測することができるのです。このような高感度な時間差の測定を実現するためには、音波の波形を忠実に脳幹に伝達する時間解像度の高い情報伝達系が備わっている必要があります。逆に、時間情報を忠実に伝達するメカニズムがうまくはたらかないと、両耳間時間差の判断ができなくなります。こうした仮説をふまえると、両耳間時間差を判断することができるかどうかを調べることで、より一般的な時間情報処理メカニズムの異常を診断することができます。

(2) 音の上下方向・前後方向を認識するメカニズム

では音源の上下方向・前後方向の位置の認識はどうしているのでしょうか。ステレオスピーカーやヘッドフォンなど、音源の位置を人工的に操作する技術は、水平方向に関しては簡単にできますが、上下方向や前後方向は難しいものです。実は、上下方向・前後方向の音源位置認識には、耳介のかたちが重要になると言われています。耳から入ってきた音は、直接外耳道へと入っていく音もありますが、その前に、複雑な形状をした耳介の、いろいろな部位に反射して干渉しあう結果、スペクトルが変化した音波が外耳道に入ってきます。しかし、耳介のかたちは個人差が大きく、また、年齢とともに変化します、それにどう対処しているかが問題です。

こうした問題への対処を説明するため、音源の上下方向を判断させる、興味深い実験を紹介します。[7] 実験室内で上下左右の多数の位置にスピーカーを配置して、そのうちのどれかを鳴らし、「どこから聞こえますか」と聞きます。

通常は誰でも、ある程度正確に上下左右の音源の位置を正しく言い当てることができます。ここで、耳介の襞に粘土を詰めて形状を変えてしまうと、どうなるでしょうか。この条件では、水平（右左）方向は正しく判断できるのに、垂直（上下）方向は正しく言い当てられなくなってしまいます。どこから音を鳴らしても、同じ高さで鳴っているように聞こえてしまいます。これは、まさに、耳介の形状が上下方向の判断に重要な役割を果たしていることを示しています。ところが、粘土を詰めたまま一～二か月過ごして

7 Hofman, Paul M., Jos GA Van Riswick, and A. John Van Opstal. (1998). "Relearning sound localization with new ears." *Nature neuroscience* 1.5 : 417-421.

もらったあとで、同じ実験に参加してもらうと、垂直方向の判断ができるようになるのです。耳のかたちの変化を反映して、脳が勝手に調整しているのです。おもしろいのは、その後、急に粘土を取り去ったときの結果です。耳のかたちが変わって再び垂直方向の判断ができなくなるかと思いきや、実は判断できてしまいます。粘土を詰めたあとの新しい情報も、詰める前の古い情報も両方覚えていて、体の変化に応じて対応できるメカニズムがあるようなのです。

8. おわりに

世界にあふれる音の情報は、重なり合って不明瞭になったり、欠損したりすることがあります。けれどもありがたいことに、耳には精密に分析するしくみがあります。さらに日常的によく起こりうる音の性質をうまくつかんで分析しています。バックアップ情報をうまく活用して、そのときどきに耳の戦略を変えることもおこなっています。

Q&A：一問一答

質問：聞き間違いが多くて困っています。音声的なレベルなのか、脳の処理の問題なのか、判別できますか？

回答：これは難しい質問です。聞き間違えが多い理由の一つには、低次機能の入力レベルで音情報が曖昧に伝わっているために聞き間違えるということがあります。その場合、難聴のケースと同様に複数の音が存在する条件だとわかりづらくなるので、対策としては相手に「ここはうるさいから聞こえにくい」と伝えるのが基本的なステップだと思います。

そのように静かな環境に整えても、なお聞き間違いが起きてしまう場合ですと、仮説ではありますが、中次機能である先述した運動理論で説明できるケースもあります。つまり「話すのがうまくなれば、聞きとるのもうまくなる」というものです。英語でRとLが聞きとれない場合、自分でしっかりRが発音できるようになれば聞きとれるようになる、という話を聞いたことがあるかもしれません。実験においても、口の動かし方を変えると聞こえ方も変わりますので、もしかするとそこで改善する余地があるかもしれませんが、科学的にはまだ、なかなかそこまでは言いきれません。

質問：聴覚過敏をもっている者です。目の前に居る人が話している最中に、周囲から人の声、物音が介入してくると、その瞬間に音が飛んだように感じます（一瞬、聞こえなくなります）。今回のお話との関連で、現時点で説明できることがあれば教えてください。

回答：聴覚過敏で悩んでいる方はたくさんいるのですが、いろんな原因や症状があるので、その人の症状を聞いて個別対応していかねばなりません。難聴者の場合、さきほどお話しした「リクルートメント現象」が生じ、小さい音から大きな音への変化が、健聴者よりも極端に知覚されるのかもしれません。より高次なレベルの問題としては、やはり注意の制御が関係しているかもしれません。注意は自分でコントロールできる随意的なものと、反射的に生ずるものがありますが、このような問題は、反射的な注意で説明できるかもしれません。聞きたい音の処理に他の音が割り込んできたり、聞きたくない音に対する注意をはずしたくてもはずせない、といったことが生じているのかもしれません。ただ、残念ながら、複数の音があるときに、どの音にどのくらい注意が向いているかは、まだ調べることができません。

質問：音脈分凝の音源デモを聞いている際に、ある程度、意識的に聞こえ方を切り替えられたのですが、こういったことは起こりうるのでしょうか？

回答：経時的グルーピングの話で、同じ音を聞いてもいろんな聞こえ方があり、脳がいろんな解釈を試みると言いました。たとえ意識的に聞こえ方を切り替えている場合であっても、さらに聞いているうちにまた勝手に変わってしまうこともあります。判断を誤れば野生動物であれば天敵に襲われてしまうかもしれません。脳は「一つの解釈だと危険かもしれない」と合理的解釈をつねに探しています。ここには自動的に探すメカニズムがあるのではないかと思っています。

質問：経時的グルーピング／音脈分凝についてですが、音の聞こえ方が変わることが、解釈を変えているということでしょうか？

回答：音の聞こえ方が変わるから解釈が変わるのか、解釈が変わるから聞こえ方が変わるのか。おもしろくて深い話です。関連する実験ですと、ｆＭＲＩの機械に入りながら、音を聞いてもらい、音の聞こえ方が変わるタイミングでボタンを押してもらうというものがあります。この実験によって、聞こえ方が切り替わったとき、脳のどの部分が関与して活動しているかわかりました。

そのあとの研究では、測定技術が進み、脳幹のレベルですでに聞こえ方が変わっていることがわかりました。研究者としては、解釈の切り替えがここにあるとは言えませんが、無意識にはたらく脳幹のメカニズムが、音の実際の聞こえ方と、その上位のメカニズムに知らず知らずに影響を与えていると言えるのではないか。つまり、まず無意識の解釈が変わり、そのあとに聞こえ方が変わるという可能性もあるのではないかと考えています。

質問：注意点が定まらず、いろいろな視覚情報が入ってくることが聞こえを悪くするという可能性はありますか？　また、夜、部屋を暗くしてテレビを見ると、それまでの半分くらいの音量でも聞こえます。視覚と聴覚にはどんな関係がありますか？

回答：視覚の情報が聞こえに影響することを示す証拠はたくさんあります。とくに、音のもたらす情報が少ない、あるいは曖昧なときに、視覚の情報の影響は多いようです。よく知られている例が腹話術効果です。実際の声は腹話術師が発しているのに、その隣で口をパクパク動かしている人形が声を出しているように聞こえますよね。音の到来方向に対する聴覚の感度は、物体の位置に対する視覚の感度よりも低いので、視覚の情報（つまり人形の動き）に聞こえが引っ張られるのです。

視覚は、音に対する注意にも影響を与えます。何らかの障害によって、視覚と聴覚とが互いに干渉するようになると、視覚があることで聞こえにくくなることもあるかもしれません。さきほど説明した聴覚過敏と同じような問題が生じることになります。

質問：音楽のセンスや音楽、音程、楽器の音に対するセンシティブさなどは、科学的に、どのくらいわかっているのですか？

回答：さまざまな研究がありますが、私はフォローできておらず、一概には言えません。純音（トーン）などを用いて音の基本的な特性（周波数や強さなど）に対する感度を調べた場合には、素人と音楽家のあいだにはあまり差はないようです。「音楽家は耳がよい」と言われることがありますが、解剖学的な耳（外耳・中耳・内耳）について言えば、音楽家が特別なものをもっているわけではないということです。素人と音楽家の差は、より中枢（脳幹以上のレベル）にあるのでしょう。実際の音楽で用いられる音はトーンよりもはるかに複雑です。音にはさまざまな音響情報が含まれていて、必要なものだけをうまく取り出して聞きとらなければいけません。この情報の取捨選択が適切にできる人が、「センスがよい」と言えるのかもしれません。

質問：不明瞭な音声でも言葉として聞きとれるのは、いままでの経験を参照して、〝次はこのように話すはずだ〟というストーリーを思い描いて話を聞く、ということも関係あるのではないでしょうか？たとえば、〝あいうえお〟は〝あいうえ〟の次は、〝お〟がくるはずだ、というように聞く、ということです。

回答：次にくる音を予測しながら聞く、ということですね。これは「予測符号化」と言われているものです。予測と実際の音とのずれを脳はつねに計算していて、そのずれによって世界を認識していると考える研究者もいます。予測符号化は、〝あいうえお〟といった言葉のレベルだけでなく、「周波数がだんだん高くなってきているから、このあとくる音も高くなるだろう」といった音響レベルでも起きている可能性があります。私たちの音の知覚現象のうち、どの程度／どのように、予測符号化が用いられているかは、明らかになっておらず、聴覚研究者の中で注目を集めるトピックの一つです。ちなみに、「〝いうえお〟の前にあった音だから、それは〝あ〟だったに違いない」という聞き方もありえますよね。このように、未来を予測するだけでなく、いま聞こえた音から過去の聞こえを修正する「ポスト・ディクション：post-diction」（予測：pre-diction の反対語）のメカニズムの存在も議論されています。

〜コメント：お話を聞いた感想（綾屋）〜

今回は聴覚の「中次機能」のお話でした。聞こえの機能には、「聴覚障害」として診断可能な機能以外にも、本当にたくさんの調整機能があること、しかもそれらについてはわかっていないことが多く、まだまだ研究の途中であることを知りました。

私も聞こえにすごく困っていて、私に生じているコミュニケーション障害の理由の一つは聞こえ方にもあると感じています。私は人の声や物音を多くの人びとよりも細かいレベルで聞いているため、たとえるならば、一般的には、より幅の広い音を言葉としての「ア」だと判断できるのに対し、私はより狭い幅の音しか「ア」として認識できない、というような差異があるのではないかと推測しています。しかし、そのような仮説を言語化できるようになる前は、なんだか聞こえの困難はあるけれど、聴力はむしろよすぎるぐらいで聴覚障害にはまったくあてはまらないため、「私は聞こえ方でこんなふうに困っている」と説明する言葉がないことに困ってしまう、という状況を抱えてきました。そのため古川先生のお話を聞いて、「私の聞こえの困りごとの理由は、この中次機能の弱さにあるのかもしれない」と自分の身体特性の仮説を深めるような知識や言葉をたくさんいただくことができて、わくわくしました。それと同時に、「え！　多数派の人たちには、そういう聞こえの機能があるから、ああいう場面でも平気だったのか」「『普通の人』の聴覚って便利だなー」という発見も多く、ちょっとうらやましいような、決定的な違いを突きつけられてしんみりするような気持ちにもなりました。

大雑把《ざっぱ》な「社会性やコミュニケーション障害」という診断基準によって、自閉スペクトラム症にはいろいろな身体的特徴をもった人がひとまとめになっていますが、その中には古川先生のお話で紹介された聴覚機能において、多数派と聞こえ方が異なる人たち、すなわち人とかかわる以前の段階で困っている人たちがいる可能性があります。今後、さらに解明が進むことで、「聞こえるけれども、何か聞こえ方で困っている」という私たちのことが、もっとわかってくるといいなと思いました。

◆参加者の感想

♣知覚的補完の話がおもしろかったです。

♣私の場合、「補完しすぎ」や「特定のケースしか補完しない」ことがあるかもしれません。

♣ありがとうございました。難しい内容でしたが、聴覚はとても複雑なのだということが理解できたので、とてもよかったです。

♣聴覚が脳のしくみと密接にかかわっていることがわかりました。「聞き返し」を許容できる社会にしたいです。

♣私は、音に関して敏感で、音が原因で体調をくずしたりしました。また、複数の音源が一度に聞こえることがあり、不快な音がまじるとつらいことがあります。

♣私は集中して聞くために目をつむったり紙に書いたりしないと、日常会話に困ることがあります。

♣「聞く」という行為が「話す」という行為と結びついていることが発見でした。

♣自分の困っている「聞こえ」が、一体どこでどのレベルで普通と違うのか、漠然としていたのですが、今回のお話は細かく考えるためのきっかけになりました。ありがとうございました。

♣専門家の中でもまだ、耳や脳が音を聞くというシステムはよくわかっていないんですね。両耳間時間差感度の話がありましたが、私自身、音がどこからくるのかわからないことが多いので納得しました。

♣聞くことについて複雑なしくみがあることがよくわかった。まったく新しい知見だったので、大変有意義でした。先生のお話、もっと聞きたかったです!

第４章　多数派の会話にはルールがあるの？

坊農　真弓

コミュニケーションの困りごとを抱える当事者からの質問

Q4−1．「休み時間に何人かおしゃべりしている」という場にあとから加わる際に、どうしたら違和感をもたれずに混ざることができるのでしょうか。あとからやってきてスムーズに溶け込めている人もいます。自分はとくに嫌われているわけではないと思うのですが、方法がわからないため遠慮してしまいます。**できる人は「場違い」「ウザい」と思われずにどうやってすんなり溶け込んでいるのか**知りたいです。

Q4−2．**「会話のキャッチボール」とよく言いますが、一般的に会話のボールは一つなのでしょうか。**私にはいっぺんにいくつも投げつけられているような気がします。

Q4−3．一対一だと会話ができるのですが、三人以上の人がおしゃべりしているときだと話についていくことができません。騒音のない、静かな場所でも難しいです。**二人の会話と三人以上の会話では何が違うのでしょうか。**

Q4−4．質問に答えているつもりなのに「それは答えになってない」「なんかずれてる」と言われがちです。**ただの会話のやりとりなのに、「正しい答え」と「間違った答え」があるのでしょうか。**

Q4―5. 相手の言っていることが事実と違っているときに「それは○○じゃなくて△△でしょ」と訂正すると、相手にムッとされます。正確な内容で話が進んだほうが、誤解がなくてよいと思ってのことなのですが、**多くの人はどのように角を立てずに相手の間違いを訂正しているのか**知りたいです。

Q4―6. 「相手の目を見て話しなさい／聞きなさい」と注意されることが多いのですが、私は相手の目や顔を見ることに意識を向けると、自分が話すことや聞くことに集中できず、会話ができなくなります。また、注意されたので顔を見るようにしていると「人の顔をじろじろ見すぎだ」と言われることもあり、**目を見て話すことについて、多くの人の基準はどのようになっているのだろう**と不思議です。

1. 三人目問題

私は、会話を書き出し、その中からルールらしきものを引き出す、**会話分析**という分野を専門にしています。とくに私が最近テーマにしているのが、「多人数」でのやりとりです。多人数というと、講演会場ぐらいのたくさんの人をイメージされるかもしれませんが、ここでいう多人数のやりとりは、三〜四人くらいの会話です。私はもともと言語学を専門にしていましたが、言語学では、一人の人間がどういうふうに言葉を発するのか、世界をどのように認識して言葉に出すのか、ということを研究することが多いです。いわば、一人の人を研究対象とするアプローチですね。また、言語学でよく扱うもう一つの研究対象は、一人が話していて、それを受けとる人がもう一人いる、対話とよばれるものです。

しかし、私たちが新しく研究したいと思っているのは、話している人が一人いて、それを聞いている人が二人以上いるという場面において、聞いている複数の人のあいだに何らかの差はあるのか、という問題です。日常的な三人以上の会話を少し振り返ってみても、発話をとくに聞かなくてはいけない人もいれば、まあ他の人のやりとりを眺めていればいいくらいの人もいる、というように、みんな均等に聞かなくてもよさそうです。三人になると、これまで言語学で研究されてきた対話の理論が使えなくなる状況があるのです。この章ではそのような、会話における「三人目問題」について紹介したいと思います。

2. ケンドンのF陣形システム

まず、三人目問題の具体例として、ビデオをお見せします。ポスタープレゼンテーションの会場での一場面を記録した、音声のないビデオです【図1】。この研究は理工学系の人たちと一緒だったので、記録の取り方も本格的で、カメラを耳の上につけ、背中にパソコンを背負っています。お見せするこのビデオ

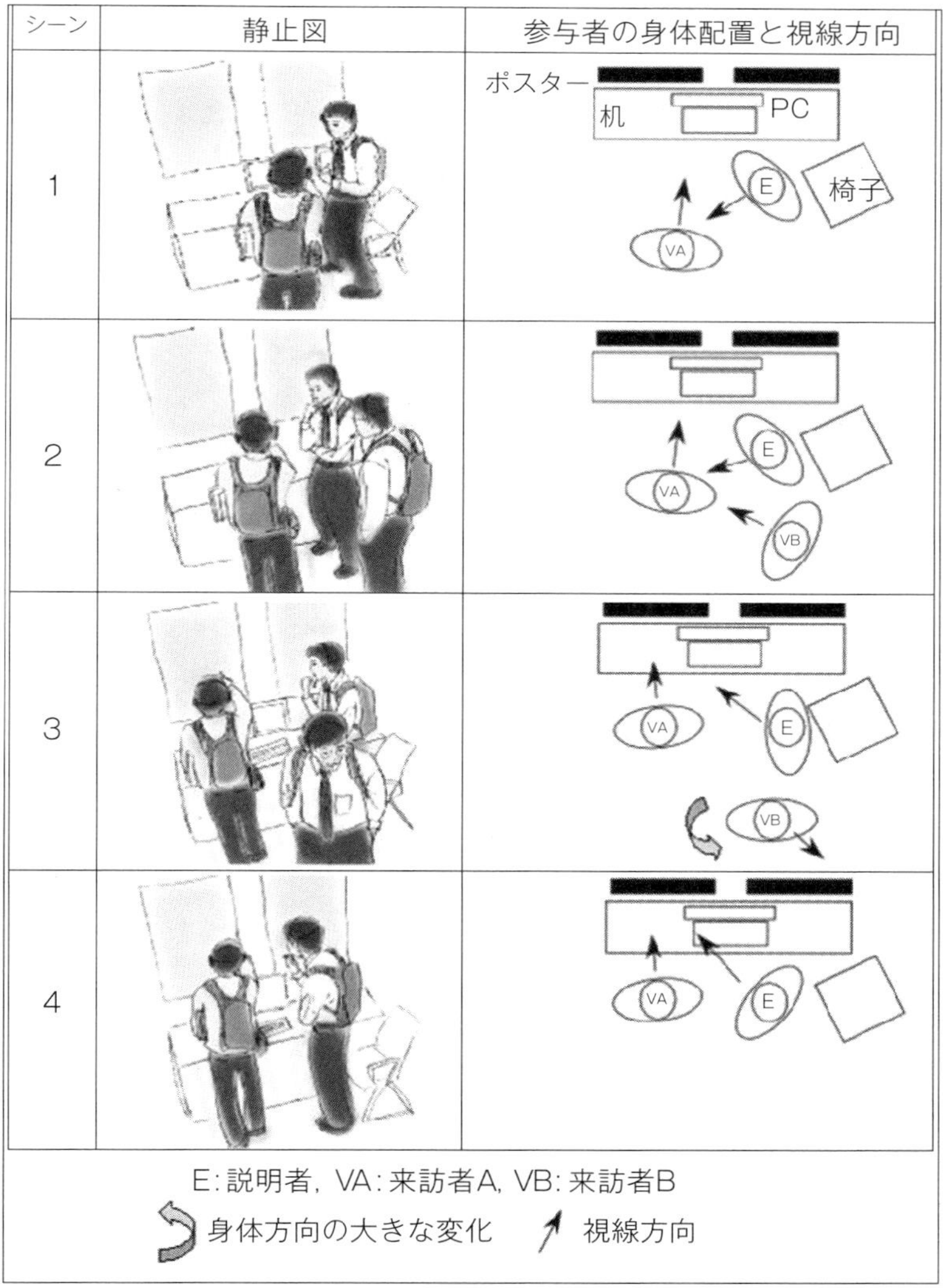

図1：ポスターセッションの一場面

坊農真弓（2009）.「F 陣形」坊農真弓・高梨克也（共編）人工知能学会（編集）『多人数インタラクションの分析手法』（知の科学）オーム社，P.181より転載は、天井にあるカメラで撮影したものです。右側の説明者E（説明者の英訳であるExhibitorの頭文字）が、ポスターの内容を発表するプレゼンターです。その発表を、左側の来訪者VA（来訪者の英訳であるVisitorの頭文字と二人を判別するAの組み合わせ）が聞いています【図1：シーン1】。しばらくするとそこに、三人目の来訪者VBがやってきます【図1：シーン2】。はじめのうちは、二人のやりとりを近くで見ています。その後、来訪者VAが一歩前に出た瞬間に三人目VBは会話に入らずその場を立ち去った【図1：シーン3】という場面です。

この三人の会話を記述する上で、ケンドンという人が提唱した「**F陣形システム**」という概念を用いると便利です。F陣形システムとは、人びとが集まって会話している場面を外から見て、その形状や輪郭を解釈したものです。ケンドンは三人以上の会話における動的な変化を、身体の空間配置行動システムとして定義する試みだと主張しています。F陣形システムについてのオリジナルの論文が発表されたのは一九七六年と古いですが、すごくおもしろい内容で、さきほどのポスタープレゼンテーションで起きた現象を説明することができます。この概念を少し詳しく見ていきましょう。

F陣形システムは、四つの構成要素から成り立っているとされています【図2】。一つめの構成要素が**操作領域**です【図2①】。操作領域とは、簡単に言うと、自分の体の前に広がる空間のことです。たとえば、Aさんがテレビを見ているときに、Aさんとテレビのあいだを、Bさんが通りすぎたとします。もちろん、何も言わずに通りすぎることもできますが、なぜだか「ちょっとごめんね」と言って通りすぎようとします。これはなぜなのかを考えたとき、「ある人間の身体」と「その人がかかわろうとする対象」とのあいだに広がる空間は、単なる視野のようなものではなくて、その人が所有している空間、言い換える

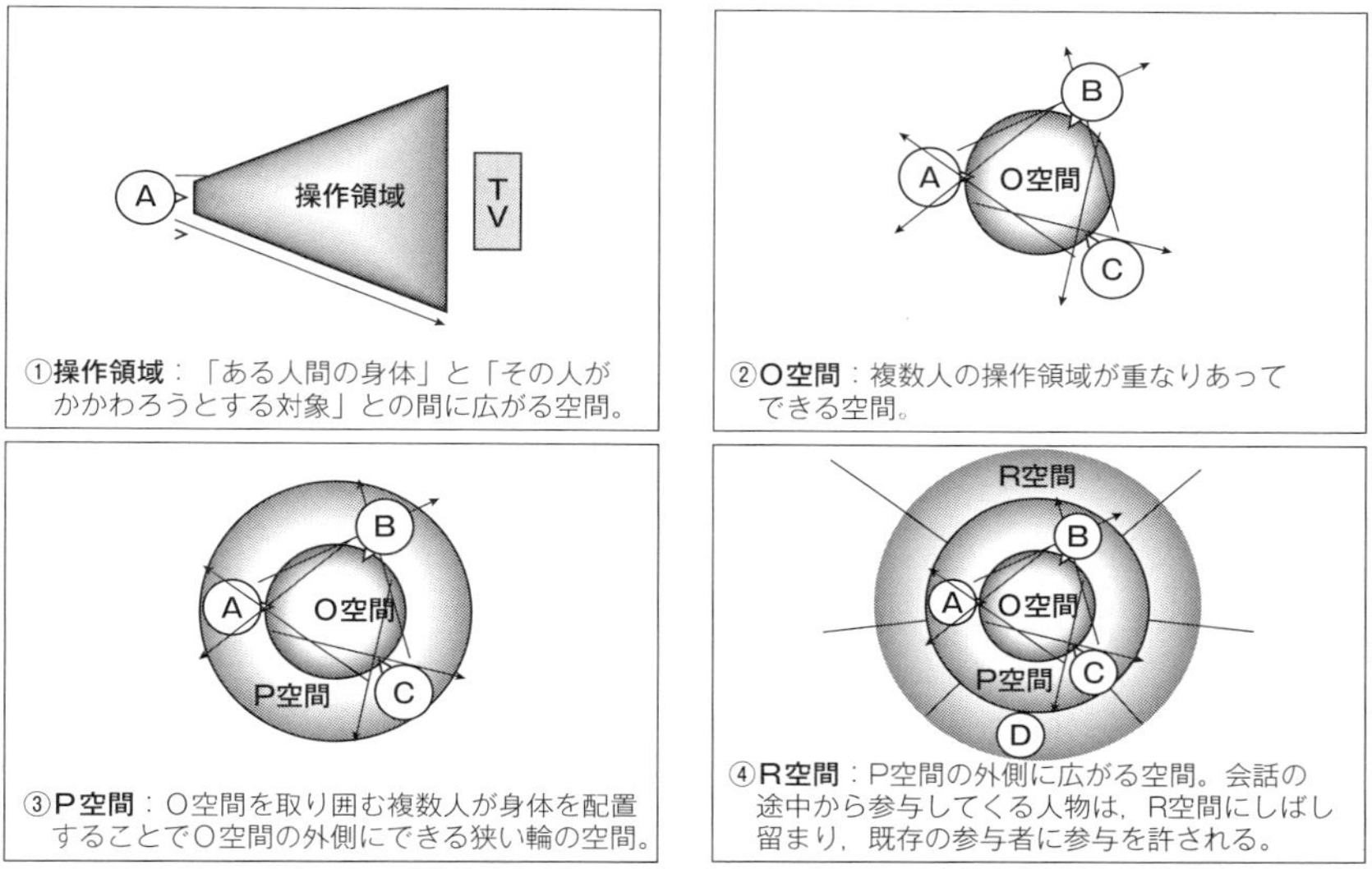

①**操作領域**：「ある人間の身体」と「その人がかかわろうとする対象」との間に広がる空間。

②**O空間**：複数人の操作領域が重なりあってできる空間。

③**P空間**：O空間を取り囲む複数人が身体を配置することでO空間の外側にできる狭い輪の空間。

④**R空間**：P空間の外側に広がる空間。会話の途中から参与してくる人物は，R空間にしばし留まり，既存の参与者に参与を許される。

図２：F陣形システムの四つの構成要素

Kendon, A. (1990). *Conducting interactions: Patterns of behaviour in focused encountens:* Cambridge University Press, UK.

と縄張りのようなものがあると考えます。これが、ケンドンの主張でした。一九七六年くらいには縄張りについての動物行動学的な研究もあって、それを意識した概念だと思われます。

F陣形の二つめの構成要素は、**O《オー》空間**です【図２②】。Aさん、Bさん、Cさんの三人が、会話をしているとしましょう。さきほど説明した操作領域は、Aさん、Bさん、Cさんの前にそれぞれ一つずつ広がっています。O空間とは、この三人の操作領域が重なりあってできる空間のことです。

F陣形の三つめの構成要素は、**P《ピー》空間**です【図２③】。P空間とは、O空間を取り囲む三人が、それぞれの下半身、とくに足をつけている位置から成るせまい輪の空間のことで、O空間の外側に位置するものです。

そして、F陣形の四つめの構成要素が、

P空間のさらに外側に広がる**R《アール》空間**です【図2④】。たとえば四人目のDさんが、三人の会話に途中から入っていきたいときには、このR空間に少しとどまります。そのうちに、すでに会話に参加している三人のうちの誰かに存在を気づかれ、「じゃあ参加していいよ」という何らかのやりとりがあってから、参加できるようになる、という考え方です。

F陣形のおもしろさは、会話に一人加わると、陣形が適したかたちに変更され、反対に会話の場から一人抜けると、再び陣形が適したかたちに変更される、というダイナミックなところです。当たり前のことを、小難しく言っていると感じられるかもしれません。一九七六年に書かれたケンドンの論文が斬新だった点は、当時、使えるようになったばかりのビデオカメラを用いて実証的に分析した点です。ケンドンは、ビーチでおこなった誕生日パーティを三台のビデオカメラで撮影しました。立食パーティだったので、みんなが身体の向きや配置を変えながら会話に参加していることを発見したのです。それを見てケンドンは、会話における身体の利用のしかたには何らかのルールや秩序があるのではないかと考えました。

F陣形の概念を使って、もう一度【図1】のポスタープレゼンテーションのデータを分析してみましょう。シーン3が重要です。来訪者VAが一歩前に出ようとした途端、R空間にいた三人目VBはスッと去っていきます。ここのポイントは、単に三人目のVBが自分一人でタイミングを決めて出ていったのではなくて、三人の体があたかもハーモニーのように動いた結果として、三人目VBが立ち去る結果になったという点です。来訪者VAが右手でポスターを指さすために一歩前に出るやいなや、三人目VBはP空間が自分から遠のいたことが瞬間的に判断でき、去ることができた、と考えられます。この空間配置で来訪者VAが右手でポスターを指さし、右足で一歩前に出たら、来訪者VAの背中が三人目VBに向けられ、そこに壁ができますよね。三人目ＶＢにとっての壁です。すなわち、来訪者ＶＢは自分の目の前にコミュニケーションの壁のようなものが身体的につくりあげられたので、それをここから去るタイミングとして利用して、会話の場から出ていったと考えられないでしょうか。

3．ロボット演劇——操作領域を通過する場面

二〇一一年の年末に、ある出会いがありました。それは、大阪大学で二〇〇八年から実施されているロボット・アンドロイド演劇というプロジェクトとの出会いです。ソーシャル・マジョリティ研究会のセミナー会場（東京大学先端科学技術センターＥＮＥＯＳホール）の近くに、アゴラ劇場という劇場がありますが、そこを主催する平田オリザさんが、大阪大学でロボットをつくっている石黒浩先生と一緒に取り組まれていたプロジェクトです。

石黒先生から、「ロボット演劇にコミュニケーションのヒントがあるから、そこをフィールドワークしてきなさい」とアドバイスされたのがきっかけで、私はそこをフィールドにしてコミュニケーションの研究をはじめました。コミュニケーションのルールと思われるものが、舞台上で再現されているであろうという仮説のもと、毎日アゴラ劇場に通って、まずは撮影や計測はせずに稽古場の隅でノートをとりました。これまでお話ししたように、私はＦ陣形に興味があるので、役者がどう身体を使って舞台作品をつくっているのか、ずっと見続けるということを三か月間おこないました。その数か月後の二〇一一年夏、「三人

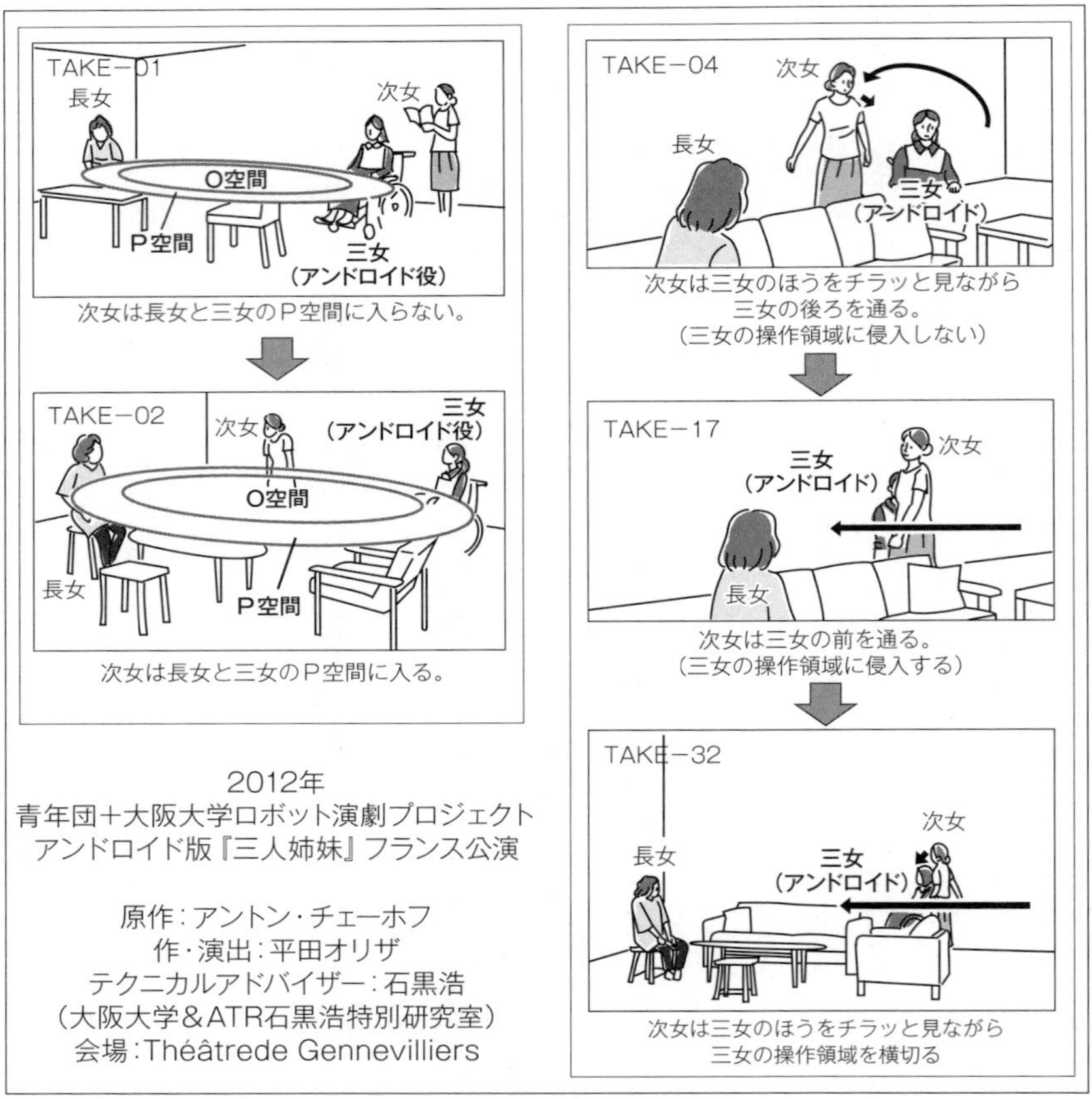

図3：舞台稽古における身体の動きの変化

坊農真弓（2015）．「ロボットは井戸端会議に入れるか：日常会話の演劇的創作場面における フィールドワーク」『認知科学』Vol. 22, No. 1, pp. 9–22. より作成姉妹」というロボット・アンドロイド演劇の創作合宿に同行し、富山県に一〇日間、俳優さんと雑魚寝《ざこね》状態で泊まり込んでフィールドワークをするという機会を得ました。このとき私は、稽古の一番はじめに台本を配られる瞬間から本番を迎えるまでをずっと映像に撮り続け、どういうところで平田さんが演出を加えて、俳優のみなさんが体をどう動かし、会話のやりとりをどう創り出すのかを観察しようとしました。単なる映像ドキュメンタリーではなく、細かいアノテーション（注釈）を映像データに付与し、さまざまな分析をしました。映像データは、およそ一六〇時間、撮影日数は三三日、データ量は、五・三テラバイトにもなりました。

では、詳しくデータを見ていきましょう。アントン・チェーホフの「三人姉妹」という戯曲を原作として創られたこの作品のおもな登場人物は三姉妹です。ここで紹介するシーンは、はじめに長女と、車いすに座っているアンドロイドが演じる三女が会話をしているところへ、「焼けているって、サバ。いいにおいよ」という台詞を発しながら次女が登場するというものです。このシーンのＦ陣形が、稽古を重ねるうちにどのように変化したかに注目して見ていきます【図３】。

ＴＡＫＥ１（ここでは稽古をＴＡＫＥとその稽古通し番号で表す）では、「会話の三人目」としてやってきた次女は長女と三女のつくり出すＰ空間に入らない身体の配置をとっていましたが、同日夜におこなわれたＴＡＫＥ２になると、次女はＰ空間に入るような位置まで歩いていくように、演技を変えました。そして、富山での合宿が終わり、新宿での稽古がはじまるＴＡＫＥ４あたりから、本物のアンドロイドが車いすの三女役を演じはじめます（ＴＡＫＥ１、ＴＡＫＥ２では俳優がアンドロイドの代役をしていた）。このときの演技では、次女はチラッと三女（アンドロイド）を見て、長女のところに行っています。また次女は三女（アンドロイド）の後ろを通って長女のもとに移動していたのですが、TAKE17の演出では、次女が三女（アンドロイド）の前を通りすぎるかたちになりました。とても些細な変更ですが、後ろを通りすぎるのと前を通りすぎるのとでは、操作領域の観点からすると大きな違いです。

アンドロイドはご飯を食べない設定ですので、次女の「焼けているって、サバ。いいにおいよ」という台詞は長女に向けられており、次女は長女を見ながらこの台詞を発します。他人の操作領域を通りすぎるときに、それが人間の操作領域なら「ちょっとごめんね」と言ったり、身をかがめたりするのが一般的だと思います。しかし、本番前日のTAKE32になると、次女はアンドロイドのほうをチラッと見ながら、難なく操作領域を横切っています。これは次女が自由奔放な性格で、アンドロイドを人間扱いしていないという演出になっていることにも関係していそうです。私は、相手への対峙のしかたによってもF陣形の扱いが変わってくる可能性があると考えています。

ここでお見せした例は舞台上の一シーンですが、三人目である次女がやってくるときに、どのように身体を配置すれば日常に近いのかを、役者と演出家が試行錯誤しながら、こうして一つの舞台作品をつくっています。三三回分、同じ場面の稽古データを収録できましたので、引き続き、いつ、誰が、どういうタイミングで体の使い方、言葉の使い方、目線の使い方を変えたのか、細かく分析中です。

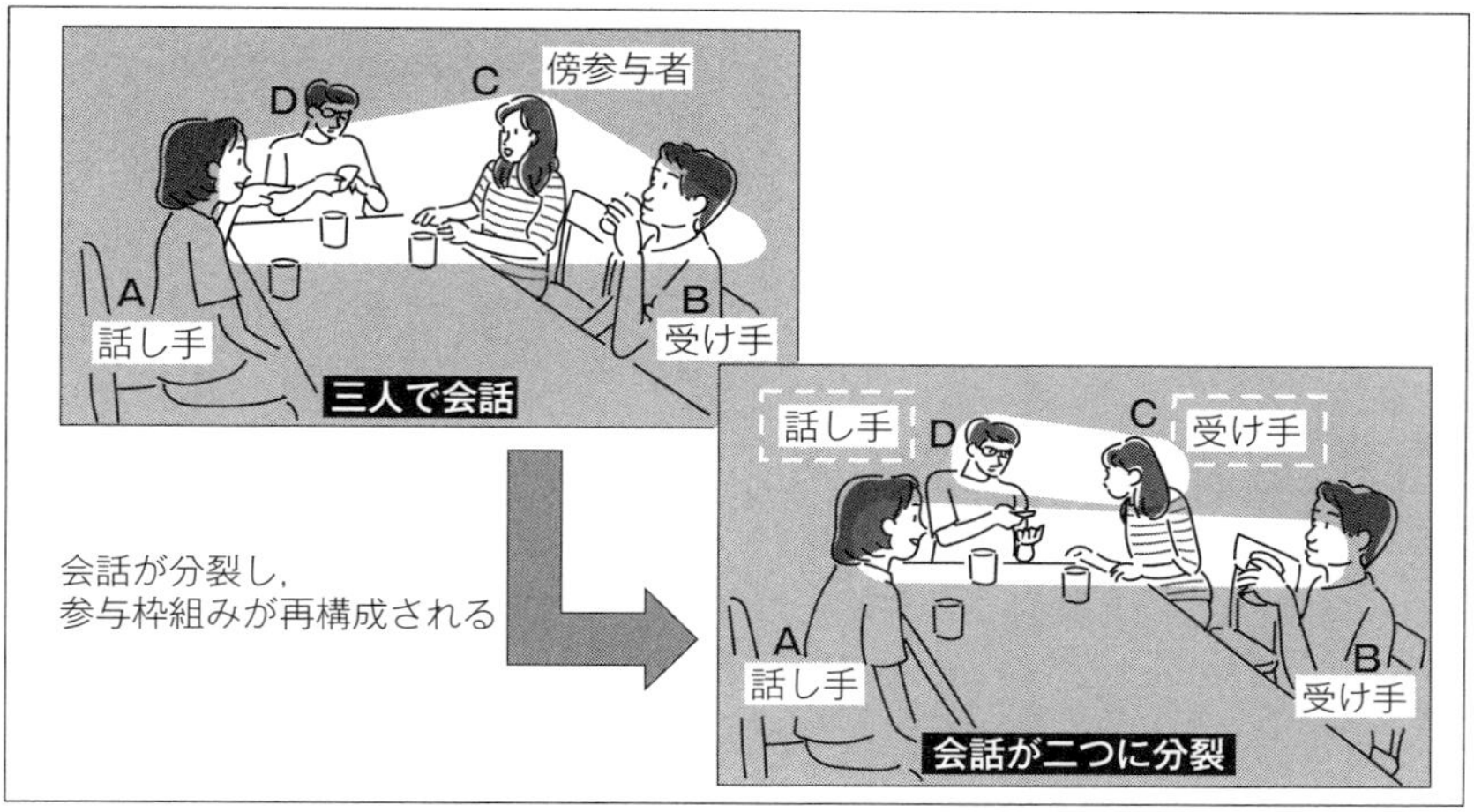

図４：会話が分裂する場面

坊農真弓（2016）．「手話雑談におけることばと身体とマルチアクティビティ」村田和代・井出里咲子（編）『雑談の美学』ひつじ書房．pp.97-118より作成

4．たこ焼きパーティ――会話が分裂する場面

ここまで、ポスタープレゼンテーション、ロボット演劇という二つの例を通して、三人目問題を紹介してきました。三人目問題のもう一つの例として次にお見せするのは、私自身が登場する自宅での会話です【図４】。私がかつて住んでいたアパートに、同じ研究室のメンバーがたこやきをしに来てくれたときのやりとりをビデオカメラで撮影したものです。私の自由奔放な生活を聞いて、同僚たちが、どうやって生活しているのかと心配してくれている場面です。テーブルを囲んで飲み食いしているこのようなシチュエーションは、日常的に目にするものだと思います。

実はこのシーンの発言内容はあまり重要ではありません。私が興味をもっているのは、奥のほうで携帯電話を触っている大学院生のDくんが途中から、縞模様の服を着ている研究室の秘書のCさんに「これ見て」と話しかける場面です。この瞬間、会話が二つに分裂します。この、会話の分裂という現象を意識しながらデータをお見せしたいと思います。秘書Cさんは、私Aと同僚のBさんとの会話に参加していた人物なのか、それとも大学院生Dくんとの会話に参加していた人物なのか、「秘書Cさんは何者か」というのが私の興味です。

ここではまず、私Aと同僚Bさんが会話をしています。そのうち、秘書Cさんが私Aのほうを見て、私Aの指さす先を目で追っていますが、手元ではお酒を飲もうとしており、すぐに下を向いてしまいます。その後、もう一回秘書Cさんが私Aを見て、うんうんとうなずく。この時点では確実に、私Aと同僚Bさんと秘書Cさんの三人の会話がおこなわれています。そして、私Aが同僚Bさんに目を向けているときに、秘書Cさんは手元のコップを見て、さっき開けたお酒をこぼさないように集中してコップに注ぎます。そこに、大学院生Dくんが「これ見て」と秘書Cさんに話しかけ、秘書Cさんもこれに応答します。この時点で私Aと同僚Bさんの会話と、秘書Cさんと大学院生Dくんの会話の二つに分裂します。この後、会話が分かれたまま、食べたり飲んだりしています。

ちょっとここで、「秘書Cさんは何者か」という問題は脇に置いて、さきほど紹介したアンドロイド演劇をつくり出した劇作家の平田オリザさんの演劇についてお話ししましょう。この会話の分裂という現象は、平田オリザさんの舞台でもたくさん描かれています。彼の著書を読むと、私が「会話の分裂」とよんでいる現象についての記述が見つかりました。平田さんはそれを「同時多発会話」とよんでいます。平田オリザさんは、同時多発会話は、同時に話すことが大事なのではなく、意識を分散させ、それを追っていくと、結果として複数の会話が重なってくると指摘します。さらに平田オリザさんは、こう続けます。「私たちは、通常のコミュニケーションにおいて、難なく高度な意識の分散をおこなっています。むしろ、一か所だけに注意を集中している時間のほうが少ないでしょう。人は多人数での会話において、様々な関心と分散する意識の中から、対象を選んで話しかけているのです。[1]」

二〇一三年、私は平田オリザさんが演出する「東京ノート」という作品を見たのですが、この舞台上では、ものすごく会話が分裂していました。観客としてストーリーを追うために、どの会話を聞いていればいいのかわからないくらい分裂するのですが、これが平田さんの演劇の新しさの一つです。それまでの演劇というのは、一人の登場人物が何かについて語ったり、誰かとやりとりをしたりする中で、観客はストーリーラインをつかんで演劇を見るというものでした。しかし平田作品では、一人ではなく同時に何人も話していて、日常空間そのものが再現されています。ここがいままでの演劇とは違うわけですね。「私たちの日常会話はどのようにして起きているのか」に関する平田オリザさんの理解や理論が、舞台上で再現されているわけです。会話分析と演劇、という方法は異なりますが、日常会話のしくみを理解しようとする点で、平田さんと私の問題関心には近さがあると考えています。

1 平田オリザ（二〇〇四）：『演技と演出』講談社現代新書

5. ゴフマンの参与枠組み

社会学にはこの会話の分裂という現象を説明するために、とても便利な概念があります。ゴフマンの「**参与枠組**《さんよわくぐ》**み**」という概念です。これには受け手側の参与枠組みと、話し手側の参与枠組みという二つの側面があります。今回は受け手側の話だけをしますので、勉強する場合には、両方あることを覚えておいてください。

さて、冒頭でも述べたように、話し手がどのように世界を認知しているのかという問題については、伝統的な言語学や文法の理論など、すでにいろいろと研究されています。それに対して、受け手がどのように発話を受けとるかという問題については、対話の理論が存在します。ここに三人目の問題を含ませようとしたのが、ゴフマンです。ゴフマンは、実験室のような特殊な場面での人びとのやりとりではなく、実社会の中で自然におこなわれている人びとの対面的相互行為を分析した社会学者です。また、「演技」「演出」「観客」「舞台裏」などといった演出論（ドラマトゥルギー）の語彙を用いて分析したことでも有名です。

ゴフマンは、受け手には、話し手との近さによる四段階の階層性があると考えました【図5】。話し手にもっとも近いのが狭義の**受け手**です。次に、話し手から少し遠い位置にいるのは、**傍参与者**とよばれます。ここまででしたら三人の会話という感じがしますが、ゴフマンはさらに、会話に参加することなく外から観察している人を想定しました。観察している人のうち、会話をしている人たちがその存在を認知し

【参与枠組み】
・話し手：いま現在話している人物
・受け手：話し手の発話を受け取っている人物
・傍参与者：話し手の発話を受け取っていないが会話に参加している人物
・傍観者：会話を外から見ている人物
・盗み聞き者：会話を盗み聞いている人物

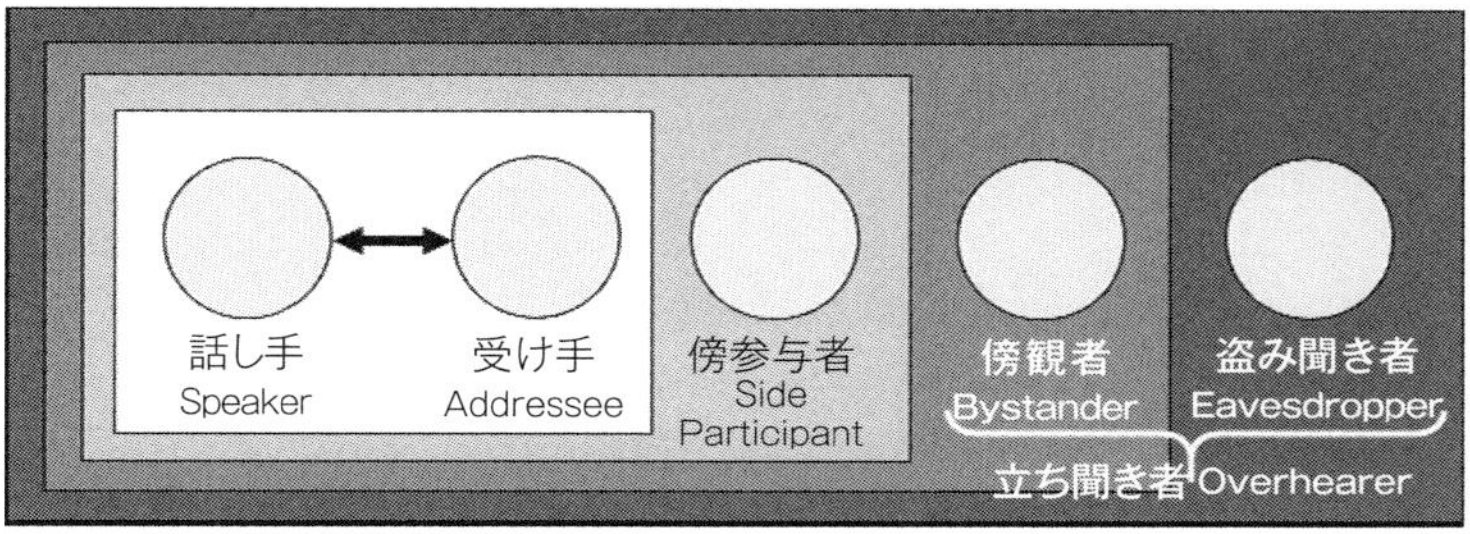

図５：参与枠組み

Goffman E. (1981), *Forms of Talk*, University of Pennsylvania Press.
高梨克也（2009).「参与構造」坊農真弓・高梨克也（共編）人工知能学会（編集）『多人数インタラクションの分析手法』(知の科学) オーム社, p.158より転載

ているのが**傍観者**です。さらに、会話をしている人たちが気づかないうちに、遠くの人たちにも会話が聞こえているということがありますよね。たとえばカフェで話しているときに、おもしろいポイントで隣の席の人が笑っていたら、盗み聞きされたとわかります。これをゴフマンは**盗み聞き者**とよびました。

この参与枠組みというモデルを使うと、会話の中で、いま、私はどの役割を当てられているのかということを考えることができます。ではここで、さきほど脇に置いておいた「秘書Cさんは何者か」という問題に立ち返りましょう。さきほどお見せしたたこやきパーティでの会話に対して、参与枠組みによる解釈を考えてみます【図４】。秘書Cさんはジュースを注ぐためにコップに注意を向けています。けれども同時に、私Aと同僚Bさんの会話もうっすら聞いています。「うん、うん」とうなずきながら傍参与者になっているのですね。

同時に、このときすでに、私Aや同僚Bさんから話しかけられてもおかしくない三人会話状況をつくり出していることになります。しかし、秘書Cさんは話し手や受け手のような会話の中心人物ではなく、傍参与者だった。すなわち、もう一つの会話を大学院生Dくんとつくり出しても構わない条件が同時に整っているということになります。「秘書Cさんは何者か」という問題に答えを与えるとするなら、「どちらの会話にも入っていける柔軟な立ち位置にいる人」と言えるかもしれません。これは会話のルールの一つでしかありませんが、マジョリティはこういうルールに照らして、次の行動を決めています。このように「いま、この人は何に注意を向けているのか」に注目しながら会話を見ていると、分裂できるタイミングとできないタイミングがあるということがわかります。三人目問題を考える上で、こうした意識や注意の分散、それに伴う身体の向きや視線をとらえることも、とても大切です。

6. 順番交替システム

ここまでは、三人会話を支えるシステムのうち、身体の動作や配置など、非言語的な側面を中心に説明をしてきました。しかし、会話において人びとは言葉を使うので、誰が、いつ、どういうタイミングで話すのかは重要な問題です。ここで紹介したいのが、会話分析の中で提案されている「順番交替システム」という概念です。

順番交替システムとは、多数派の会話におけるルールのうち、「誰が、いつ、どういうタイミングで話すのか」という側面を整理したものであり、「どのような内容を話すのか」に関する概念ではありません。会話の流れがスムーズにいかないときに、この概念を通してみると、どこでスムーズにいかなかったかわかるようになることもあるかもしれません。この順番交替システムについて説明していきましょう。

話し手は、少なくとも一つの内容をもった発話の単位を話し終わるまで、他者に発言権を奪われないという権限を持ちます。この発話単位を、ＴＣＵ（Turn Construction Unit）と言います。また、人が話しているとき、文として完了していなくても、相手に順番を譲《ゆず》ってもいい場所がいくつも含まれています。この、順番がそろそろ替わってもいいと会話に参加している人たち自身が思う場所のことを、ＴＲＰ（Transition Relevance Place）とよびます。ＴＲＰはＴＣＵの末尾にある一定の時間幅をもった場所です。たとえば、「今日は東大で会話の小難しい話を聞いてきてさぁ」とみなさんの誰かが言ったとき、その「さぁ」という終助詞あたりから他の人が話しはじめてもいいと感じるかもしれません。

【図６】に示した順番交替システムのルール群は、会話がＴＲＰのところまで来たときに適用されるものであり、ルール（1a）、（1b）、（1c）の三つからなります。会話を詳細に書き起こしたトランスクリプトとよばれる文章の例【図７】と合わせながら、このルールを解説していきましょう。

はじめにＡさんが「昨日なにしてたん？」と言っています。この際に視線をＢさんに向ければ、次に話す人としてＢさんを指定していることになります。これを次話者選択テクニック【図７★印】とよびます。これは「そこまでにもし今の話し手が次の話し手を指定（名前を呼んだり、質問を向けたり）していれば、その指定された人が次の話し手となる権利と義務を持つ」というルール（1a）に該当します。Ａさんの視線を受けたＢさんは、Ａさんの発話に続いて順番を取り、「頭いたくて寝てた」と答えます。このとき

（1）今の話し手の発言が終わってもよい場所にきたときに
(1a)そこまでにもし今の話し手が次の話し手を指定（名前を呼んだり，質問を向けたり）していれば，その指定された人が次の話し手となる権利と義務を持つ。
(1b)もし今の話し手が次の話し手を指定していなければ，聞き手のうち最初に話し始めた人が，次の話し手となる権利と義務を持つ。
(1c)そして(1a)(1b)のどちらも起きなければ，今の話し手はさらに話し続けてもよい（話し続けるなら，順番交替は起こらない）。
（2）(1c)によって今の話し手が話し続けたときは，再度その話し手の発言が終わってもよい場所が来たときに，(1a)～(1c)の手続きが繰り返される。

図６：順番交替システムのルール群

Sacks, H., Schegloff, E., & Jefferson, G. (1974). A Simplest Systematics for the Organization of Turn-taking for Conversation. *Language, 50* (*4*), 696-735.（西阪仰編訳（2010).『会話分析基本論集』世界思想社.）

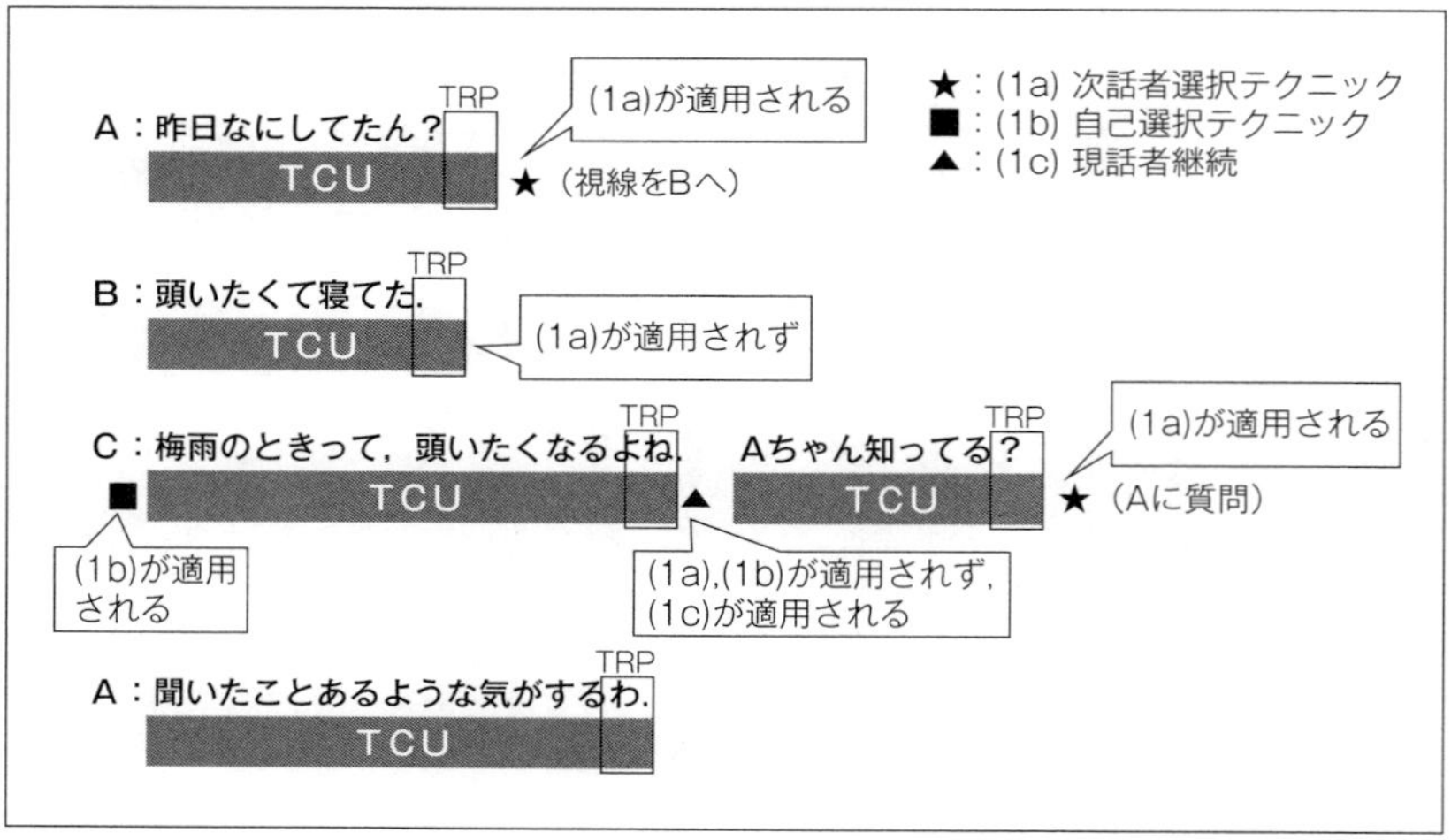

図７：順番交替システムのルール群適用例

Bさんは次話者選択テクニックを使っていません。つまり、次に話し出すべき人を選んでいないのです。言いかえれば目の前にはAさんとCさんという二人以上の聞き手がいて、そのうちのどちらに対しても話が向けられており、また、どちらも次話者として選んでいない状態になります。そうなると「もし今の話し手が次の話し手を指定していなければ、聞き手のうち最初に話し始めた人が、次の話し手となる権利と義務を持つ」というルール（１b）が該当するため、聞き手のうち早いもの順で最初に発話したほうが順番を取ることになります。これを自己選択テクニック【図７■印】とよびます。ここではCさんが自ら順番を取って、「梅雨のときって、頭いたくなるよね」と続けています。しかしこのあと、誰も話しはじめません。つまり、次話者選択テクニックも、自己選択テクニックも、どちらも使われなかったのです。この場合は、「今の話し手はさらに話し続けてもよい（話し続けるなら、順番交替は起こらない）」というルール（１c）が適用され、引き続きCさんが「Aちゃん知ってる？」と、もう一度順番を取りましたした【図７▲印：現話者継続】。この台詞でCさんは次話者選択テクニックを適用してAさんを指定しましたので、次はAさんが順番を取って「聞いたことあるような気がするわ」と発言することになります。このあとの展開は、ルール（２）に見るように、再びTRPが出現したらまたルール（１）を適用することが繰り返されていきます。

連鎖1	FPP	13 R:	レストランをお探しですか？(.)
	SPP	14 H:	ええ:(.) まあ↓=
	Third	15 R:	=はい
		16	(1.7)
連鎖2	FPP	17 H:	いやまだ(.) 何食べるかも決まってなくて
		18	(0.2)
	SPP	19 R:	ああ::::.
		20	(0.6)
連鎖3	FPP	21 H:	まあ:.
		22	(0.8)
		23 H:	>あっさり<したもので(.)
	SPP	24 R:	はい

図８：道案内ロボット対話：オリジナル台本（一部）

坊農真弓（2015）「ロボットは井戸端会議に入れるか：日常会話の演劇的創作場面におけるフィールドワーク」『認知科学』Vol. 22, No. 1, pp. 9-22.

7. 行為連鎖

最後にお話しする具体例は、道案内ロボットの研究における会話場面です。将来、人間に「何を探していらっしゃるんですか？」などと聞いてくれるような案内ロボットを開発するための研究の一環として、冒頭のポスタープレゼンテーションでの現象を人工的に演出するかたちで、京都の国際電気通信基礎技術研究所（ATR）で実験をしました。いまのロボット技術では、まだそれほど美しいおもてなしはできないので、案内ロボットの開発をするためには、まずはおもてなしのやりとりに関するデータベースが必要になります。そこで、平田オリザさんが主宰するアゴラ劇場の俳優さんたちに協力してもらい、演劇シミュレーションによって自然な案内を再現してもらいました。俳優の一人はロボット役Rで、もう一人は人間役Hです。このシミュレーションでは、ロボット役も人間役も人間が担当します。最初にロボット役Rが「レストランをお探しですか?」と発言しています。人間役Hは、「ええ、まあ」と答えます。人間役Hが、「何食べるかも決まってなくて」「あっさりしたもので」と言い、このあと、ロボット役Rに讃岐うどんを勧められるという場面です。

日常会話の中では、二つの発話（あるいは行為）が、前後に関連してルールにもとづいて連鎖するパターンがしばしば出現します。これを**「行為連鎖」**とよびます。その基本的な単位が「隣接ペア」とよばれる、二つの発話（あるいは行為）の連鎖です。たとえば、誰かが「おはよう」と言えば、相手は「おはよう」と返すとか、「いま何時?」と言えば、「五時だよ」と返すなど、「挨拶―挨拶」の隣接ペアや、「質問―返答」の隣接ペアなどがあります。隣接ペアのうち先行するほうの発話（あるいは行為）は第一部分（First Pair Part）とよばれ、FPPと略されています。隣接ペアのうち後続する発話（あるいは行為）は第二部分（Second Pair Part）とよばれ、SPPと略されています。行為連鎖は順番交替システムと並んで、会話を組み立てるためのもっとも基本的なルールの一つです。[2]

【図8】は、そのシミュレーションの台本の一部です。横の番号は台本に該当する行番号です。一三行目の「レストランをお探しですか?」というロボット役Rの台詞は、「質問―返答」の隣接ペアの第一部分です。したがって、それに続く人間役Hの一四行目「ええ、まあ」という台詞は、質問に対する「返答」です。この二つの発話が隣接ペアになっています。さらに一五行目では、もう一度ロボット役Rが

2 第5章「行為連鎖」（一八三～一八八ページ）も合わせてご参照ください。

「はい」と答えています。隣接ペアが終わった直後に、第一部分の発話者がもう一度出てくる現象を「連鎖終了の第三部分（sequence-closing Third）」と言います。つまり、そこまでの一連の連鎖を終わらせるための発話です。ここでのロボット役Ｒ「はい」は、先行する「質問─返答」の隣接ペアを、しっかりと閉じる役割を果たしています。

一七行目では人間役Ｈが「何食べるかも決まってなくて」と自分の現状について言及しています。これは質問でも問いかけでもないので、すぐに返答する必要もない発話です。これに対して一九行目でロボット役Ｒが「ああ」と反応します。この一七行目と一九行目が隣接ペアです。しかし、これらの人間役Ｈの現状報告とロボット役Ｒのやりとりは、「質問─返答」ほどのはっきりとした行為ではなく、ロボット役Ｒは人間役Ｈの悩んでいる様子を受けとめただけなので隣接ペアとよぶのは適さないかもしれませんが、一応ここでは整理のためＳＰＰとしています。さらに、二一行目と二三行目の人間役Ｈの発話を合わせて「まあ、あっさりしたもので」という一つの第一部分を構成し、ロボット役Ｒに対して依頼をしています。これに対して二四行目で第二部分として「はい」とロボット役Ｒが応じます。以上、一三〜二四行目のデータの中には、第一部分と第二部分から構成される隣接ペアがおよそ三対《つい》あります。このように、順番交替や行為連鎖といった会話の構造を切り出していくのが会話分析です。

8．三人目のコミュニケーションのはじまり

このロボット役Rと人間役Hによる二人だけの対話に対し、演出家である平田さんは通りすぎる三人目Tの演出を追加します。まずTAKE1【図9：演出1】ですと、三人目Tは一四行目の「まあ」という台詞のタイミングで通りすぎはじめ、一七行目の「何食べるかも決まってなくて」の〇・三秒後に通りすぎることが完了します。その後、ロボット役Rが「ああ」と言うと、三人目Tはロボット役Rをちらっと見ます。このTAKE1のあと、演出家は「もうちょっとゆっくり通りすぎて、これロボットだから「もっと、ロボットを見て」」と三人目Tに指示を出します。

その演出のもと、TAKE2【図9：演出2】になると三人目Tはゆっくり通りすぎながらロボット役Rと人間役Hを見ています。ここで、ロボット役Rと三人目Tが相互注視します。ロボット役Rが自分以外の三人目Tを見ていることに気づいた人間役Hは、自分の身体をぐるっとねじって三人目Tを見ます。このように演出家の指示によって、少し視線のやりとりが加わりました。最初に紹介したポスタープレゼンテーションの場面と同じですが、三人目が近づいて来るというのは、それまでその場にいたロボット役Rと人間役Hが立っている位置や身体配置を修正しないといけないことを意味します。すると、当初のO空間が外側に伸びたり、やりとりのあいだに視線が追加されたりします。三人目がスーッと通ってしまうとF陣形に何も与えないのですが、F陣形のそばをゆっくり歩くと、F陣形に与えるプレッシャーが変わってきますので、その結果、三人目Tとのコミュニケーションの開始の可能性が高まります。さらに三

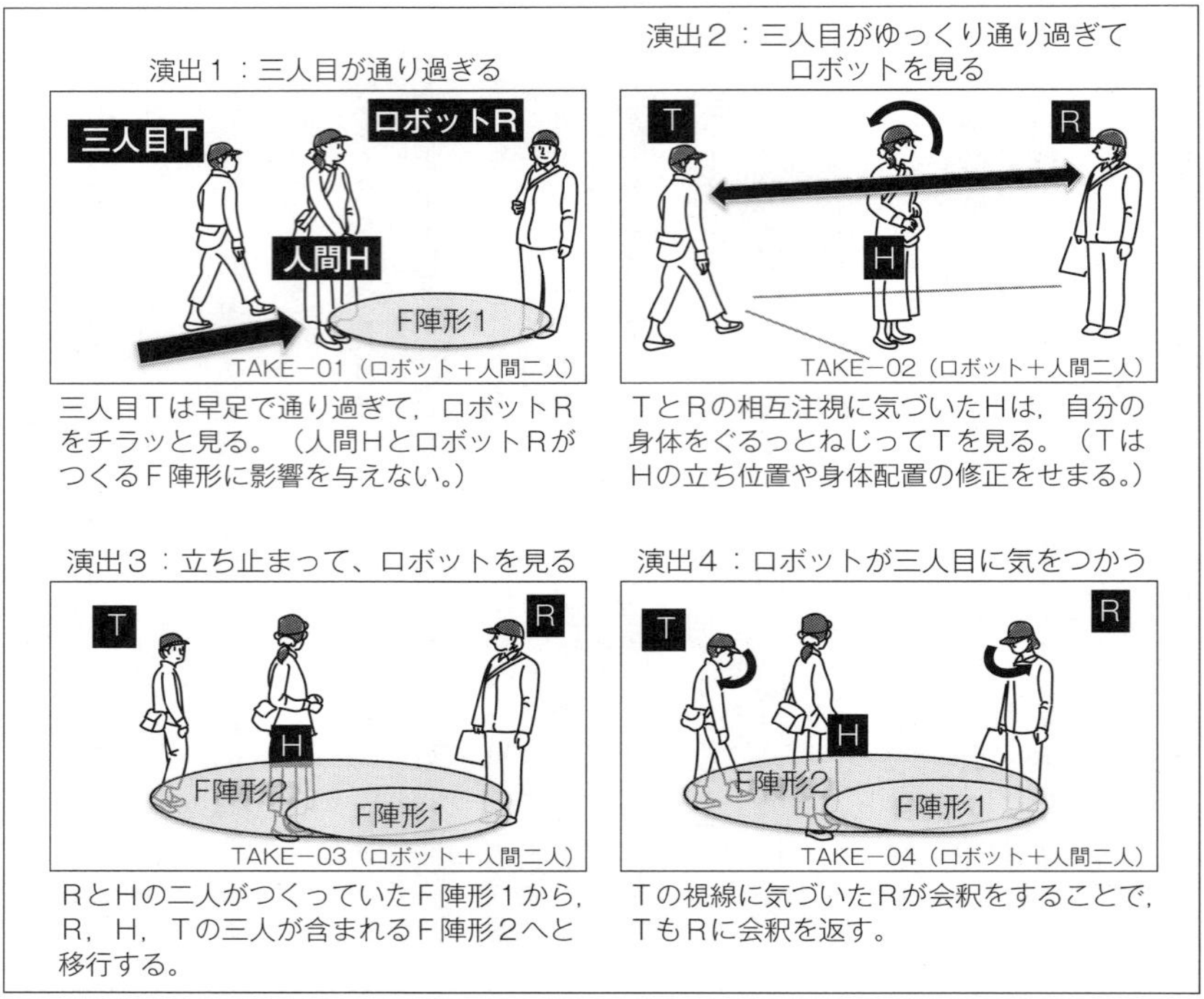

図９：三人目のコミュニケーションのはじまり

坊農真弓（2015）．「ロボットは井戸端会議に入れるか：日常会話の演劇的創作場面におけるフィールドワーク」『認知科学』Vol. 22，No. 1，pp. 9-22.

人目Ｔがロボット役Ｒを見たことで、ロボット役Ｒが見返してきますが、このように二人のアイコンタクトが成立すると何かやりとりがはじまりそうですよね。工学的には、人間のそういう行動や視線がどう変化するのかを、視線計測装置などで撮りたいと思うでしょう。こうしてみると、相互行為のはじめに起きる歩行速度や視線の変化は、それが、いままで二人だった会話が三人に変わる可能性を与えうるポイントだということがわかります。

このあとさらに演出家は、「もうちょっと立ち止まってロボットを見て」と三人目Ｔに指示を出します。歩きながらロボットを見るのではなくて、立ち止まれというわけです。それを受けてＴＡＫＥ３【図９：演出３】では、一七行目で三人目Ｔが立ち止まります。立ち止まるということはＰ空間に身体を置くことなので、ロボット役Ｒと人間役Ｈの二人がつくっていたＦ陣形１とは別に、三人によるＰ空間が形成されることになります。Ｏ空間も引き伸ばされて、ロボット役Ｒ、人間役Ｈ、三人目Ｔが含まれるＦ陣形２へと移行します。つまり、基本のＦ陣形に大きな影響を与えているわけです。この時点で、もしかしたら三人の会話がはじまるかもしれません。ここで演出家は、ロボット役Ｒに三人目Ｔに気をつかうように指示を出します。すると、とうとうＴＡＫＥ４【図９：演出４】では、三人目Ｔの視線に気づいたロボットＲが会釈をすることで、三人目Ｔもロボット役Ｒに会釈を返すというやりとりが生じます。このように三人目の視線や動きが演出されることで、ＴＡＫＥ１では〇・六秒だった二〇行目の無音区間【図８】が、最後のＴＡＫＥ４では八・七秒まで延びて、そこにたくさんの視線のやりとりや挨拶が入るようになりました。この観察からわかるように、インタラクションができるロボットをつくりたいと思ったら、まずは人間同士のインタラクションのことを知らなければなりません。そのような理由から、私は工学者のことをつねに意識しながらマジョリティのコミュニケーションを研究しています。

9．おわりに

今回は、「会話の分析においては、三人目がおもしろい」というお話をしました。言語学の理論では、対話までしか議論しておらず、三人目がいる状況はあまり議論されてきませんでした。三人目問題を分析する上で役に立つ、ゴフマンの参与枠組みという概念も、言語学ではなく社会学です。三人以上の会話において何が起きているかを分析するためには、会話分析の方法は有効だと思います。そして、F陣形システムなどの概念を用い、身体を細かくつぶさに書き出して、それを観察することは、大変有力な方法になると思っています。また、対象を理解する科学的な方法として、対象を観察し分析する従来の方法だけでなく、対象そのものを疑似的につくり出すことで理解する構成論的な方法が近年注目されていますが、会話を対象とする研究において、演劇は構成論的な方法としての可能性を秘めているかもしれません。

私は会話分析だけでなく、相互行為分析もおもしろいと思って研究しています。日常会話の理解は、言葉だけを書き起こして、それを見ていても限界があります。どういう部屋か、立っているか座っているか、ご飯を食べているか、親子関係なのか恋人関係なのかなど、話者が置かれている状況に注意を向ける必要があるのです。最近では、すべての環境を含めて会話を分析しましょうという流れになってきています。

この章でお話しした理論は、私たちの日常会話で目に見えないルール・秩序のようなものを見えるようにして、「こういうルールがあるよ」とみんなで共有しあう、一つの手法になっていると思います。とはいえ、それが会話や行為のやりとりのすべてというわけではありません。この章で紹介したいろいろな多数派のルールについても、まるごと多数派にしたがう必要はなく、むしろそのような多数派のルールに入っていけない者同士の会話への参加のしかたを、新たにクリエイティブに考えてもいいだろうと思っています。自分の話し方や人間関係のつくり方を大事にしてやりとりしたいものです。

Q&A：一問一答

冒頭の当事者からの質問への回答（一三四〜一三五ページの再掲につき一部のみ掲載）

Ｑ４―１．「休み時間に何人かおしゃべりしている」という場にあとから加わる際に、どうしたら違和感をもたれずに混ざることができるのでしょうか。／できる人は「場違い」「ウザい」と思われずにどうやってすんなり溶け込んでいるのか知りたいです。

回答：今回お話しした中では、Ｆ陣形と参与枠組みが関係しているかもしれません。Ｆ陣形を意識しながら空間をつくり、傍参与者として入り込むことで、自分が持つ知識をすでに話されている会話の知識と均等にします。それから話すことが一番丁寧なのかなと思います。やって来たと思ったらいきなり話して、会話のトップになると周囲の人に驚かれるかもしれませんが、日頃の友人関係によって、そこまで細かいことは言わなくてもいいケースも多いと思います。

Q４—２．「会話のキャッチボール」とよく言いますが、一般的に会話のボールは一つなのでしょうか。

回答：おもしろい質問だと思います。今回は会話の分裂の話をしました。分裂後は、二つの順番交替システムが回る環境が構築されますので、ボールが二つになっていると言えます。そのようにボールが分裂して増えたり、また一つに戻ったりする会話の中で、もし傍観者ぐらいで会話に参加していたら、いろいろな人の会話が別々のボールとして投げられていると感じるかもしれません。「質問—返答」の隣接ペアの構造はどれとどれの組み合わせなのか、すぐには判別が難しいだろうと思います。一方で、そのように感じている人同士が、どのように連鎖の構造をつくるのだろうと思うとワクワクします。誰に対して質問しているのか、それに対する返答は誰がするのか、会話がその場に何個あるかなど、順番交替、行為連鎖にかかわってくると思います。

Q４—３．二人の会話と三人以上の会話では何が違うのでしょうか。

回答：これは順番交替システムの話になります。二人であれば、話し手のＴＲＰが来た際に、それまで聞き手だった相手が話し出せばよいことになります。しかし三人の場合は、ＡさんでもＢさんでもどちらが話し出してもよいという選択的状況になり、突然、複雑で難しくなるため、そこで衝突が起きることがよくあります。データの中にも一人が話し終わったら二人が同時に話し出すということがたくさんあります。そのようなデータからは、どちらが引き下がっているかを観察します。そこに秩序はあるのか、トピック的にかかわりがある人が残るのか、人間のキャラクターとしてどういう人が残るのか、など、いろいろあると思いますが、言語学だけでは説明できないおもしろいものだと思っています。

Ｑ４―４．ただの会話のやりとりなのに、「正しい答え」と「間違った答え」があるのでしょうか。

回答：この章では、たとえば「質問―返答」という隣接ペアについてお話ししましたが、質問があって返答があるはずのところに、返答のふるまいではないものがくると、連鎖の構造として不適切なことがあるかもしれません。[3] 実際にそういうデータをぜひ分析してみたいです。

Ｑ４―５．多くの人はどのように角を立てずに相手の間違いを訂正しているのか知りたいです。

回答：相手が間違っていることを指摘する際には、結構労力が必要ですね。会話分析では「修復」という考え方があり、自分で気づいて正す自己修復が優先されますが、訂正されない場合には他者修復がおこなわれることもあります。他者修復の方法にもいろいろあり、「間違ってるよ」と言うのはかなりダイレクトです。「え？」と聞き返したり、「〜ってこと？」と自分の理解を提示したりと、いくつか方法があります。

Ｑ４―６．目を見て話すことについて、多くの人の基準はどのようになっているのだろうと不思議です。

回答：目を見て話すことは難しいですよね。ずっと見ているのは緩急《かんきゅう》がなくてつらいかもしれないので、今回お話しした中では、会話のやりとりの流れの中で、「ここＴＲＰです、次にあなたに話してほしいです」という順番交替システム（１ａ）を示すときには目を見る、という使い方をしてもいいので

３　第６章「３．グライスの格率」の「関連性のルール」（二一九ページ）も合わせてご参照ください。

はないかなと思います。

その他の質問への回答

質問：TRPは話者が設定するものなのですか？

回答：これは、話者が勝手に決めているのではなく、話している人と聞いている人、会話に参加している人みんなにとって理解が可能である、という定義がなされています。話者が主導的にやっているというよりも、会話参加者全員がわかって共有しているという考え方です。話者が急いでいるときはTRPが来ても続けてさきに進みますし、話者が次の話し手を指定する順番交替システム（1a）を飛ばすときも急いでTCUをつけ足すことがあります。そういった場合、同じ話者が続けてTRPのあとにすぐTCUをはじめていると「話者が設定している」と感じるかもしれませんが、そういう概念ではありません。

質問：アスペルガー症候群の当事者です。二人でも、三人でも会話を自分から開始するのがとても苦手です。その結果、自分がすでに会話している二人のところへの「三人目」として参入するパターンが、自分には楽なのですが、以前そのようなやり方の一部をソーシャル・スキル・トレーニングで「会話どろぼう」であると指摘され、以来「三人目」として会話に入るときの条件の「適切さ」の見分けに悩んでいます。多数者にとって、この場合の「適切さ」の境界線はどのように設定されているのでしょうか？

回答：三人目として楽に会話に参加して聞いていて、なんとなくその場にとどまるやり方はいいと思います。身体すら見えない隣の人の場合は盗み聞きですが、みんなで輪をつくっていて三人目としてそこにいる限り、その人がいるとわかって他の二人は会話しているはずなので、それは盗み聞いているわけではありません。三人目として傍参与者になることができていると思います。

質問：会話の内容ではなく、会話のしかた・会話分析から相手との関係性（親しい／親しくない、好き／嫌いなど）がわかりますか？　また会話のしかたで関係性を変えることはできますか？

回答：エドワード・ホールという人は会話の内容ではなくて、相手との距離と人間の関係性および言葉の形式を分析しました。たとえば「公衆距離」では、誰が聞いてもいいように「です・ます」で丁寧に話す発話のデザインになります。他に三段階ありますが、一番近いのは家族や恋人関係などの「隣接距離」です。そうなると言葉はもっと崩れたりやわらかくなったりする、というように、どういう距離をとるかによって相手との親密さが定義され、それによって言葉の使い方、会話のしかた、丁寧語かタメ語（同程度の関係のときに使われるくだけた言葉づかい）か、なども決まってくるという理論です。このエドワード・ホールの距離の話は、F陣形と同時期に定義されていますが、F陣形の理論よりも有名で『かくれた次元』[4]という日本語訳の本があります（F陣形の本は日本語訳がありません）。

4　エドワード・ホール（著）、日高敏隆・佐藤信行（訳）（一九七〇）．『かくれた次元』みすず書房

～コメント：お話を聞いた感想（綾屋）～

今回のお話では「三人目問題」について伺いながら、「どうして私は集団の中に入れないんだろう」と中高時代に不思議に思っていたことを思い出しました。そして、あのとき自分では「ただみんなの様子を眺めているだけ」と思っていたけれど、実はその集団に対して、「あの子を入れないといけないのかな」と思わせるような、つまり、自分たちのF陣形を動かさなくちゃいけないと感じさせる無言の圧力のようなものを、その集団に与えていたのかもしれないと、はじめて思い至りました。「自分は何もしてないんだから、何も相手に影響を与えていない」と思っていましたが、実際には確実に影響を与えていて、にもかかわらずそれに気づいていないので、結果的に「空気が読めていない」と思われるような現象が生じていたかもしれません。

また「この人に入られたくないな」と思って一歩遠くに足を踏み出して、その集団が私を拒否する動きをしたにもかかわらず、それに気づかずにバンと飛び込んでしまって、「コイツ、空気読めてない」と思われたケースもあったかもしれません。逆に、ちょっとF陣形を意識して参加すればすむ状況だったのに、「私はこのグループに入ってはいけないのかもしれない」と疎外感に怯えて撤退し、一人で過ごす結果になったということも、たくさんあったのかもしれないとも思いました。

「空気が読めない」という言葉も「コミュニケーション障害」という言葉と同様、具体的な原因や理由とは無関係に、さまざまな状況において都合よく、大雑把《ざっぱ》に使われている言葉ですが、坊農先生のお話を伺って、人との距離のとり方、目線の動かし方、顔や体の向きなど、すごく細かいレベルの非言語のやりとりにおいて、「受け入れられる」とか「拒否される」といった「空気」がつくりあげられているということを、教えていただいたように思います。

参加者の感想

♣「会話を俯瞰する」という広い視野をもった学問があるのだな、と興味深く思いました。

♣「考える」「話す」という行為がとても身体的なことであると再認識しました。

♣自分が第三者のときにP空間に入っていても会話に参加する意思のないことが多く、「？」という目で見られたり、O空間が自分に閉ざされたかたちになってもその場にとどまったりすることがあります。私にとって「？」だったことがいろいろ説明され、大変よかったです。

♣自分の場合、複数のものに意識を集中するということがあまりできません。そのため、食事中に会話をするということもないです。話すときは、本当に話すことだけをおこなうようにしています。

♣人の話に急に入ってしまうことがあって驚かれます。はじめに、ある二人が話をしていて、結論が出なかったり、何か答えをもとめているときに、第三者としていた場合に、自分なら答えをもっているのにと思うと、口出ししたくなって急に話題に入ってしまって驚かれたり、変な顔をされたりします。

♣どう考えても内容的に間違っていないのに、よく相手の人に話をとられたり、話の途中で邪魔されたりする。でも、無理に理屈でねじふせて説得しても角が立つ。うまくいなしたい。

♣会話がうまく続かないときというのは、順番交替システムの（1a）、（1b）が適用されなかったときに、さらに（1c）も適用されないと、そこで会話がとぎれるしくみなのかなと感じました。

♣多数派のルールについて「まるごと多数派にしたがう必要はない」というお話が印象的でした。そういう新鮮な知見をこの場で何度も得たいと思いました。

第5章　場面にふさわしいやりとりのルールってどんなもの？

浦野　茂

コミュニケーションの困りごとを抱える当事者からの質問

Q5-1．私は人と話すときに、失礼なことを言いがちなようで、よく人に注意されますが、どのようなことが失礼になるのかわからずに困っています。**いろいろな場面におけるちょうどよさのルールはどのように決まっているのでしょうか。**

Q5-2．ふわふわとした何気ないおしゃべりの仲間に自分も入りたいのですが、楽しそうだということはわかっても、会話の流れがどうなっているのかまったくつかめないので、輪に入ることができません。**何気ないようにみえる雑談は、どのようなルールでまわっていますか。**

Q5-3．「あなたは字義通りに受けとる」とよく言われます。または「あなたは言葉の裏がわからない」と言われることもあります。しかし、一つの言葉にもいろいろな意味があるのだから、同じ言葉を使ってすれ違った際に、こちらだけが責められる理由がわかりません。**一般的に「字義通り」に受けとることとそうでないことは、どのように区別されているのでしょうか。**同様に言葉の裏と表はどのように決まっているのでしょうか。

Q5-4. 会話の中で**ほめられた際に、「そんなことないんです」と下げる応答が必要なケースと、「すごいでしょう」と乗る応答が必要なケースがあるようですが、人びとはそれらのケースの違いをどのように見分けて応答しているのでしょうか。**

1.「普通であること」をおこなうこと

「普通であること」をおこなうこと（Doing ʻBeing Ordinaryʼ）。この表現はエスノメソドロジー[1]のパイオニアの一人であるサックスが一九七〇年におこなった講義の中で用いたものです。[2]「普通であること：Being Ordinary」という状態を表す名詞句に対し、「おこなうこと：Doing」という行為を表す動詞が係《かか》っているところが少しヘンな表現ですが、これを用いながらサックスはだいたいこんなことを述べています。**いわゆる普通の人というのはもとから普通として存在しているのではない。むしろそうした人はそのつど普通であるとされていることを「おこなうこと」によって自分をまさに普通の人としてつくりあげているのである。つまり、普通であるということは成し遂げられることなのである。**ざっとまとめるとこんな感じです。

1 エスノメソドロジーとは一言で述べると、さまざまな実践を人びとが組み立てるしかたを記述的に解明するアプローチのことです。人びとの実践であれば、あらゆるものがその研究の対象になります。

2 Sacks, H. (1992). *Lectures on Conversation*, 2 vols. Blackwell.

要点を確認しておきましょう。仮に普通であるということが成し遂げられることだとします。そうすると、私たちがそれぞれバラバラのしかたで行為をつくっていては、普通であることを成し遂げることはできません。そこには何か共通の手続きのようなものがあるはずです。その共通の手続きがあるからこそ、私たちはそれにしたがって行為をつくる人のことをそれぞれ普通であると判断でき、また自分自身についても、そう判断されるようにふるまうということが成り立つのです。同じことはこれと反対の「普通でないこと」にもあてはまります。すなわち普通でないこととは、この共通の手続きに照らしたときに限って見えてくる、人のふるまいのつくり方の特徴であると考えられます。つまり、普通であることも、普通でないことも、社会の中に存在している、ある共通の手続きをふまえて成立しているということです。

それではこの共通の手続きとはどんなものでしょう。ここでゴフマンのアイデアを紹介しておきましょう。ゴフマンは日常的な対面的相互行為を研究対象にした社会学者ですが、いま検討している共通の手続きのことを、彼は**状況適合性の規則**とよんでいます。[3] 私たちはさまざまな場面においてさまざまな人とさまざまなかかわりをもちます。そしてそれぞれの場面にふさわしいとされる行為やふるまい方は、大きく異なっています。ある場面において私たちは相手と視線を交わしながらかかわるように期待されますが、別の場面においてはそうすることはかえって逸脱的ととらえられてしまうことがあります。人とかかわると言っても、そのふさわしさは場面に応じて多様です。状況適合性とは、こうした場面に応じたふさわしさの規則（ルール）のことをさしています。

ちなみにこの規則の内容をあえて言葉で言い表すと「そのつどふさわしく、ふるまいなさい」となり、身も蓋《ふた》もないものになってしまうのですが、この点はひとまず置いておき、ここで確認したいのはこの規則の位置づけです。すなわち、ある人が普通であるということも、普通でないということも、この規則にもとづくことによって成立しているということです。ある人が普通でないとなると、私たちはその人自身に注意を向けがちです。たとえば「変わった性格」とか「心に問題がある」というように、その人の性格や心に、ときにはその生い立ちにまで関心が及ぶかもしれません。こうした推論の一連の流れは、精神科医療の専門家の推論のほうがはるかに精密ですが、彼らの推論方法と質的に異なるものではないはずです。しかしその上でゴフマンは、「そもそもこのように特定の個人に注意が払われるということは、一体どのようにして可能なのか」と続けます。そしてその答えは、「状況適合性の規則が用いられているからである」というものです。ある個人が普通でないと認識できるのは、そのような「図」を浮き上がらせる「地」[4]にあたる状況適合性という規則があるからなのです。このようにしてゴフマンは、図ばかり注目しがちな人たちに対し、そこに存在する地へと目を向けることにより、あらためて図とされているものの意味をとらえなおすように、うながしています。[5]

いかがでしょうか。誰かを「普通の人」や「普通でない人」へとつくりあげるメカニズムがあるといった話は、よく耳にします。けれどもそれ以前に、そもそも「普通であること」と「普通でないこと」とは

3　Goffman, E., 1963, *Behavior in Public Places: Notes on the Social Organization of Gatherings*. The Free Press（丸木恵祐・本名信行（訳）（一九八〇）．『集まりの構造――新しい日常行動論を求めて』誠信書房）

4　図と地については第1章四〇～四三ページも合わせてご参照ください。

5　以上で述べたのとほぼ同様の論点は、エスノメソドロジーの創始者であるH・ガーフィンケルが精神科医に向けて社会学の視点を紹介した一九五六年の論文にも見ることができます（Garfinkel, H., (1956). Some sociological concepts and methods for psychiatrists. *Psychiatric Research Reports*, 6, 181-195.）。

どのようなことなのかについて、状況適合性の規則という概念はあらためて考えなおさせてくれるわけです。とはいえ「そのつどふさわしく、ふるまいなさい」というこの規則の内容における、「そのつど」の「ふさわしさ」とはどのようなものなのでしょうか。残念ですが、ゴフマンのこの規則はそこまでふみこまず、その答えを読者の直観にゆだねてしまっています。それは、ヘンなたとえになりますが、「不審者に注意」というよくある貼り紙が、注意すべき不審者とはどのような人なのかという肝心の内容を素通りしてしまっているのと同様です。したがって、この「そのつど」の「ふさわしさ」とは何か、そして「そのつど」「ふさわしく」ふるまうとはどのようにすることなのか、明らかにしていく必要があるでしょう。

そしてこの作業に乗り出していったのが、エスノメソドロジーというアプローチです。[6] 私たちの生活は、日常会話や街歩きといった、とてもカジュアルな場面から、授業、会議、診察といった公式的な場面まで、さまざまな場面から成り立っています。こういった具体的な場面に乗り出していって、それを適切につくりあげるための手続きとなる規則を明らかにしていくこと、つまり各場面における「普通であること」をおこなうための規則を明らかにしていくことを、エスノメソドロジーは研究しています。冒頭でふれたサックスの表現も、こうした課題に注意を向けるためのものでした。

2. 行為をつくるための手続きとしての規則

さて、ここで規則について簡単に確認しておきましょう。行為との関係の観点から見ると、規則は**統制**

的規則と構成的規則の二つに分けて考えることができます。この区別は、ロールズのアイデアをもとに、サールが示したものです。[7] 彼らにしたがって整理しますと、**統制的規則とは、すでに成立している行為を外側から規定する規則のこと**です。たとえば「廊下を走るな」といった学校の校則などによく見られます。その一方、**構成的規則とは、ある特定の行為を成立させるために不可欠な規則のこと**です。こちらの場合、この規則なしには特定の行為が成り立たず、この規則にしたがってふるまいをつくることによって、はじめて行為が成立するような規則のことであり、典型例はゲームの規則です。もしゲームの規則がなければ、ゲームを構成するそれぞれの手順は成立せず、ゲーム自体が成立しません。たとえば「王手をかける」行為は将棋の規則がない限り、そもそも存在できません。これはごく当たり前のことですが、私たちの日常生活にはこうした構成的規則が数多く存在しています。

例をあげてみましょう。私たちはいろんなところで行列をつくります。私は今日、新幹線に乗ってこのセミナー会場に来ましたが、新幹線の到着を告げるアナウンスがホームに流れると、乗り場周辺にモヤモヤとしていた人たちが整列しはじめました。たんに新幹線の乗り口が狭いからそうしているだけだと思いがちですが、整列し、お互いに身体を配置しあうことによって、私たちは、「誰がさきに乗るべきで誰があとに乗るべきか」といった権利と義務を割り振っていることを見落とすべきではないでしょう（だからこそ「横入《はい》り」とか「割り込み」といった逸脱も、まさに逸脱として成立しうるわけです）。そしてこう

6　会話という活動についてこれを追究してきたのが、第4章でも登場した「会話分析」（一三五ページ）です。
7　Searl, J. R.（1969）. *Speech Acts : An Essay in the Philosophy of Language*. Cambridge University Press.（坂本百大・土屋俊（訳）（一九八六）『言語行為――言語哲学への試論』勁草書房）

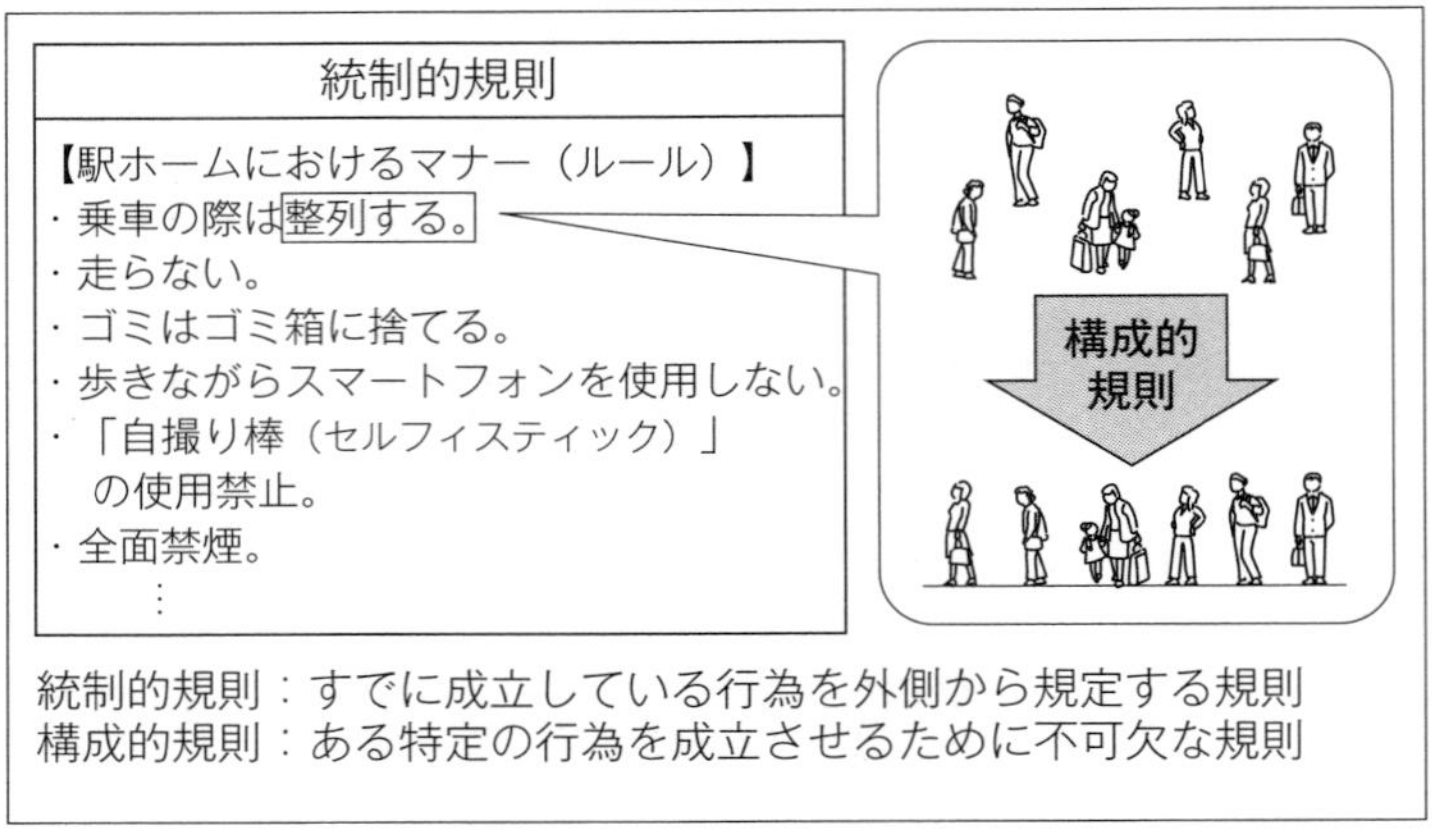

図１：統制的規則と構成的規則の例

した権利と義務の割り振りが可能なのも、ささやかなものではあれ「整列する」という行為を成立させる構成的規則があるからなのです[8]【図1】。

ちなみに、歴史的にも文化的にも多様な人間の社会生活を理解するためには、特定の意味をそなえた行為の種類をつくりあげる規則である構成的規則がとても重要だと思います。この規則があるかないかによって、その社会の中で特定の行為を有意味な行為としてなしうる可能性そのものが左右されるからです。したがって、これからは構成的規則に焦点をあてていきましょう。

3. 言葉を発することは行為をなすこと

さきほどふれたサールは、オースティンによって提唱された言語行為論というアプローチを体系化した哲学者です。このアプローチの基礎にあるのは、**「言葉を発するということは行為をなすことである」**というアイデアです。ちなみにここでいう行為とは、オースティンによれば次のような三つのレベルの行為のことをさしています【図2】。まずは**発語行為**です。これは文法にかなった文を述べる行為です。次は**発語内行為**。これは特定の状況において特定の構成的規則にもとづいて発語行為をなすことによって成立する行為のことです。例をあげれば、命令する、約束する、質問する、依頼する、謝罪するなどといった行為がありますが、これらはいずれも構成的規則によって成立する行為です。三つめは**発語媒介行為**。これは、発語行為や発語内行為の結果として相手に対して成し遂げられる行為をさしています。例をあげると、怖がらせる、安堵《あんど》させる、心配させる、確信させる、イライラさせるなどの行為があります。これらはいずれも発言が相手に対して及ぼす結果の観点からとらえられた行為です。

以上の三つのレベルの行為を整理すると、次のような関係にあります。たとえば原稿の提出が遅れていて心配して電話をかけてくれた出版社の編集者に対し、私が「明日、原稿をお送りします」という発語行為【図2①】をおこなうことは、「約束する」という発語内行為【図2②】をおこなうことになるでしょう。そしてその結果として私は、この編集者を「安心させる」という発語媒介行為【図2③】をおこなっていることになります。

その上で、ここで注目しておきたいのは発語内行為です。この行為が教えてくれているのは、私たちはコミュニケーションにおいて他人の言葉をそのまま字義どおりに受けとってそれに対応している、というわけではないということです。実際には人が発した言葉がどのような行為をおこなっているのか、そのつ

8　なお、統制的規則と構成的規則は、これらの規則に反した場合に明確に判別されます。統制的規則に反した場合は「ルール違反」と見なされますが、一方、構成的規則に反した場合は、何かを「し損なった」と見なされることになります。

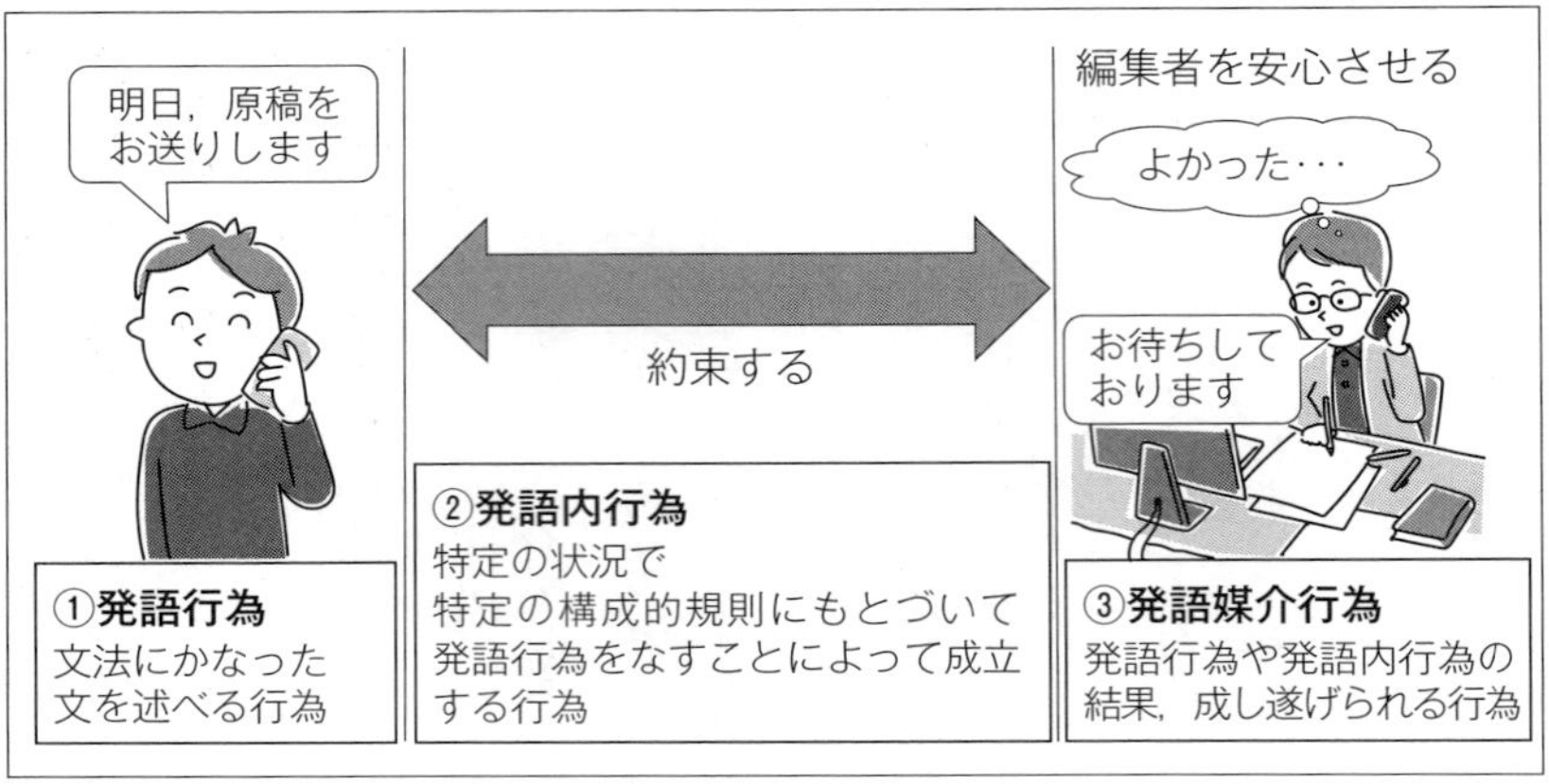

図２：言葉を発することにおける行為の３つのレベル

ど分析しながらその言葉を受けとっています。同じことは身体のふるまいにもあてはまります。私たちは必ずしもふるまいそのものに対応しているわけではなく、やはりそのふるまいがどのような行為をなしているのか分析し、それに対応しています。**このようにコミュニケーションにおいて私たちは、ただの言葉の連なりやふるまいからメッセージを伝達しているのではなく、これらを通じてそのつど、特定の行為を成し遂げているのです。**

　この点に関連してもう一つ注意しておきたいのは、発言やふるまいを通してこうした行為を成し遂げることにより、私たちは**「力を行使している」**ということです。力と言うと物理的な力あるいは身体的な暴力を思い浮かべるかもしれませんが、ここで言いたいのはそのような力ではなく、規則にもとづいて生じる力のことです。言い換えれば、相手や自分に対して一定の義務を課《か》し、権利を与えるという、権力とよばれる力のことです。

　たとえば私が「命令」をおこなえば、相手にはこの命令にしたがう義務が生じます。授業中に騒がしくしている学生に向けて、教師である私が「この教室から出ていけ」と言ったとしましょう。もっと丁寧に言えば「私はあなたにこの教室から出ていくように命令します」となるかもしれません。このようなセリフを述べることによって、私はこの学生に対して教室から退出する義務を課しています。もちろんこの学生は、この義務に必ずしたがわなければならないというわけではありません。とはいえ、退出しなかったからといってこの義務が無効になることはなく、むしろ「命令にしたがわなかった」という事実が成立することになります。この結果、この学生についてのさまざまな推論（たとえばその性格についての道徳的評価）を引き起こすなど、事態はこじれていくでしょう。

一方、ここで言う力は教師である私に対しても行使されています。たとえば「約束する」ということは、約束する者にそれを守る義務を課すことになります。この例においても、まじめな顔をして「この教室から出ていけ」と命令したあとに「なんちゃって」と安易に取り消すことはできません。命令を行使した以上、それを行使した者には特別な事情がない限り、その意図を保つ義務が生じます。いったん行使した命令にコミットし続ける義務、と言えるかもしれません。

さて、いったんこれまでの話をまとめておきましょう。ともするとコミュニケーションとはメッセージの交換のことであると私たちは考えがちです。しかしそれはあまり正確ではありません。むしろコミュニケーションとは、そこでお互いが力を行使しあう行為のやりとり、すなわち**相互行為**であると考えたほうがよいでしょう。そしてこの力を備えた行為を成立させる資源になっているのが構成的規則です。ある行為を自らおこなうために、あるいは、他人がどのような行為をなしているのか理解するために、私たちはそのつど構成的規則を用いているのです。

4. 資源としての／障壁としての構成的規則

それでは私たちはどのような規則をどのように用いて、そのつど行為を成し遂げているのでしょうか。この問いを本格的に追っていくことはここではできませんが、「構成的規則が私たちの生活の中でどのような位置づけにあるのか」を考える中で、この問いにふれておきます。

第一に、構成的規則は行為をつくるための資源です。特定の行為をつくり、それによって生じる力を行使する必要のあるとき、構成的規則を手続きとして、それにしたがって発言やふるまいを組み立てることにより、私たちはその行為をつくることができます。同じように、目の前の他人がどのような行為をつくり、それによってどのような力を自分に行使しているのかについても、構成的規則に照らしてそのつくられ方を見ることで把握できます。しかし第二に、もし私たちに構成的規則の知識が欠けていたら、正反対の結果が生じることになります。その場面において有効な行為をつくることができず、また他人のふるまいがどのような行為であるかも理解できないということになるでしょう。

このように構成的規則には諸刃《もろは》の剣《つるぎ》のような性質があります。これになじんでいる人にとってこの規則は行為をつくり、行為の意味を理解するための資源となりますが、他方でこの規則は、その知識を欠く人をその場面に参加できなくさせる障壁にもなるわけです。障害という言葉が「できない」ということを意味しているのだとすれば、この規則は「できなくさせる」障壁にもなっていると言えるでしょう。したがって障害という現象を考える場合、こうした構成的規則のもつ両義性を押さえておく必要があります。

これをふまえた上で**Q５−３「一般的に『字義通り』に受けとることとそうでないことは、どのように区別されているのでしょうか」**について考えてみましょう。

この質問に答えるにあたり確認しておきたいのは、**発語内行為の観点から見ると、言葉は行為をつくるための一つの資源として重要ではあるけれども、他によって代替することも可能な資源である**ということです。ある一つの行為を成立させる場合、私たちはそれをさまざまな言葉によっておこなうことができます。また、言葉に頼らなくても可能な場合もあります。さきほどの例で言えば、「この教室から出ていけ」と述べることで命令することができますが、学生の目をにらみながら出口を指さすことによっても可能なわけです。つまり行為をつくる際に、その行為の内容すべてを言葉で言い尽くさなければならない、ということはありません。同じように、他人の行為を理解するにあたっても、その人の述べる言葉だけから推測するべきだ、ということはないのです。重要なのは、言葉やふるまいそのものではなく、「コンテクスト（文脈）における言葉やふるまい」なのです【図３】。それではこのコンテクストという側面を考慮に入れ

言葉がなくても相手をにらみながら出口を指さすことで，
「出ていけ」という発話と同じように，
「命令する」という行為をつくることができる。

人びとのやりとりにおいて重要なのは，言葉やふるまいそのものではなく，「コンテクスト（文脈）における言葉やふるまい」である。

図３：行為の成立にとって言葉は重要だが必須ではない

ながら、構成的規則と言葉やふるまいとの関係を、もう少し検討しましょう。

5. 行為をすることは参加すること

ある言葉は、適切なコンテクストの中で発されたときに、はじめて意味のある行為となります。では、この「適切なコンテクスト」とはどのようなものでしょうか。【図4】は、クルターが紹介している事例です。[9] ここにはBによる「何時に家に帰ったの」という文があります。この文だけからは、Bは質問しているように見えるかもしれません。けれどもこの文が置かれているコンテクストを見てください。このコンテクストをふまえると、この文がおこなっているのは質問ではなくむしろ応答であるということがわかるでしょう。つまり同一の文であっても、それが発されるコンテクストの違いに応じてそれらは異なる行為を構成するのです。当たり前と言えば当たり前の話なのですが、行為の構成を考えるにあたり、述べられる文を基礎に据《す》えていく「文中心主義」[10] の考え方から離れる必要のあることが、こうした例からもわかります。

> A：彼女はあなたに何て聞いたの？
>
> B：何時に家に帰ったの

図４：ある会話の断片の事例（ジェフ・クルター）

コンテクストについてのもう一つのポイントは、いまのところ一言でコンテクストと言って片づけてしまっているけれど、その中身についてもっと具体的に特定できるということです。かつて私は国語の授業において「コンテクストを読みなさい」としばしば教師から言われてきましたが（あるいは最近では「空気を読め」などと言われたりもしますが）、たとえばこの場合で言うコンテクスト（あるいは「空気」）とは、行為の連なり方、すなわち**行為連鎖**の組み立てられ方であると言えるでしょう。たとえば【図4】において、Aは質問をおこなっているように見えます。そして質問がおこなわれたとするならば、そのあとには応答がなされるべきだと期待できるでしょう。というのも質問と応答という行為連鎖は、前者がなされたら後者がなされるべきというかたちで強く結びついたペアを形成しているからです。そしてこのペア

9　Coulter, J. (2009). Rule-following, rule-governance and rule-accord: Reflections on rules after Rawls. *Journal of Classical Sociology*, 9(4), 389-403.

10　ここで「文中心主義」とよんだ考え方を採用しているサールは、いかなる行為（発語内行為）においても、自分の行為について明示的に述べた文によって意味を示すことができると考えています。この考えにもとづいて彼は、発される文を基礎として、その文の意味によって行為が成立するのだと考えていきます（脚注7掲書、第1章）。たとえば「約束する」という行為の場合、「私が行ってあげると約束する」という文がこの明示的な文になります。他方、実際には多くの場合、こうした明示的な文を発することなく私たちは行為をつくりあげています。たとえば同じく「約束する」のでしたら、「行くよ！」と述べることでも可能です。こうした場合、サールは「後者の文は省略型である。実際には基本となる明示的な文章へと修復されるべきものとして発されており、またそう受けとめられている。よって後者の文についても明示的な文へと修復され、この明示的な文の意味にもとづいて行為が成立していくのだ」と考えていきます。とても粗い紹介になってしまいましたが、発される文を基礎にして行為の成立を考えていくということが、どのような筋道を通るのか、少しおわかりいただけたのではないかと思います。

他方、こうしたアプローチに対しては、次のような問題点を指摘することもできます。たとえば、そもそも「行くよ！」といった後者のような文が「約束する」という行為をなしうるのはどうしてなのかを考えてみましょう。この場合、適切なコンテクストでこの文が発されることで約束は成立するでしょうし、そう理解することもできるはずです。しかもそれは、とりたてて明示的な文へと修復されずとも、約束は十分に成立可能なのです。さらに言えば、明示的な文を思いつき、それへと修復する作業のほうが、こうした端的な行為の成立と理解をふまえているのです。したがって私たちが考えていくべきなのは、サールらとは反対に、こうしたコンテクストにおける端的な行為の成立と理解がどう成し遂げられているのかであるはずです。

をふまえてBの発言を見ると、たしかにこれは応答として不適切ではなく、Bは応答をおこなっていると読むことができるのです。

もし、このような読み方ではなくBの発言だけを見ていた場合、Bの行為が質問なのか応答なのか、判断がつきません。これをふまえるならば、コンテクストと言われているのは、おもに行為連鎖の組み立てられ方のことであり、それは、実際には類型化された行為のペアをもとに組み立てられていると理解できるでしょう。

ちなみに、いま述べた類型化された行為のペアとは、**「隣接ペア」**とよばれています。これは、たとえば「質問―応答（返答）」、「挨拶―挨拶」、「依頼―受諾・拒否」といった類型化された行為のペアの総称です。そしてこのペアが共通にもっている特徴は、やりとりをおこなっている一方の者がペアの前半部分にあたる行為をおこなうと、その受け手にあたる者がペアの後半部分にあたる行為をなすように指定されるという点です。すなわち、ペアをなしているそれぞれの行為は規範的に結びついているのです。このため、一方の前半部分がなされたとすれば、次に何がなされるべきなのかはっきりと特定されることになります。したがって隣接ペアは、やりとりの参加者たちがそのつど、いま何をしており、次に何をすべきなのかを明確にしたり、先立つ行為についての受けとめ方を表示したり、それをチェックしたりするために用いられており、相互行為を緊密に組み立てるための強力なツールとなっています。

さらにまた、この隣接ペアは、ペアをなす行為のあいだにあるこうした規範的な結びつきゆえに、さまざまな推論と判断をおこなうツールにもなります。たとえばある朝、家の廊下で父親が娘に「おはよう」と声をかけたけれど、娘は何も言わずに去っていったとしましょう。このとき、父親は娘について「なん

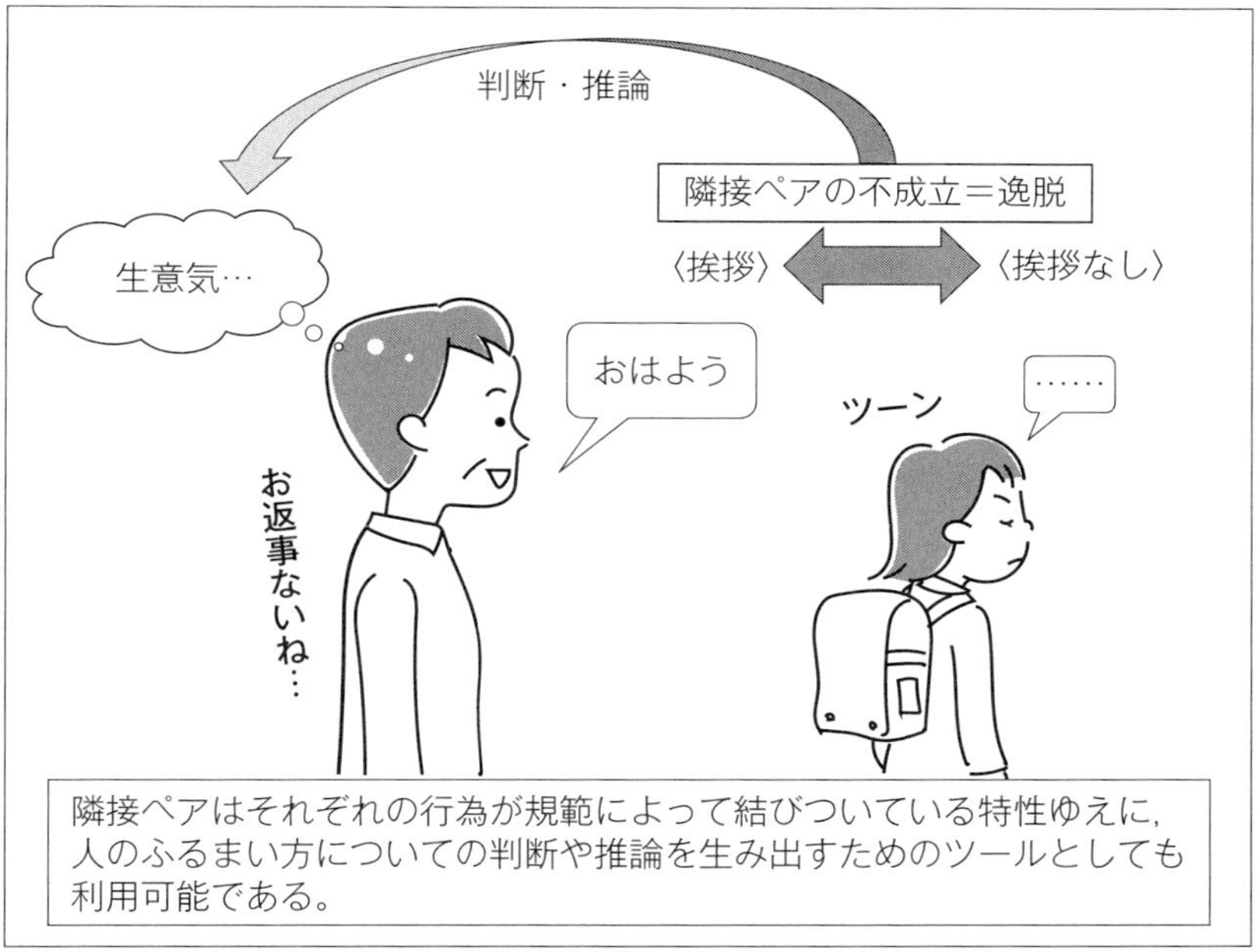

図５：隣接ペアは規範によって結びついている

か生意気になってきたな」と判断するかもしれません。この判断が正しいかどうかはわかりませんが、いったい父親はどのような手順をふんで、この判断に至ることができたのでしょうか。これについて重要な点は、やはり隣接ペアをなしている行為のあいだに規範的な結びつきがあるということです。父親としては挨拶として「おはよう」と声をかけたものの、そのペアの後半部分にあたる挨拶が返ってこないという事実に直面して、父親は「挨拶が返されるべきなのにそれがなされない」ととらえています。つまり隣接ペアの有効性を維持しつつ、それと合致しない事実のほうを逸脱ととらえているのです。こうして娘のふるまいを逸脱として見ることができ、その上でこの逸脱を理解可能にする一つのツールとして「生意気」という道徳的性質を言い表す言葉が用いられているのです。このように、隣接ペアは人の性質についての推論や判断を生み出すツールとして利用可能です【図5】。

さて、このようにコンテクストと言われているものを明確に特定した上で、もう少し構成的規則についてふれておきます。さきほど見たように、構成的規則とは行為をその外側から規制する規則ではなく、そもそも行為が成立するために不可欠な規則のことです。ともすると構成的規則とは一つ一つの行為に対してバラバラに存在しているものだと考えてしまうかもしれませんが、実際には行為連鎖をかたちづくる類型化された行為のペアというかたちで、相互行為のレベルにおいて存在していると考えるべきでしょう。したがって「行為をなす」ということについても、隣接ペアのような「行為同士の規範的な結びつきの類型」を用いながら行為連鎖をつくっていくこととして、成し遂げられるのだと考えるべきでしょう。言い換えれば、「行為をなす」とは「行為連鎖に参加する」ことなのです。

6. 行為連鎖と優先性

同じ考え方にもとづいて、Q5―4 **「ほめられた際に、『そんなことないんです』と下げる応答が必要なケースと、『すごいでしょう』と乗る応答が必要なケースがあるようですが、人びとはそれらのケースの違いをどのように見分けて応答しているのでしょうか」**という問いについても考えることができます。

この指摘のように、ある行為への対応として、特定の対応法がその他のものよりも望ましく感じられることはあります。たとえば隣接ペアの一つである「依頼―受諾・拒否」ですと、「依頼」がなされたらそれを「拒否」するよりも「受諾」することのほうが、望ましい対応のように感じられます。同じように「招待」に対しても、やはりその対応として「受諾」が望ましい対応のように感じられます。あるいはまた、隣接ペアほどには行為同士の規範的な結びつきが強くはありませんが、ある事柄を「評価する」行為は、それに対する「同意」を好ましい対応とする行為連鎖をつくり出します。たとえば旅先で友人が言った「いい街だね」という評価に対しては、「好きな街じゃないな」といった「非同意」による対応ももちろん選択肢としてありえますが、一般的には「うん、ほんとにいいね」のような「同意」を示すほうが望ましいように感じられます。

このように行為連鎖をつくるにあたり、相手の行為に対して肯定的に対応するほうが、一般的に望ましいものとして扱われています。そしてこうした望ましさは、相手を肯定しなければならないという道徳的規則としてではなく、また相手の気持ちに添いたいという個人的願望としてでもなく、行為連鎖の組み立て方における望ましさとして理解する必要があります。すなわち、肯定的な対応がもつ優先性とは、相互行為を組み立てるための一つの手続的規則なのです。

実際、私たちは否定的な対応をおこなうこともしばしばあります。ただしその場合、ちょっと言いよどんでみたり、あるいは「ああそうだね」と、はじめに「同意」を示した上で「でも、あまり好きな街じゃないな」というような否定的対応を続けたりしているのではないでしょうか。そのようにして私たちは、自分の否定的対応が、できるだけ相手の評価とじかに接しないようにしています。このような対応のつくり方からもわかるのは、私たちが実際にどのような対応をするのかは別として、**肯定的対応への優先性**という規則があり、それを手続きとしてふまえながら、私たちは発言をそのつどデザインしているということです。

さてその上で、同じく「評価」への対応と言っても否定的対応が優先される場合が存在します。Q5―4の質問がそれにあたります。すなわち称賛を受けるとかお世辞を言われるなど、自分への肯定的評価に対応する場合です。このような場合、相手の評価に同意することよりも、むしろ否定することが望ましいものとして扱われています。たとえばゲスト側から「おきれいにしてますね」と自宅を褒められたホスト側が「いや、それほどでも」などと答えるような場合です。同様に、相手自身の否定的な自己評価がなされた場合にも否定的対応が望ましいものとして扱われます。たとえばホスト側が自宅について「汚くしてまして……」と述べた場合、ゲスト側が「そうですね」と対応することは、通常できません。このように称賛、お世辞、自己卑下などに対しては、むしろ否定的対応が優先されているのです。もちろん、それに反して対応することもしばしばあります。ただしその場合にも、私たちは優先性の規則にあえて反してみせることにより（たとえば口調などによってそのことを強調しながら）、「ふざける」あるいは反対に「挑発する」といったことをおこなっているのです。[11]

対応のしかたの望ましさについて少し見てきましたが、この現象も、個々の行為のつくり方にかかわる事柄というよりむしろ、行為連鎖における優先性の規則を手続きとして参照しながら行為連鎖に参加していくという点で、相互行為の次元にある現象だと言えるでしょう。

7. 文中心主義の限界

ここでまとめと補足をしておきましょう。行為は、個々それぞれバラバラにつくられ、成立しているわけではなく、具体的なコンテクストの中でつくられ、成立しています。言い換えるならば、そのつどの行為連鎖の中において、それに参加し、またそれを支えにしながら、それぞれの行為は成立しているのです。これをふまえるならば、文法的に完全な文を述べることは、行為をつくりあげるために十分な条件でもないし不可欠な条件でもないと言えます。どんなに文法的に完全な文を述べていたとしても、それが進行中の行為連鎖に適合するものと見なされないならば、意図した行為を成立させることはできないでしょう。また、いわゆる「文法」にかなった文を述べなくとも、あるいはそもそも文をいっさい述べなくとも、行為を意図どおりに成立させることもできるはずです。こう考えてみると、文を中心にして行為を考えるアプローチがとても奇妙なものに思えてきます。それだけでなく、こうした「文中心主義」の結果、さまざまな歪みも生じているように思います。それについて二点ほどふれておきます。

第一点目は、文中心主義が、文以外の方法によって相互行為に参加する能力を、正当に評価できなくさせてしまうという問題です。さまざまな事情から文を述べることに困難をもつ人たちの、相互行為に参加する能力（とくにそのような困難をもっていない人たちについても同様ですが）を正当に評価し、支援の

11　評価に関するやりとりの規則については第6章「6．リーチの『ポライトネスの原理』」の「是認のルール」「謙遜のルール」（二二六〜二二七ページ）も合わせてご参照ください。

方策を考えていくためには、文中心主義から離れる必要があるように私は思います。ちなみにこれは個人的印象ではありますが、コミュニケーション能力と言えば以前は“communicative competence”という社会言語学の概念の日本語訳のことだと私は理解していました。これは、誰かについてその人の持つとされる能力の高さを測るための概念などではなく、言語運用という現象を考えるために理論上不可欠であるとして考え出された概念です。[12] ところが、そのうちコミュニケーション能力とかコミュニケーション・スキルという言葉が、最初は会話における外国語の運用能力、やがて社会生活における人づきあいについての能力へとあてはめられるようになってきたと感じています。たぶん二〇〇〇年代のはじめごろのことと思います。そのころ私は、就職したての大学における就職指導の場において、この言葉が多用されているのを、少し違和感をもちながら聞いていたことを覚えています。おもに指導されていたのは面接でのプレゼン方法でしたので、そこで言われていたコミュニケーション能力も、文を偏重したものだったと言えるでしょう。そしてそのことに当時の私は違和感を覚えたのでしょうし、いまでも同様です。

次に第二点目です。これは、文を基本として考える視点に立ってしまうと、相互行為において、あえて文を用いることのもつ意義が、かえって見えなくなるという問題です。これまで確認してきたように、文の字義的な理解は相互行為への参加にとって十分な条件でも不可欠な条件でもありません。それにもかかわらず、なぜ人はときに文を字義的に理解しようとする（あるいは、してしまう）のでしょうか。また、なぜ字義的な文を述べることによって行為をなそうとする（あるいは、そうせざるをえない）のでしょうか。つまり、字義的な文を用いるという方法の意義と理由を考える必要があるはずです。そしてこれを考えることは、行為連鎖を支えとしながら行為をつくる方法のもつ特徴と、さらにはその制約をも明らかにしてくれるだろうと思います。実際、Q5−3の指摘からわかるのは、こうした行為連鎖を支えとする方法が誰にも分け隔《へだ》てなくつねに利用可能なわけではない、ということです。ともすると無色透明に思われるこうした方法は、実はある特定の人たちを少数派として括《くく》り出す障壁となるデザインを備えているのかもしれません。そして字義的な文の使用は、これに対処するためのこの人たちの方法なのかもしれません。もしそうだとすれば、このデザインのあり方を特定し、またこれに対処するための別の方法——「文をつくる」という個人への負荷の高い方法に代わるもの——を考案することが必要になるように思います。

8.「所有物」としての行為・発言

これまでは行為連鎖を組み立てる方法を中心に話してきました。ここで少し話題を広げ、行為連鎖とそれに参加する人の立場、すなわちアイデンティティとの関係について紹介しましょう。そこでQ5−1**「私は人と話すときに、失礼なことを言いがちなようで、よく人に注意されますが、どのようなことが失礼になるのかわからずに困っています。いろいろな場面におけるちょうどよさのルールはどのように決まっているのでしょうか」**という問いにふれておきます。

失礼さにはいろいろなケースがあると思いますが、多くの場合、自分と相手との関係性からみた行為の

12 Hymes, D. H. (1972). On communicative competence, Pride, J. B. & Holmes, J. eds. *Sociolinguistics*, Penguin, 269-293.

①

①判定するという行為は審判に所有されているので，グラウンドの外から観戦者が大声で「アウトだ～」と叫んでも，判定としての効力はもたない。

②

吉田戦車（1990）.
『伝《う》染《つ》るんです』
小学館

②場所や道順を教えるという行為は，警察官である自分に所有されている行為なのに，道を聞く側になってしまい悩んでいる。

図６：行為には所有権がある

つくり方の不適切さであるように思われます。[13] 思いつく例をあげると、日本語における敬語をめぐる失礼さというのはそうしたものですね。なされた発言が自分と相手の関係（たとえば上位か下位かという関係）に照らしてふさわしくない特徴を備えている、これが敬語にかかわる失礼さです。そこでここからは、行為連鎖の組み立て方とその場面における参加者のアイデンティティ[14]——その場面において各参加者がもつことになる立場——との関係を中心にして、失礼さについて見てみたいと思います。

そこでまず、**行為と発言の所有権**というアイデアについて紹介しましょう。これは、ある行為や発言が相互行為の「特定の参加者に所有されている」あるいは「特定の参加者のなわ張りの内にある」

ということです。[15]つまり、ある行為やある発言が特定の参加者の権利・義務の内にあるという事態のことです。

わかりやすい例を紹介しましょう。野球の試合において「判定する」という行為は審判に所有されています。そして審判はしかるべき状況において「セーフ」とか「アウト」といった発言やそれに対応する身振りによって判定をおこないます。もちろん試合の参加者や観客もそれぞれに判断を示しますが、それらは判定にはなりえません。判定するという行為は審判に所有されているからです。子どものころ私は草野球チームに入っていましたが、試合のときにグラウンドの外から観戦している酔っ払ったおじさんが「アウトだ～」なんて言いがかりをつけてくることを経験したことがあります。とはいえ、いくら大声で叫んだところでそれは判定としての効力をもたないのです【図6①】。

また、これはもう二五年以上前の四コマ漫画ですが【図6②】、おまわりさんが子どもたちに道を聞こうとして悩んでいます。ありそうにない状況ですが、[16]読者である私たちにもこのおまわりさんの悩みの理由は理解できるはずです。場所や道順を教えるという行為は、職務というかたちでおまわりさん（交番や駐在所にいる警察官）に所有されているはずの行為だからです。それにもかかわらず自分が道を聞く側に

13　失礼さに関するルールについては第6章「5．ブラウンとレビンソンの『ポライトネス理論』」（二二一～二二五ページ）も合わせてご参照ください。

14　アイデンティティという概念には多様な用法がありますが、ここではコミュニケーション場面における参加者の立場や位置づけという意味で用いています。

15　情報の所有関係をさす「情報のなわ張り」の概念を使いながら発話の諸特徴を解明した言語学者に、神尾昭雄がいます。

16　ちなみに、以前のおまわりさんはいろいろと工夫しながら地図を携行していたそうです。詳しくは次をご参照ください。佐藤雅彦（二〇一一）．『考えの整頓』暮しの手帖社

なってしまい、彼は悩んでいるのですね。

さらに別の例ですが、以前、私が家族と自動車で愛知県を北上していたときのことです。同乗していた小学校二年生の娘に、「愛知の北にあるのは何県？」と私が質問したところ、彼女は「さて、何県があるのでしょうか？」と応じてきたことがありました。私としては彼女の知識を試そうと質問したつもりだったのですが、彼女はクイズの司会者のような質問で切り返してきたわけです。そこで私は再度、「そうじゃなくて、答えてみてよ」と、当初の質問の意図を説明することになりました。

このような場合から見えてくるのは、「質問が具体的にどのような質問をおこなうことになるのか（ここでは相手の知識を試す質問をおこなうのか、それとも相手から知識を得る質問をおこなうのか）」ということは、「質問者と被質問者がその場面においてどのような立場として現れているのか」ということと切り離せないということです。この例における私の質問は、私が運転して目ざしている地域について問うものです。したがって質問は、私がその答えを知っていることをふまえて、なされていますし、娘にもそう受けとめられることをあてにしてなされています。つまり私は、「知識を持つ者」の所有権に属する質問として、「知識を試す」という行為をなそうとしたわけです。それに対して、「知識を試されている」娘も同様に、「知識を持つ者」の所有権に属する「知識を試す」ふるまいをしたので、ちょっとした混乱が生じたというしだいです。[17] 同様のことは、授業中に教師が児童生徒に対しておこなう授業内容についての質問においてもあてはまるでしょう。

9. 知識による所有／経験による所有

同じように、ある言葉や言葉づかいが特定の参加者に所有されているということもあります。ある一つの事柄やできごと、人物や人びとについて述べる場合であっても、それを正しく言い表す複数の言葉が存在します。このような場合、その同一の対象をどのような言葉によって述べるのが適切か、という課題に私たちは向きあうことになります。そしてこの課題への解決は、参加者のアイデンティティを一部とする、そのつどの場面の特徴との関係において成し遂げられていきます。

このことがわかりやすいのは、何かの専門家と素人が出会う場面、たとえば診察などの場面です。素人の私は医師に向けて自分の感じている痛みや不調についてあれこれ語ります。これを受けて医師は、触診や検査結果などもふまえながら、私の状態について医学的な診断名やその症状、検査結果の数値、処方する薬や注意事項などを説明していきます。このような場面において、私が診断名や症状についての専門用語、薬の名前などを口にすることは、はばかられます。口にするとしても、疑問符をつけたり伝聞のかたちを用いたりして、さまざまな留保をつけるように思います。要するに、これらの言葉がそれを一部とす

17　このように質問と言ってもその行為の内実はとても多様です。相手から知識や情報を得るための質問や対話をはじめるための質問、相手の知識を試す質問のほかに、アンケート調査におけるように回答者個人についての情報を得る質問もあります。また病院の問診などにおいては、質問を通じて間接的に相手の状態や能力についての情報を得るような質問がしばしば用いられています。そして重要なことは、私たちがこのようにそれぞれ微妙にはたらきの異なる質問を、参加者のアイデンティティなどのそのつどの場面の特徴をふまえながらつくっており、またこの異なりを識別しながらそれぞれ対応しているということです。

01 J:どうですかぁ？(2.0) 痛い？(2.0)
02 J:お腹は、まあこの機械上は張ってはないですけどねえ、
03 J:ま、でも自覚ではどうかはちょっとわからないですけど
〈中略〉《妊婦、肋骨の下あたりを右手でさすり始める》
04 J:痛いですかここ ［ー？
05 N:　　　　　　　　［いたーい《頷きながら》
06 N:先生、なんかろっ骨ぅーか、
07 N:あばらが痛いんかなぁって思ってた［時があるんだけ［ど
08 J:　　　　　　　　　　　　　　　　［うーん、　　　［うーん
09 N:うんでも違うよねーっ［て-
10 J:　　　　　　　　　　［うーん
11 J:ふうううーんっま怖いのはねえ、
12 J:この辺に胎盤があったりとかねぇ、
13 J:そうしてまぁ、まぁ血圧もちょっと上がってきてますしねぇ、
14 J:胎盤が先にはがれるっていう病気もある［んですわぁ
15 N:　　　　　　　　　　　　　　　　　　［うーん
16 J:うん、ですんでそういうのがあるとちょっと怖いんでぇ、
17 J:まああのー、エコー先生きょう見られますのでねぇ、
18 J:そこで、あのー、言いますのでー……

図７：妊婦健診において、分娩監視装置のデータを見ながらの助産師（J）と妊婦（N）の会話

る専門知識をもった医師の所有権の下にあることに配慮を示しながら、相互行為が組み立てられているのです。

　これと同様に、痛みや不調といった経験を述べる言葉が、その経験が現れている者に所有されているということもあります。私は数年前に帯状疱疹を発症して大変な目に遭《あ》いました。ひどい痛みで一晩中うなり続けていて、勤務先も休んだのですが、快復後、同じく帯状疱疹を経験したけっこうな数の同僚が声をかけてくれて、痛み話に花が咲きました。たしかに痛みの多くは、客観的に特定できる身体の状態と結びついています。とはいえ、そうした身体についての専門家である医師であっても、それを経験していない限りはこの痛みを自分のこととして口にすることはできません。やはり痛みや不調、困難といった経験は、それを経験した人物に所有されており、その所有権に沿って相互行為は組

み立てられているのです。

さて、言葉の所有権について、「専門的知識にもとづくもの」と「経験にもとづくもの」について述べてきましたが、ちょうどこの二つの所有権に沿っている相互行為の例を紹介します。これは私たちが加わっていたある研究チームが、ある病院においてビデオカメラで撮影した、助産師による妊婦健診の場面の一部です。この場面では、子宮の張りなどを調べる分娩監視装置を妊婦のお腹につけて健診をおこなっています【図7】。

この場面にさき立って、すでに妊婦（N）はお腹の痛みを訴えており、これをふまえて、冒頭において助産師（J）は、分娩監視装置のデータを見ながら痛みの状態について「どうですかぁ？」と質問をしています。妊婦から対応がないのを受け、さらに助産師は「痛い？」と確認の質問をしていきます。そしてさらにこの質問につけ足して、助産師は近くに設置されている分娩監視装置のグラフで表示されたデータに言及します（「まあこの機械上は張ってはないですけどねえ」）【図7：二行目】。妊婦がお腹の痛みを訴えており、関連するデータを測定しているわけですから、この装置についての知識を持ち、それを管理する責任のある者が、このデータを伝えることはふさわしいものと思われます。

ただしその述べ方には注目すべき特徴があるように思います。一行目で助産師はお腹の痛みについて質問したのですが、二行目では「お腹」の「張り」について、しかも「機械上」で把握できる限りは見あたらないという述べ方になっています（「機械上は張ってはない」）。つまり痛みの感覚について妊婦自身に語るよう求めつつ、自分は妊婦の身体について外側から観察できることについて述べていることになります。観察ではなく実際に経験している感覚の記述と、身体についての観察による記述とが、ここで対照的に示されているわけです。そしてこの対照性は、たまたま生じたものではなく、体系的につくられているものと見ることができます。助産師は三行目において「自覚ではどうかは……わからないですけど」と述べ、自分の観察による「異常がない」という記述の及ぶ範囲を限定しています。言ってみれば、身体を通して感じられること（自覚）と、外側から観察できること（機械による観察内容）との区別を導入し、両者の食い違う余地を残しているわけです。これにより、観察結果からは異常が見られないという事実が、身体に何ら異常がないということを含意してしまわないように、また、痛みにもとづいてなされている妊婦の訴えを否定してしまわないようにしています。言い換えれば、痛みの記述という妊婦の所有権を侵害することを防いでいます。助産師はその資格にもとづき、妊婦の身体を観察する言葉の所有権をもち、妊婦はその感覚を言い表す言葉の所有権をもつ。このように言葉に対するそれぞれの所有権を明確にし、両者を接合しながら、助産師の発言が組み立てられているのです。

その後の展開についてもごく簡単に見ておきましょう。いま見た所有権の明確化がなされたあと、妊婦は肋骨をさすりはじめ、肋骨やあばら骨あたりの痛みの感覚と、その不確かさについて述べていきます【図7：六、七、九行目】。こうした妊婦の痛みの記述を受け、助産師は自分が懸念している事柄を、専門用語を用いながら述べていきます。具体的にはここでは、「胎盤」や「血圧」、「胎盤が先にはがれるっていう病気もある」と、身体の臓器や特徴、病気について専門用語が用いられています【図7：一一―一四行目】。その上でこの懸念を述べることを結ぶかたちで、妊婦の訴えを医師（「先生」）に告げておく旨が伝えられます【図7：一六―一八行目】。このように、妊婦と助産師が妊婦の状態をめぐる言葉へのそれぞれの所有権をふまえながら相互行為を組み立てており、この結果として「妊婦の感じている痛みと懸念を助産師が聞きとる」ことが成し遂げられているのです。

以上をふまえた上でQ5-1**「いろいろな場面におけるちょうどよさのルールは、どのように決まっているのでしょうか」**という質問に戻りましょう。この質問では失礼さがわからずに困っていることについて述べられていましたが、こうした失礼さを行為や発言、言葉の所有権という現象とかかわらせてみると、その内容が少しわかりやすくなるのではないでしょうか。私たちはときに、このような所有権を把握し損《そこ》なったり、それに沿った発言やふるまいをつくるのに失敗したり、さらにはあえて侵害してみたりと、この所有権に関連してさまざまな事柄をおこなっています。自覚的かどうかは別として、この所有権の侵害という観点から、失礼さについて振り返ってみていただければと思います。というのも、そのような失敗がしばしばあるにしても、具体的場面における参加者の、そのつどのアイデンティティを分析しながら、ふさわしい行為連鎖をつくりあげていくということは、「普通であることをおこなうこと」の一部となっているからです。[18]

もっとも、Q5-2**「何気ないようにみえる雑談は、どのようなルールでまわっていますか」**という質問にあるように、何気ない雑談というものは、とてもとらえどころのない現象ですね。とはいえ、たとえば所有権という、少し硬いけれども直観的に理解できる言葉で私たちの日常生活を見なおすことにより、わかってはいたけれどうまく言葉にできていなかったさまざまな事柄に、きちんと向かいあうことができるようになるのではないか、と私は考えています。

18　この主題に積極的に取り組んだものとしては、次が参考になります。Stivers, T. et al., eds., (2011). *The Morality of Knowledge in Conversation*, Cambridge University Press.

10. 日常生活に潜む罠――引用の巧妙な使用

最後に、言葉の所有権と強い結びつきのある「引用」という現象について紹介します。「引用」とは言葉の所有権をふまえてつくられる一つの発言のかたちですが、これが相互行為においてどのように用いられているのか、その一端についてお話ししてこの主題を締めくくりましょう。

大まかに言えば、引用とは自分ではない者の言葉を述べることです。[19] 実際に引用をおこなうときには、それをおこなう者はその発言の中で、特定部分が自分の言葉でないことを音声や表情、身ぶりなどさまざまなしかたで示すことにより、それが引用であることを相手に伝えます。こうした引用をおこなうことにより、引用者は引用されている言葉とのあいだにさまざまな関係をつくりあげ、それを現在の場面に示します。この言葉を、自分を支持するものとして位置づけたり、あるいは自分に対立するものとして位置づけたり、距離をとって笑う対象にしたりするのです。いずれにしても引用において重要な点は、被引用者の言葉が引用者の言葉と区別されながら導入され、そこで引用者や受け手とさまざまに関係づけられることです。そしてこのような言葉の所有権の管理とともに、物の所有権の場合と同様、言葉の所有権にともなう責任の問題も、そこでやりくりされているのです。

たとえば目の前の相手にかかわりのある事柄について評価する場合、それを引用の形式によっておこなうことにより、引用者は自分の評価をひとまず脇に置いて評価をおこなうことができます。とくに相手について否定的な評価をする場合、私たちはしばしばこのようにしているように思います。たとえば「○○

○ってイケてないよねってXが言ってたけどねぇ」といった感じです。こういった場合、引用者はひとまず自分の評価を脇に置いて他人の言葉を述べています。したがってこの引用に対して相手がどのように対応するかをうかがいながら、引用者は自分の出方（評価の表現のしかた）を調整していくことができます。たとえば相手が「うん、そう思うよ」と対応してきた場合と、「えー、うそー」と対応してきた場合とでは、それらを受けてみなさんが示す評価のあり方も大きく異なってくるのではないでしょうか。こういったことからも、言葉の所有権のやりくりとともに、私たちがその言葉の責任もやりくりしているのがわかります。「そんなのは、ずるいやり方だ」という意見もあるかと思いますが、他方でこうした方法は、冗談や寓話に見られるように、相互行為とその参加者を、言葉への責任から解放してくれることも事実です。[20]

とはいえ最後にやはり、引用のずるい用い方について述べておきましょう。これは引用者が自分以外の者同士の対立をそそのかす目的で引用する方法です。私自身もこうしたやりとりを目にした記憶がありますし、メディア報道においても二者間の対立をあおるために、しばしば用いられているように思います。

19　ただし、ここでいう「自分」と「自分ではない者」がそれぞれ何をさしているのかについては状況に応じて変わります。たとえば「かつての自分」がつくったり述べたりした言葉も、状況によっては、「現在、話をしている話者としての自分」とは異なるという意味において「自分ではない者」の言葉となることがあります。あるいは政治家のスピーチのように、その内容をつくった者が「自分ではない者」であったとしても、その言葉が「自分」の言葉となる場合もあります。このように「自分」と「自分ではない者」が具体的に何をさすのかは、相互行為とその中における参加者のアイデンティティのあり方に応じて変わります。

20　この点については、次をご参照ください。浦野茂（二〇一六）．「当事者研究の社会的秩序について——経験の共同研究実践のエスノメソドロジーに向けて」保健医療社会学論集　二七（一）、一八―二七

図８：第三者の発言の引用によって発言者自身の評価を保留する

やりとりは以下のように展開していきます。[21]

引用をおこなう者をAとしておきましょう。たとえばAがBとのやりとりにおいて、Bに「ZちゃんがBちゃんのことずるいって言ってたよ」と言いはじめます。ここでAは、かつてZがBについておこなった評価の発言を引用し、Bへと伝えています。伝えられたBにしてみれば、きっと「Zちゃんひどーい」となるでしょう。このように、ここで引用は、BとZを対立させるようにそそのかす手段として用いられています。

その上でこうした引用の方法について注意したいことは二つあります。第一にこのような発言において、引用者（A）は自分の評価を何も述べず、被引用者（Z）による言葉を用いながらBを評価している点です。さきほど述べたとおり、引用者は、引用に示されている評価に対する相手の対応をうかがいつつ、この引用した評価に対して自分がいかなる立場に立つのかをいろいろ操《あやつ》っていくことができるでしょう。第二に、そしてこれはとても重要な点だと思うのですが、そもそも、どのような状況において、ここで引用されているような言葉を被引用者（Z）が発したのかということが、実は隠されている点です。別の角度から言えば、どのような状況において引用者（A）は、自分が引用している「被引用者（Z）による評価の言葉」を入手することになったのか、についての情報が隠されているのです。実際には、引用者（A）と被引用者（Z）とのあいだで、評価対象をめぐる評価の交換がなされていたのかもしれません。つまり、両者が一緒になって「ずるいよね」などと言い合うといったやりとりです。しかし実際の引用において引用者（A）は、こうしたもともとの発言がなされた相互行為的状況を述べることなしに、あたかも被引用者（Z）が単独でおこなった評価であるかのようにして、この評価の対象であり、いまやりとりしている相手であるBに対して、この言葉を伝えているわけです。このように見ると、引用者（A）は引用の形式を用いることによって、二重のしかたで自分の関与を回避しながら、それ以外の人たちの対立をそそのかしていることになります【図８】。

こうした引用の利用は、私たちが被害者になりうるという意味でやっかいな罠かもしれません。しかしまた、言葉への責任からまぬがれうるゆえに私たちが安易に使ってしまいがちであるという意味においても、こうした引用の利用は罠であると言えるでしょう。

21　これはM. H. グッドウィンが紹介していた例を簡略化したものです。Goodwin, M. H.,（1990）. "Instigating," *He-Said-She-Said: Talk as Social Organization among Black Children*, Indiana University Press, 258-279.

11. おわりに——普通のしくみを探る

それでは、これまでの話の締めくくりとして、次の問いについて私の考えを紹介しておきましょう。その問いとは「普通であることをおこなうこと」をかたちづくっている手続的規則を明らかにすることは、どのような意義をもつのか、というものです。この答えとして、三つあげることができます。

一つめは、「普通であること」を成し遂げるという目的の役に立つというものです。すなわち、社会生活の中で明示されていないけれども存在しているような規則について、それらを言葉にして明示的に理解し、自身で習得していく。それを通じて、「普通であること」を自ら成し遂げていく。あるいはこうして習得した規則をやはり言語によって明示的に伝えることで、社会生活のためのより精度の高い教育に役立てる。こういった可能性があると思います。

二つめは、「普通であること」からむしろ自覚的に距離をとる目的に用いるというものです。どのような規則をどのように用いながら社会生活が組み立てられているのか、を言葉にすることによって、少し距離をとって理解する。そして必要であれば別様な規則を組み立てる、という利用法です。このように「普通」から距離をとるためにも、まずは実際に存在している規則がどのようなものであるのか、明確に把握しておく必要があるでしょう。

そして三つめは、自己理解のために用いるというものです。自己理解と言っても「反省しましょう」などと言いたいわけではありません。むしろ自分のあり方を社会的な規則とのかかわりにおいてとらえなおす、言い換えれば自分を社会の中に埋め込みなおす、ということです。たとえば、仮にみなさんがこれまで「自分は普通だ」という思いで生きてくることができたとしましょう。そうだとすれば、普通である自分のつくり方とはどのようなものだったのでしょう。その普通さを成し遂げるために用いた手続きはどのようなものだったのでしょう。おそらく自分の内側ではないところに、このような自分をつくりあげてきた手がかりが見つかるはずです。

同じことは「普通ではない」人にもあてはまります。仮にみなさんが「自分は普通ではない」と感じてきたり、あるいは「あなたは普通ではない」と言われたりしてきたとしましょう。その場合でも、「『普通ではない』とはどのようなことなのだろうか」、「『普通ではない』とか『普通だ』とかいうことを判断する基準はどのようなもので、どこにあるのか」、「普通であることをおこなうための手続きとはどのようなものなのか」、「普通ではないことをおこなうための手続きとは、そして普通ではない自分のつくり方とはどのようなものか」などと問いを立ててみる必要があると思います。その答えはやはり、自分の外側に見つけることができるはずです。そしてこのように自分の外側にあるものについて問いを立てることを通じて、私たちはともに共通の問いをもつ者として新たな結びつきをつくっていくことができるのではないでしょうか。

こうした作業は細々《こまごま》としたものですし、その発見もささやかなものとなるでしょう。けれどもそこで発見されるのは、日々の私たちの生活をその根底において支えている事柄です。だからその発見はきっと、新しい生活の見方や感じ方、つくり方へと私たちを導いてくれるはずです。

Q&A：一問一答

質問：質問と詰問の区別がつけにくいです（例：「お前は○月×日、どこにいたんだ」）。どうしたらいいでしょうか？

回答：私たちが通常、「質問」と言って思い浮かべるものは、尋《たず》ねる側が、尋ねている事柄について知識を持っていないゆえに、相手にその質問をするというかたちをとっていると思います。これを「知識を得る質問」としましょう。他方、「詰問」というのは、尋ねる側が知識を必要としておらず、むしろある一定の事柄を相手の口から言わせることを目的としているものだと思います。その上で「知識を得る質問」と詰問の区別が現実において難しい場合ですが、対応する方法としてはまずはその場ですぐに応答しないということが考えられます。さきほど紹介した私と娘とのやりとりの場合のように、自分が開始しようとしたものとは異なる反応が来た場合、そこで立ち止まってやりとりを修正する。あるいは、その真意を聞いていくことが必要なのかなと思います。コミュニケーションは相互行為です。したがってそれは手順を追って順々に進んでいきます。いったん進んで立ち止まり、ちょっと戻ってみるというやり方を試してみてもよいかもしれません。

質問：自分の所有権を奪われた場合、相手に穏やかに伝える方法は？

回答：いまお話ししたように、やりとりの展開をいったん止めるというオプションがありえるはずです。その場ですぐに判断して対応する前に「え？」と聞く。このようにワンクッション置くことは、当たり前かもしれませんが有効な対応法なのではないかと思います。詰問する場合も、意図的に所有権を侵害する場合も、詰問・侵害される側に時間的なスキを与えないようにすることもあると思います。だからこそ、詰問・侵害される側には、何とか時間的スペースをつくる、ワンクッション置くなどして、相手の発言の意味や理由を問うなどの工夫が必要になると思います。

質問：エスノメソドロジー的に会話を書きとめる方法が知りたいです。トラブルが起きたときも再現できるのではないかと思いました。

回答：エスノメソドロジーにおいては、基本的に録音・録画したものを書き起こしています。まずはスマートフォンやICレコーダーを用いて録音からはじめてみてはどうでしょうか（その際には録音とその目的について相手に説明し、同意を得ておくことが必要です）。次にパソコンで書き起こす必要がありますが、最近ではいろいろと便利なソフトがありますので、それを入手してみてください。また、書き起こし（トランスクリプション）の形式ですが、これも会話分析の入門書をご覧ください。[22]

22　いまではインターネット上で、さまざまな音声書き起こし用ソフトが入手できます。Windows用の音声の書き起こし用ソフトには、Okoshiyasu2というフリー（無料）ソフトがあります。Mac用のフリーソフトとしては、Interview Writerが親しみやすいように思います。本格的におこなうのであれば、動画と音声について書き起こしができるELANというフリーソフトがあります。こちらはWindowsでもMacでも利用できます。またトランスクリプションにおいて用いる記号については、たとえば、「高木智世・細田由利・森田笑（二〇一六）．『会話分析の基礎―Basics of Conversation Analysis』ひつじ書房」をご参照ください。

質問：一般的に「空気を読む」と言われる表現は、「構成的規則を判別する」と考えてよいのでしょうか？

回答：「そのつど、どのような規則が用いられているのか判別すること」という意味で、そのとおりだと思います。「空気を読め」と曖昧な言葉で言われても困りますよね。「どんな空気だ？」と問い返したくなります。一言で「空気」と言っても「どのような手続的規則を用いて行為連鎖が組み立てられようとしているのか」、「ある場面におけるそれぞれの参加者がどのようなアイデンティティをもって現れているのか」、「どのような行為や言葉が、どういう理由でそれぞれの所有権に属しているのか」などいろいろあるわけです。「読め」と命令する以上、その人にはこれくらい具体的なレベルで命令してもらいたいですね。

質問：暗黙のルールにおける複雑で理解しにくい部分を、どのように多数派の人びとはキャッチしているのでしょうか？　「普通」は流動的なので、思っていた軸がブレると混乱してしまいます。

回答：多くの場合、普通であることをどうしたらいいか教わっていません。小説の読み方や論説文の読み方は学校で教わりますが、漫画を読むときにどのような順序でそれぞれのコマをたどっていくべきかは誰からも教わらずに身につけていくのと同様に、日常的行為の規則も、誰からも教わらず、人のおこないをただ見ることを通じて身につけていくことが多いと思います。実際に、人のふるまい方からは、その人が何にもとづき、どうあるべきと見なして自分のふるまいをつくっているのか、つまり、そのふるまいをつくるための手続的規則を読みとることができます。そうやって読みとった規則を実生活において用いることができるのです。こうした「研究」と「実践」は、「多数派の人びと」に限った話かどうかはわかりませんが、実生活の中で多くの人たちが実際におこなっていることだと思います。

質問：手続的規則を「習得する」および「距離をとる」とは、具体的に何をどうすることだと言えるでしょうか？

回答：質問と言ってもいろいろな質問のパターンがあるように、おおまかに理解している行為の種類を、もっと細かく場面ごとにとらえ、いろいろな違いをもっていることを理解すること、そして実際に日常生活において実行していくことが一つの「習得」の方法だと思います。その一方で、本章でお話しした規則は、一般的に広まっていて当たり前とされていますが、結局のところ人間がつくりあげたものにすぎません。であるならば、「質問」を成り立たせる規則一つとっても、別の行為のしかた、別の規則の設定はありうるはずだと思います。もし、現行の規則のあり方に対して困難を抱えている人がいるなら、規則を変えたりアレンジしたりすることも、一つの選択肢としてありうると思います。そのためにも、既存の規則を鵜呑みにせず、まずは自分たちがおこなっている行為がどういうものので、どういうはたらきをしているのかを把握する。そういう作業が「距離をとる」という言葉で言いたかったことです。

～コメント：お話を聞いた感想（綾屋）～

長年、「私はどういうわけか普通の人たちのやりとりの知識を得られていないが、きっと何かルールや規則があって、彼らはそれを共有しているはずだ」と考えていたので、「普通の人たちは、ある程度の規則を共有している」という今回のお話は、私の幼少期からの推測を承認するものでした。しかし「普通の人たちは、その場で普通をつくりあげている」というお話は、ハッと視点が変わる想定外のものでした。

では、なぜ私は、多数派の知識を共有できなかったのでしょう。もしかしたら家族全体で逸脱していて、親から教えてもらえなかったのかもしれませんが、それよりも、私個人の音の聞こえ方や人との距離の感じ方など、身体感覚のマイノリティ性によって、多数派の身体感覚がつくり出した規則から自然とずれたり、真似したくてもできなかったりした可能性が高いと、最近は考えています。

とはいえ、最後の浦野先生のお話にもありましたが、多数派のルールについての知識を得た上で、次にどうふるまうかについては、自分の身体性、相手との関係性、その場の状況に応じて、そのつど、決めてよいのだろうと思います。かつての私には「普通のフリ」という選択肢しかなく、過剰適応で心身を壊しました。その経験をふまえますと、「多数派のルールがわかった上で、それに乗るときもあれば乗らないときもある」という自由をいま得られていることは、健康に生きていくための大事なポイントだと感じています。

「他者の発言の引用」による評価のお話は耳が痛いものでした。私自身、人とつながって三年くらい経ち、ようやく普通の会話の模倣をはじめたころ、これをよくやらかしていました。私としては、「相手と話を続けるための話題提供をしなければ」と焦りながら、なけなしの情報として「○○さんがあなたのことをこう言っていた」と、私の評価とは無関係に報告していただけでしたが、相手は必ず怪訝な顔をします。その理由がわからず、しばらく苦労しました。恥ずかしながら当時は、「自分が第三者の意見を引用して、遠まわしに相手を評価している可能性」など思いもしませんでした。いまは気をつけていますが、うっかりやっていることもあるかもしれません……。

参加者の感想

♧最後に先生が言った「ルールは所詮《しょせん》人間がつくったもの。だからルールを変えていくこと」というのが、人間の未来に必要なことだと思います。このことを「自分は普通」だと思っている人たちに伝えていくべきなのではないかと感じました。

♧人は発達過程のうち、どの時期に、いったんできあがったルールを学んでいくのか気になります。

♧私は指示されるのが苦手なので、上司という存在がきらいでしたが、指示するのは上司の立場を維持するため、自分を守るための行為だという考え方や、所有権という概念をもっていなかったので、今回のお話はいろいろこれからの人生に役立つ気がします。

♧今日のお話は、最後に綾屋さんが述べたように、「マジョリティも普通をつくっているのだ」という大きな気づきがあった。だとすると、この普通がよくないとき、方向を変えていくことができるといいなと考えた。支援者（私の立場）としてそれができたら、障害者を受け入れることで、普通者にとっても「よいこと」になるのではないかと思った。

♧みんなは知識に「所有」の概念があるのが意外だった（自分にはない）。

♧普通であるという状態が何であるかボンヤリしていたが、少しわかってきた気がする。すごくおもしろかったし、参考になった（変わっていると言われることについて何かわかった気がしました）。

♧はじめて講演に参加しましたが、『所有権』のかけひき」に日常会話のヒントが見えたと思います。

第6章　ちょうどいい会話のルールってどんなもの？

浅田　晃佑

コミュニケーションの困りごとを抱える当事者からの質問

Q6―1．私は人と話すときに、言葉づかいは丁寧でも失礼な内容を言いがちなようで、よく人に注意されます。しかし、どのようなことが失礼になるのかわからずに困っています。**会話におけるちょうどよさのルールはどのように決まっているのでしょうか。**

Q6―2．私は人と話しているときに、「うっとうしい」「ウザい」と言われやすいのですが、どうすれば適切なのかわかりません。**普通の人はどこまでがOKで、どこからがウザいと感じるのでしょうか。**

Q6―3．皮肉や嫌味を言われても、私はわからないようです。逆に何の悪意もなく言ったことが嫌味として受けとられることもあります。**皮肉や嫌味のしくみを知りたい**と思います。

1. 語用論——会話の文脈を考える

私たちの会話におけるコミュニケーションのおもな道具は言語です。言語の研究をおこなっている学問にはさまざまな分野がありますが、代表的なものは「言語学」だと思います。言語学には音韻論、形態論、統語論、意味論、語用論と枠組みがいろいろあります。音韻論は言葉の音の側面です。私たちは、おもに言葉を音にのせて伝えているので、それを研究する分野です。形態論は語形の変化です。「行く」の語尾が「行きます」「行った」などに変化することについて扱っています。統語論は文の規則です。「私は話す」という文は文法的に正しいので意味が通じますが、音声的・意味的に同じだとしても、「は」「私」「話す」と順番を入れ替えると意味が伝わらなくなります。語を統制する規則、文法とも言い換えられるでしょう。意味論は言葉の意味を研究する分野です。そして最後に語用論という分野が残りましたが、これは、音韻、意味、文法といったはっきりしたもの以外の分野と言われています。話の文脈が重要になる分野です。

たとえば、遠足の日に「今日は最高だ」と言った場合、天気がよければ素直に「そうだね」と理解できますが、すごい大雨だった場合、逆の意味として受けとる推論をはたらかせることになります。このようなことがわかるためには言葉の意味を研究するだけでなく、前後や背景にある文脈を研究しなくてはなりません。このように語用論は、文字通り「語をどのように用いるか」に関する研究分野です。特定の文脈においての言葉の解釈を研究する分野なのです。

例をあげましょう。ある人が「映画館で何を見たの？」と質問して、「映画を見ました」と答えたとしたらいかがでしょう。意味的にも文法的にも問題はありません。しかし「映画館で何を見たの？」と言うときに、映画を見たことは前提となっていますので、回答が「映画を見た」ですと、会話として不十分だと判断されます。ここで語用論的に検討する必要性が生じます。つまり質問者が何を前提として考えていて、回答者に対してどういう答えを欲していたのかを考えることが、語用論の分野だと言えます。

2. 協調の原理――会話はお互いの推論で成り立っている

語用論を発展させたのは、グライスという学者です。哲学者でもあり言語学者でもあるグライスの大きな功績は、**「協調の原理」**と**「グライスの格率」**を提唱したことだと考えられています。「格率」とはわかりやすく言うと「ルール」ととらえてもいいでしょう。[1]

グライスが研究するまで、人の会話はコードモデルで考えられていました。コードモデルとは暗号解読モデルのようなもので、「話し手が何か言ったときに、聞き手はそれとまったく同じものを表している言葉を、暗号もしくは信号として受けとり、それを解読することによって会話を成立させている」とするモデルです。たとえば「きれいだね」と言ったとします。その際、「『きれい』という言葉にはものごとが美しいこと以外に意味はないのだから、誰に話しても意味が伝わる」とするのがコードモデルの考え方です。しかし、もちろん実際は、誰にとっても、どんな状況であっても「きれいだね」という言葉が同じ意味をもつわけではありませんから、コードモデルでは説明できません。そこでグライスは、**会話は人と人との**

協力で成り立っており、そこには**推論がはたらいている**のだと考えました。

たとえば、母親が子どもをしかっている際に「あなた、今度またやったら」でセリフを止めたとしても、子どもはこれまでの母親とのやりとりのパターンから、続きのセリフは「おやつはないよ」であると推論できるでしょう。[2] しかしもし、会話がコードモデルでおこなわれているとしたら、発言した言葉しか伝わらないはずですから、こんなふうに途中で止まった会話の続きは推論できないことになります。このことから、人は会話の目的・方向性についてお互いに推論をつねにはたらかせているので発話を解釈・理解できるのだと、グライスとそれ以降の研究者は考えています。これが一つめの会話の**協調の原理**です。

3．グライスの格率――四つのルール

グライスの功績の二つめは、この協調の原理を会話において遂行するためのルールについて提唱したことです。聞き手が話し手の発話を理解しようとする際に「話し手はこのルールにしたがっているだろう」と推論する際の基本的なルールについてグライスは述べました。もしこのルールが破られた場合は、「それ以外に意味があるのでは？」とさらに推論をはたらかせていきます。このように、人はあくまでもルー

1 「格率」のもともとの英語は「maxim」ですが、日本語では、「格率」「公準」「公理」などと訳されています。
2 ウィルスンD．・ウォートンT．今井邦彦（編）井門亮・岡田聡宏・松崎由貴・古牧久典・新井恭子（訳）（二〇〇九）『最新語用論入門』12章　大修館書店四六ページ

ルを前提にして、それを守っているかどうかを判断し、そして、そのルールが破られた場合、さらに推論をはたらかせて共通理解しているのだ、とグライスは考えています。では、グライスの提唱した四つの格率を見ていきましょう。これらは、**Q6—2「普通の人はどこまでがOKで、どこからがウザいと感じるのでしょうか」**という質問に対する一つのヒントになるかもしれません。

まずは**量のルール**です。一言で言えば**「適切な量の情報を提供せよ」**というものです。しゃべりすぎてはいけないし、しゃべらなすぎてもいけません。さきほどの「映画館で何を見たの？」と聞かれている際に「映画」と回答する例は、情報量が少なすぎるという点でこのルールに違反していることになります。映画のタイトルを答えればちょうどいいですね。一方で、「朝ご飯は何を食べた？」と聞かれて「トーストとホットミルク」くらいの回答でかまわないのに、「食パンをトースターで焼いたあとにバターとジャムをぬって、あとそれから、小さい鍋に牛乳を入れたあとにそれを火にかけて沸騰する直前にコップに注いだんだよね、それから……」とはじまってしまうと、そこまで聞いてないよ、となるでしょう。情報は多すぎても少なすぎてもいけない。これが一つめのルールです。

次は**質のルール**です。これは**「真であると信じていることを言え。偽であるとわかっていることを言ってはいけない」**というルールです。いまみなさんは、ここに集まって話を聞いていますが、まず前提として、私がでっちあげや嘘をつくはずがないと思って、話を聞いてくださっていると思います。ありもしないことを言えば捏造《ねつぞう》になりますから、講義という形式において嘘が語られることは通常、想定されていないわけです。それと同様、日常会話においても、偽りや充分な根拠のないことを言ってはいけないというルールがあると考えられています。たとえば、「どこに住んでいるの？」と聞かれたとき、「私は火星に住んでいる」と答えた場合、人間が生息できる場所の想定を越えているので嘘だと判断され、質のルールの違反ということになります。

続いて**関連性のルール**です。ここで私が会話のルールについて話すと言っているのに、途中から昨日見たテレビドラマや野球の話を語りはじめて、関係のない話をしてはいけない、というルールです。「どんな食べ物が好き？」という質問であれば、答えは食べ物というカテゴリー内から選ばれるであろうと質問者の中では想定されています。しかし、そこで「東京が好き」と返事をしてしまうと、「なんで急に場所の話？　関係ないよね」となるわけです。あくまでも、いま、この瞬間の**会話で想定されている話題に関する話**であることを前提としてやりとりするというルールです。

最後に**様態のルール**[3]です。これまでの三つ（量・質・関連性）は会話の「内容」についてのルールでしたが、これは「明快な言い方をしましょうね」という「方法」についてのルールです。このルールについてグライスはさらに具体的に「**不明瞭な言い方や曖昧な言い方は避けたほうがいい**」「**簡潔な言い方のほうがいい**」「**順序だった言い方のほうがいい**」と述べています。たとえば「いま、何歳ですか？」と聞かれたとき、大人であれば「三七……いや三八……だったかな？」と言うことはありえますが、中学生が曖昧に「一三歳くらいです」と答えた場合は、聞いている人に違和感や不信感を与えるかもしれません。また「今日は何をしていたの？」という質問に「今日は池袋に行って、服を買ったんだけど、あ、その前に友だちに会ったんだよね、原宿でお茶して。で、スカートを買ったときに、バーゲンでさ、お茶はハーブ

3　「様態」とは英語の「manner」を訳した言葉です。

図１：グライスの格率—様態のルール

ティを注文して、おいしかったのよ。そしたら友だちが『そのスカートちょっと生地が薄くない？』って言うわけ」というように、時間軸にそった行動の順番を逸脱し、しかも長々と話されると、聞いている人は混乱してしまいます【図1】。ですから、相手にわかりやすい方法で話しましょうというのが四つめのルールです。

4. ルールを違反することによる効果

以上が、グライスの提唱した四つのルールです。もっとも、これらのルールを聞いていると、ルールが両立せず相反する状況が生じる可能性にお気づきになるかと思います。「真実を正確に伝えたつもりだったが情報が多すぎた」「簡潔に述べようとしたら関連性からはずれた」といったルールのバッティングは、相手との関係性やその場の状況に応じていくらでも生じる可能性があります。また、ルールの運用自体には問題がなくても、前提知識を共有していないために「適切さ」がすれ違ってしまうことも当然生じます。グライス自身、これらのルールは「すべてがつねに守られるべきルールである」とは考えてはいません。

また、ときには、このルールに違反することで、何かそこに特別な意味[4]をもたせ、会話の効果をより高めることもできます。たとえば、「きれいだね」というセリフが、散らかった子ども部屋を見た母親から息子に対して述べられたとします。「本当は部屋が汚い」という事実は一目瞭然、母親と子どもとのあいだで共有されていることだとすると、母親は「偽であるとわかっていることを言ってはいけない」という質のルールを破っていることになります。でも、そのような使い方をすることで、汚いことをより強調する効果をもたらしています。このようなケースは、**Q6―3「皮肉や嫌味のしくみを知りたい」**という質問に対する、一つの説明になっているかもしれません。

他にもたとえば、汚職事件を起こした政治家が、記者会見の場で「企業からの献金の使い道は?」と聞かれて「それに関しては今後も政治活動を頑張ります」と言ったとしたら、これは答えているようで答えておらず、関連性のルール違反です。この場合は答えたくないので意図的に話を逸《そ》らしている可能性がありますが、記者は使い道を聞いているのですから「マンションの購入に充てました」などがルールを守った答えのはずです。このように関連性のルール違反は、急な話題の転換というかたちで現れることがあり、

4 これをグライスは「推意(言外の意味)」とよんでいます。

そのことによって聞き手は「何か言いたくない不都合なことがあるのだな」などと推論できます。

様態のルールのうち「曖昧なことを言ってはいけない」というルールを違反することで、よい効果を発揮する会話のやりとりもありそうです。優秀なスポーツ選手が「これまで獲得したトロフィーの数は?」とインタビューされた際、もし正確に数を把握していて、本当は七四個だとわかっていても、「そうですね、七〇くらいですかね」と曖昧に答えたほうが、印象がよさそうな気がします。ここで「昨年の大会では優勝と準優勝を合わせて全部で七つ、二年前には国内大会で優勝した分と世界大会で三種目出場したので全部で五つ……」と細かく説明されてしまうと、いくら正確であっても「なんだか偉そうに過去の栄光に固執している」と見られてしまうかもしれません。

5. ブラウンとレビンソンの「ポライトネス理論」

以上のようなグライスのルールは、意思伝達の達成に主眼を置いて提唱されたものですが、コミュニケーションにおいて大切なのはそれだけではないと、後《のち》の研究者たちによって考えられています。ここで、**Q6―1「(相手に対して失礼にならないような)会話におけるちょうどよさのルールはどのように決まっているのでしょうか」**という質問をふまえてお話ししてみようと思います。

こちらに悪気がないのに相手に不快な思いをさせたり、相手を怒らせてしまったりすることは、おそらく誰にとっても避けたいことだと思います。しかし実際には、自分以外の生徒たちが先生に対してくだけた口調で話しているので自分も真似をしたら、自分だけその先生から「失礼だぞ」と怒られたり、よく知らない同僚なので敬語で話していたら慇懃《いんぎん》無礼《ぶれい》だと思われたりするといった調整の難しさは、多かれ少なかれ誰の身にもふりかかることでしょう。つまり敬語を使っていればいつも必ず相手を不快にさせずに済むというわけではありません。「会話において相手が心地よいと感じる」という広い観点で「円滑な人間関係を確立・維持するための配慮」を考えたとき、私たちは相手や状況に応じて、敬語を使うかタメ語を使うかを判断する必要に迫られています。

このような、単なる言葉づかいを越えた**「会話において相手が心地よいと感じる、円滑な人間関係を確立・維持するための配慮（＝ポライトネス）」**について述べているのが、ブラウンとレビンソンが提唱した**「ポライトネス理論」**です【図2】。[5]彼らは、人の基本的欲求には、

①他者に受け入れられたい・好かれたいという「プラス方向の欲求」である「ポジティブ・フェイス」

②他者に邪魔されたくない・立ち入られたくないという「マイナス方向の欲求」である「ネガティブ・フェイス」

という二つの側面があると考え、相手のもつこの両方の側面に配慮することがポライトネスであると述べました。

5　ブラウンとレビンソンは、ポライトネスを、丁寧・丁重という辞書的な意味で用いているのではなく、「円滑な人間関係を確立・維持するための配慮・行動」としている点に注意する必要があります（参照：宇佐美まゆみ（二〇〇二）：「談話のポライトネス―ポライトネスの談話理論構想―談話のポライトネス（第7回国立国語研究所国際シンポジウム報告書）国立国語研究所　九―五八）。

図2:ブラウンとレビンソンが提唱した「ポライトネス理論」
——ポジティブ・フェイスとネガティブ・フェイス

この理論をふまえますと、タメ語は相手が「もっと距離を縮めたい」と思ってくれているときに有効な「ポジティブ・フェイス」に配慮した行動としてはたらき、敬語は相手が「自分の領域を侵害されないように距離をとりたい」と思っているときに有効な「ネガティブ・フェイス」に配慮した行動としてはたらきます。そうなると、相手が「もっと距離を縮めたい」と思っているのにもかかわらず敬語を用いていると「よそよそしい」「打ち解けてくれない」という印象を与えて相手を不快にさせ、かえって失礼になる「慇懃無礼」というケースも生じ得ます。また、たとえ初対面であったり、はっきりとした上下関係があったりしても、相手が「もっと距離を縮めたい」と思っていれば、タメ語であっても失礼にならず、むしろ円滑な人間関係構築に有効にはたらくということになります。このように、ブラウンとレビンソンは、円滑な人間関係を確立・維持するための行動をポライトネスととらえ、言語的に丁寧な表現（つまり、敬語）を使いさえすれば、いつもポライトな行動（つまり、円滑な人間関係を確立・維持するための行動）になるというわけではないということを理論化しました。

6. リーチの「ポライトネスの原理」

また、リーチという言語学者はさきほどのグライスの格率を応用し、補完するかたちで、「ポライトネスの原理」を唱えました。彼はポライトネスの原理として**「聞き手にとって好ましくない信念（＝考え）の表明を最小限にせよ」「聞き手にとって好ましい信念（＝考え）の表明を最大限にせよ」**ということを述べました。さらにその原理を守るための六つのルールをあげています。

一つめは**気配りのルール**です。これは**「他者の負担を最小限に、他者の利益を最大限にせよ」**というものです。たとえば「電話に出なさい」という命令文と「電話に出ていただくことができますでしょうか」という依頼文を比べると、依頼文のほうが、聞き手が「電話に出なければならない」負担の度合いが減り、「電話に出るかどうかを選べる」という利益が増えた表現になっています。よって依頼文のほうが気配り度の高い表明であるということになります。

二つめは**寛大性のルール**です。これは**「自己の利益を最小限に、自己の負担を最大限にせよ」**というものです。一つめの気配りのルールが他者に焦点を当てているのに対し、こちらは自己に焦点を当てている点が異なりますが、結果的に同じ効果を発揮するため、この二つのルールは対《つい》になっていると言えるでしょう。たとえば「庭の柿が採れすぎちゃったのよ。いくらでも、もっていってね」と言って、ご近所に柿をふるまったとします。「庭の柿が採れすぎた」という表明は、「本当にもらってもいいのかしら」と心配する相手の負担を軽減させる気配りの効果があるでしょう。「いくらでも、もっていってね」という表明は、話し手自身の利益が減ることを示していますので、寛大だという印象を与えるということになります。

三つめは**是認《ぜにん》のルール**です。これは**「他者への非難を最小限に、他者への賞賛を最大限にせよ」**というものです。「あの人はちょっとうっかりしているところもあるけれど、思いやりがあって筋の通った立派な人ですよ」というように、他者のマイナス部分は印象が薄くなるように配慮し、プラスの部分を大きめに伝えるほうが、人と人との関係は円滑に回ることでしょう。

四つめは**謙遜《けんそん》のルール**です。これは**「自己への賞賛を最小限に、自己への非難を最大限にせよ」**というものです。「私のつくったクッキーです。つまらないもので本当に申し訳ないんですけれど、私にしてはうまくできたほうだと思うので、もしよければご自由にお取りください」というように、是認のルールとは対照的に、自分のことの場合はマイナス部分を大きめに、プラス部分を小さめに伝えるように配慮するというルールです。この是認と謙遜のルールも、気配りと寛大性のルールのように、対になっていると言えます。会話のやりとりの中でセットになって現れることも多いかもしれません。たとえば「本当に歌がお上手ですね」「いえ、声が悪いので聞き苦しくてすみません」といった会話はお互いに配慮をしている、よくあるやりとりだと思います。

五つめは**一致のルール**です。これは**「自己と他者との意見の相違を最小限に、一致を最大限にせよ」**というものです。ワインを飲みに行って「おいしかったね」と相手に言われたけれど、自分は最後に飲んだワインは酸味がきつくていまいちだったなぁと感じているとします。でも、そこで「えー、私はそうは思わない。最後のワインがまずかったわー」と返事をしてしまったら相手の気分は台なしです。「ほんとにすばらしかった！　最後のワインはちょっと酸味が強かったから、今度はチーズを追加してみようかなー」と大いに意見の一致を示して少しだけ意見の不一致を述べるくらいが望ましいだろう、というのがこのルールです。

六つめは**共感のルール**です。これは**「自己と他者との反感を最小限に、共感を最大限にせよ」**というものです。海外旅行に行ってきた友人の土産話をうらやましく思いながら聞いていたときに、友人が「でも後半の天気が悪かったのにはがっかりしたよ」と言ったとします。しかし、そこで「海外に行けただけいいじゃないか」と返してしまっては角が立ちます。「天気に恵まれなかったのはさぞ残念だったろうね。でもまあ楽しんで無事に戻ってこられてよかったじゃない」と、共感を大きく、反感は小さくしましょうというのがこのルールです。このあたりのことは、小泉（二〇〇一）[6]や山岡・牧原・小野（二〇一〇）[7]が参考になります。

7．スペルベルとウィルソンの「関連性理論」

ここまで私たちは、「何気なくやりとりしている会話の中には、自然と生み出されたルールがある」という語用論の研究を見てきました。では、これらのルールが「自然と」生み出される、多数派の人びとの特徴は、どのようなものなのでしょうか。

ここで、スペルベルとウィルソンが提唱した「関連性理論」を紹介します。[8] グライスの格率では関連性とは何かについての定義が曖昧なだけでなく、どのような多数派の認知的特性がこうしたルールと関係しているのかについての説明も、十分に検討されていませんでした。それに対してスペルベルとウィルソンは「『関連性のある情報』とは、不必要なコストなしに、できるだけ多くの認知環境（ある人が頭に浮かべることのできる想定の集合）の改善をおこなう情報である」と、定義を明確に記述しました。これをもう少し解説しましょう。

新しい情報と、すでにもっている情報を突き合わせた結果、頭の中にある想定の更新が起きたとします。

どのくらい更新されたのかを、新しい情報がその受け手にもたらした「認知効果」とよぶことにしましょう。一方、情報を得るにはエネルギーや時間といった「処理労力」も必要ですね。認知効果を分子に、情報の処理労力を分母にとって、おおまかに認知効果／処理労力として表現されるものが、受け手にとってその新しい情報がもつ「関連性」として定義されます。その上で、人には「情報を交換する際に、関連性が最大化するような、効率的な表現で伝えようとするし、聞き手もそれを前提として解釈する」という情報処理の傾向がある、としました。多数派にとっては自分の認知特性にフィットしたルールであるため、ルールを意識しなくても自然と「ちょうどよさ」が同じくらいに揃《そろ》うのだろうと考えられます。

たとえばAさんとBさんが一緒にいて、Cさんを見かけた際に、

Ａ「あ、Ｃさんだ」

Ｂ「変わったね」

Ａ「失恋？」

という会話のやりとりがあったとします。最後のAさんのセリフを見ると、直前のBさんのセリフとつながりがないようにも思えますが、Aさんは「BさんがCさんの何が変わったと伝えたいのか」を理解した上で、自分のセリフを続けているので、自然な会話と感じられます。こういうとき、グライスの格率の関連性のルールよりも、スペルベルとウィルソンの関連性理論を使ったほうが、うまく説明できるのではな

6　小泉保（編）（二〇〇一）．『入門語用論研究――理論と応用――』研究社
7　山岡政紀・牧原功・小野正樹（二〇一〇）．『コミュニケーションと配慮表現――日本語語用論入門――』明治書院
8　今井邦彦（二〇〇一）．『語用論への招待』大修館書店

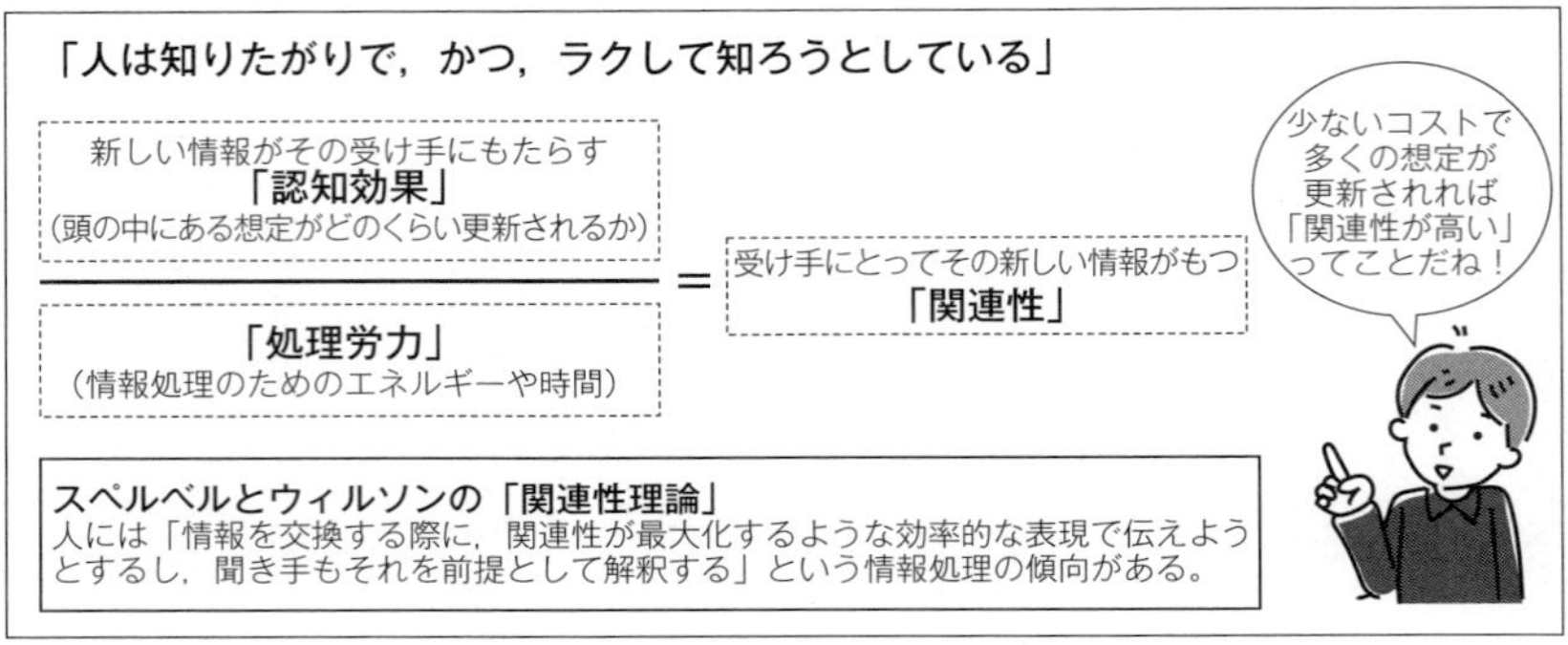
「人は知りたがりで，かつ，ラクして知ろうとしている」

新しい情報がその受け手にもたらす
「認知効果」

（頭の中にある想定がどのくらい更新されるか）

「処理労力」

（情報処理のためのエネルギーや時間）

＝

受け手にとってその新しい情報がもつ
「関連性」

少ないコストで多くの想定が更新されれば「関連性が高い」ってことだね！

スペルベルとウィルソンの「関連性理論」

人には「情報を交換する際に，関連性が最大化するような効率的な表現で伝えようとするし，聞き手もそれを前提として解釈する」という情報処理の傾向がある。

図３：スペルベルとウィルソンの「関連性理論」

いかと思われます。Bさんは新しい情報をAさんに伝える際に、できるだけ余計なことを言わずに少ないコストで伝えようとしています。Bさんは「世界の何かが変わった驚き」を伝えたいのだということがわかる。しかし、論理的に考えると、この発話だけでは世界のうちのどこがどんなふうに変わったことを言っているのか確定しません。Aさんは、おそらくBさんが驚いたのは「Cさんの髪が短くなったこと」だろうと理解したのですが、なぜそうした推論が可能かというと、「Bさんは、処理労力を最小化するような表現をしているはずだ」という関連性理論の仮定を、AさんがBさんに適用したからだと説明できます。AさんもBさんも、Cさんの姿を目で見て共有しています。顔の中で、視覚的には髪が一番目立つし、面積が大きいわけです。もっとも目立つところを処理すればコストがかからない（分母が小さい）はずなので、AさんはBさんの言ったことが理解できたわけです。

他にも、Bさんが指摘したかったのはCさんの「洋服が変わった」ことだったという可能性もありますが、洋服は毎日変わるものなので、変わったとしても意外性＝認知効果は小さく、取り立てて新しい情報として伝えたい内容ではないだろうと考えられます。「**少ない労力で効率よく新しい情報を伝達するはずだ**」という**前提を共有**しているから、「いまは髪のことを言ってるんだよね」と判断できるわけです。これが関連性理論です【図3】。

これは、とてもシンプルな理論です。この理論では、関連性を高くすることを前提とするルールを人はもっていて、推論に期待することで、コストを減らしてコミュニケーションができるのだとしています。「髪型がロングからショートに変わった」と全部話すと、表現のコストがかかりますので、「変わったね」だけで理解できるなら効率的です。人は関連性の高い情報を求め、お互いがそうであることを前提としてコミュニケーションをおこなっている。そして、情報の関連性は、①「頭の中にある想定をどのくらいい更新させうるものか」、②「情報処理に必要な労力はどれくらいか」で決定されます。これらが、関連性理論において重要な点です。

8. 文脈の種類

では、「ある情報が新しい情報であるかどうか」、言い換えると、「認知効果が大きいか小さいか」は何で決まるのでしょうか。一つの答えは、その情報が置かれる文脈です。文脈と言っても、**物理的文脈**(Physical Context)、**言語的文脈**(Linguistic Context)、**一般知識的文脈**(General Knowledge Context)の三つがあると、ある研究者が指摘しています。[9]

9　Ariel, M. (1990). *Accessing noun-phrase antecedents*. London: Routledge.

一番目の物理的文脈は、情報を交換するために発話がおこなわれた時空間的状況です。大学のゼミを例にしてみますと、誰かが「発表者お疲れさまでした」と言ったとき、「発表者」がさしているのは発表した学生のことです。同じセリフが国会議事堂で発話されたならば、「発表者」がさしているのは学生ではなく、政治家や官僚のことかもしれません。

二番目の言語的文脈は、同じ会話内で先行する発話のこと、と言い換えてもよいでしょう。たとえば、「さっき会話のルールについて説明しましたが」と私が発言したとしたら、グライスらの会話のルールのことだな、と推論できます。それが言語的文脈です。

三番目の一般知識的文脈は、会話に参加している人が持っている知識のことです。関連性は、ある人が持つ知識をどれくらい更新させたかで決まりますので、持っている知識自体が違うと、関連性も変わってきます。たとえば、ある有名コーヒーチェーンのコップを持っている同僚がいるとします。私にとっては、コップに描かれているロゴからそのコーヒーはどのコーヒーチェーンで購入したかは明らかです。そこで、私が同僚にそのコーヒーチェーンが近所のどこにあるのかを聞きたくて「それはどこで買ったの？」と聞いたところ、同僚はコーヒーチェーンの名前を答えたとします。ここで、私が前提としていたのは、「私も同僚もそのコーヒーは有名コーヒーチェーンで購入したことはわかっている」というものでした。しかし、同僚はコーヒーチェーンのお店の場所を答えるのではなく、コーヒーチェーンの名前だけを答えたので、私の認知環境に改善は見られませんでした。つまり、同僚の返答は「関連性」が低い情報だったのです。しかし、同僚は「私が、同僚が有名コーヒーチェーンでコーヒーを購入したことを知らない」と考えていたので、同僚はこの発言であれば私の認知環境の改善が十分見込めると考えていたのです。これは―

般知識的文脈が異なる者同士だと、同じ情報でも関連性が異なり、コミュニケーションがずれるという例です。このように話し手と聞き手の一般知識的文脈のずれが原因でうまく推論がはたらかないことがあります。何が新しい情報かを定義するときには文脈が大事になりますが、一般知識的文脈には個人差があります。したがって、ある情報が、Aさんにとっては新しい情報でも、Bさんにとってはそうではないということが起きるのです。

処理労力にも個人差が生じます。たとえば、言語的文脈に関していえば、先行する発話のうち、どれを覚えているかに個人差があるでしょう。同じ講義を受けていても、人によって、私の話のどの部分をよく覚えているかはさまざまです。**記憶の特徴が異なる者同士**だと、同じ情報でも関連性が変わり、コミュニケーションがずれる場合もあるはずです。また、同じ物理的文脈に置かれていても、どういうところに注目するのが楽かは人によって異なります。「変わった」と言われて髪に注意を向けるほうが楽な人がいる一方で、眉毛など、細かいところに注意が向かう人もいます。「変わったというけど、眉毛のことだろうか」と考えているあいだに、次の会話になってしまうでしょう。これは、**注意の方向や細かさが異なる者同士**だと、同じ情報でも関連性が異なり、コミュニケーションがずれるという例です。

逆に一般知識的文脈、記憶の特徴、注意の方向や細かさなどが類似したマイノリティ同士であれば、マジョリティ同士がつくり出す多数派のルールとは異なるルールを、うまく生み出せるかもしれません。つまり、似ている特性をもっている人たち同士が集まる空間で話すと、お互い共有しているものが多いので通じやすいということがあっても、不思議ではないのです。

9. おわりに

今回お話ししたことをまとめますと、まず「会話における協調の原理と会話の格率」からはじまり、「ポライトネスの理論・原理」という語用論の新たな展開の話をしました。さらに、よりシンプルな理論で会話のルールを説明しようとする「関連性理論」についてもお伝えしました。しかし、これらの理論では、個人差についてはほとんど検討されていません。確かに、人間共通の傾向はあるはずですが、たとえば、関連性理論で見たように、処理労力などで個人差は存在する可能性があり、それがミスコミュニケーションの原因になっているケースもあるはずで、今後は、個人差を考慮に入れた研究が重要になってくるでしょう。

これまでの議論をふまえますと、コミュニケーションを成立させるためには、「文脈」をすりあわせるか、どの情報を取得するかという「注意」をすりあわせるか、文脈と情報をふまえて発話を解釈する「推論の形式」をすりあわせるかなどの方法がありそうです。このうち、注意や推論形式を多数派に揃えようとすると、少数派には多大なコストが必要になりそうですが、文脈を共有しようとすることは他の方法に比べれば容易かもしれません。たとえば、文脈になじみがなく勘違いの不安があるときは確認して文脈の一致を試みたり、「文脈」を共有している可能性が高い人が集まる場（マイノリティ同士が集まるグループなど）に参加したりすることなどがあげられるでしょう。

Q&A:一問一答

質問:この会話のルールというものは、外国でも共通する全世界的、人間なら常識といったようなルールなのでしょうか? 文化的文脈により、何らかの差が出てくることはないのか。あるいは、そういう問題に関する研究があるのかお聞きしたいです。

回答:私見と、実際のデータにもとづいてお答えします。私見としては、グライスのルールはよりよい情報伝達の達成のためのものなので、比較的、文化の違いを越えて共通していると考えられます。私たちが研究したデータでも、グライスのルールを子どもから大人になるにしたがってどう獲得するかを調べましたが、日本の文化圏でも大人になるにしたがってちょっとずつわかるようになるという結果でした[10]。

一方、リーチのルールのほうは、「こういうときに謙遜する」など、より文化にかかわるものだと思います。また、婉曲表現など、どの程度間接的に自分の要求を表現したほうが、会話が円滑に進むかということにも文化差があると考えます。円滑な人間関係を築くためのコミュニケーション行動の研究は異文化間ミスコミュニケーションの解決にもつながっていきますし、このことは非英語話者が英語を学ぶ場合、非日本語話者が日本語を学ぶ場合など、第二言語習得とも密接にかかわる重要な研究領域だと言えます。

10 Okanda, M., Asada, K., Moriguchi, Y., & Itakura, S. (2015). Understanding violations of Gricean maxims in preschoolers and adults. *Frontiers in Psychology*. 6:901. doi: 10.3389/fpsyg.2015.00901

質問：会話のルール……こういうのって教えられたことがなかったと思います。でも、人は、どうやって、そういう会話のルールがあることを知っていくのでしょうか？

回答：子どもが徐々にグライスのルールを理解できるようになるという研究を紹介しましたが、ルールというのは成長とともに、徐々に獲得していく側面があります。他方で、生まれもった人間の情報処理の傾向が、ルールを生み出しているという理論もあります。つまり、ルールを後天的に学んでいくだけではなくて、人間の心の傾向がルールを生み出しているのではないか、ということです。今回紹介した関連性理論は、関連性を最大化したいという心の傾向があり、それをお互いが共通にもっているため発話の解釈が可能になるという理論を提案しています。

質問：私は会話の中での「情報量が少ない」傾向にあります。「どうせ他人にはわかってもらえない」「どうせ他人は私のことに興味すらない」といった気持ちになっているときに「情報量が少ない」会話になります。これは、自尊感情の低さからくる、自我防衛機能だと推測するのですが、浅田先生の意見をお伺いしたいと思います。

回答：グライスのルールは、よりよい情報伝達の達成を目ざしたものです。そして、スペルベルとウィルソンの関連性理論も、認知効果を処理労力で割ることで、情報伝達の効率性を厳密に定義したものと考えられます。一方で、私たちの会話で重要なのは、情報伝達の効率性がすべてではありません。たとえばリーチが示したのは、効率性以外の社会的な要因が、いかに円滑なコミュニケーションにおいて重要かについてだと考えられます。その意味で、他にも情報伝達の効率性に違反することで守れるものがある、という点は確かにあります。少なく話すことで自分を守るというパターンをもっている人が、情報の伝達を優先してたくさん話した結果、それなりにその場のコミュニケーションは成り立ったものの、あれこれ思い返して「あんなこと言わなければよかった」とあとからしんどくなるということもあるでしょう。グライスのルールや、スペルベルとウィルソンの理論というのは、あくまでも「情報の伝達をいかに達成するか」をメインに置いた理論であると、とらえたほうがいいのではないかと私は思います。

質問：話す情報量が少なすぎる、多すぎるというのはときどきによって違いますが、どうやって決まるのでしょうか？

回答：関連性理論はまさにこの問いに答えようとしたもので、グライスの量のルールでは曖昧だった点をより具体的に表しています。関連性理論において、情報量が少なすぎるというのは分子の認知効果が小さすぎること、情報量が多すぎるというのは分母の処理労力が大きすぎる状態と言え、どちらも関連性が小さくなりすぎているとまとめることができるでしょう。一方で、「事前に持っている知識はどのようなものか」「どの情報に注意を向けやすいか」「どのような文脈を利用できるか」「どのような推論形式をもっているか」といった相手側の要因が変われば、関連性の大小も変化しますので、指摘にあるように、「少なすぎる、多すぎる」の線引きはときどきによって違います。したがって相手側の要因を予測しながら関連性を最大化しなくてはならないのですが、その予測は、互いに特性や経験の近い多数派同士や、少数派同士のほうが当たる確率が高くなるという仮説をいま、私は立てています。

質問：なぜ、上司や親の「関連性の違反」は許されてしまうのでしょうか？　たとえば、社員や子どものちょっとした相談に対し、上司や親が「それより、もうあの仕事（宿題）はできたんだよな」「お前は就活に失敗しているじゃないか」と詰問するケースが思い浮かびます。

回答：個人的にこの質問はおもしろいと思いました。いかにもよくありそうです。私の個人的な経験だと、エラい教授が懇親会でずっとしゃべってしまっていて、こちらは質問できないということがしばしばありますし、また、急に話が飛ぶこともあり、量のルールや関連性のルールの違反が生じているなと思います。このように、情報の伝達性だけで会話のルールのすべてが説明できるわけではなく、上下関係など、さまざまな社会的立場がルールの逸脱に対する許容性に影響を与えると思います。[11]

～コメント：お話を聞いた感想（綾屋）～

今回のお話で伺った会話のルールについては、「たしかに私はこれらのルールをなんとなくわかっていて、それらにのっとって調整してきた」と思いました。にもかかわらずときどき、想定外のずれが生じてしまうのでびっくりしてきたのですが、いま思えばそのずれは、社会的多数派とは異なる身体特性や経験から生じた規準の違いでしょう。たとえばグライスの格率でしたら、多くの人びとより記憶量が多かったり少なかったりする身体であれば「量のルール」の規準が異なり、現実と妄想の区別が曖昧な身体であれば「質のルール」の規準が異なってきます。連想の多さや少なさは「関連性のルール」の規準を、記憶の鮮明さや曖昧さは「不明瞭さのルール」の規準を、時間軸なくスナップショット的に思い出す身体は「順序立てて話すルール」の規準を、それぞれ異なるものにするでしょう。

また、ポライトネスの原理においても、私が仲間と話すときと、多数派の人びとと話すときでは、優先する原理を変えているように思います。たとえば、「あなたは今回、来なくていいです」とか、「お金を払ってくださいね」など、ちょっと伝えづらい内容のときに、多数派の人びとに対しては、「ご遠慮いただきます」「ご了承ください」などの遠回りした敬語を使って「聞き手にとって好ましくない表現を最小限にする」ことで丁寧さを表そうとしていますが、その言葉づかいを仲間に対して使ったら、「行っていいの？　悪いの？」「お金を払うの？　払わないの？」と混乱させてしまい、「相手の負担を最小限にする」という気配りのルールから逸脱するため、かえって失礼になる可能性が高くなります。そのため「必要ありません」「お支払いください」と明確に表現するように心がけています。

このように、どのくらいの情報量をどのようなかたちで伝えるかについて、私たちは相手の身体特性や経験を推し測りながら調整し続けているのだなと思いました。そういえば、第5章では「人はそのつど『普通であることをおこなうこと』によって、自身を普通の人としてつくりあげている」ということを学び、今回のお話でも「会話は人と人との協力で成り立っている」とするグライスの考えを学びました。「普通を維持するやりとり」とは、どうやら普通の人にとってもつねに推し量り続け、探りながら話してみるという、緊迫感のある行為なのかもしれません。

11　社会的立場と会話のルールについては第5章「8．『所有物』としての行為・発言」（一九一〜一九四ページ）、「9．知識による所有／経験による所有」（一九五〜一九九ページ）も合わせてご参照ください。

参加者の感想

♣ 自分や周りの人間に対してとても役に立つ講演に感謝しています。私は支援職でもあるのでとても有効に情報を使うことができています。

♣ 一見、わかりきったようなことを、細かく分析・研究して言語化する研究者、専門家のすばらしさを感じた。研究頑張ってください。／格率のやぶり方の格率を知りたい。／違った専門家同士の意見交換や、違った意見の先生の意見交換を聞いてみたい。

♣ コミュニケーションは推論によって、とらえ方によって状況が変わると思った。

♣ 学問の中でもコミュニケーションの中の暗黙のルールを分析、記述するのは例外の例外が出てきて困難なことなのだとわかってよかったです。

♣ 今回のルールのお話、とてもおもしろかったです。いつも子どもとの会話が成り立たず、「おかしい」というのはわかっても、何がおかしいのかが具体的にわかりませんでした。今日のお話を聞いて、明確になりました。これから改善しやすくなると思います。

♣ 普通の人びとも会話の中で、グライスの格率をやぶることを繰り返し、それを途中で修正しながら、(脳の中だったり、言語だったり) 会話をしていると認識しました。修正の継続性の課題では、普通の人はルールを逸脱したときは「笑い」に転化できるのでは、と思いました。また推論からはずれるときにも、普通の人は「笑い」になること・「笑い」にすることで会話＝関係性を維持することができるのではと思いました。

♣ 多数派と少数派の違いを知ることとは、両者を分けることではなく、多数派+少数派のコミュニケーション理論(=メタコミュニケーション?)を創ることなのかなあと感じました。

♣ 今回は言語学からのアプローチで、何気ない会話について整理された気がしました。情報量の多少の判断のつけ方、どうすれば順序立てて話せるのかなどのコツや方法についても知りたかったけれど、後半の説明で、難しいことがわかりました。

♣ 言葉の意味が通じる、ということと、それが自然でちょうどよいと感じること、その二つは、だいぶ違うことなのかもしれないなと思った。何が「自然」で「ちょうどよい」のか……(逆に言えば、「不自然」って、どうして不自然なのか?)それが知りたいことなのだけれど、たぶんそう簡単にははっきり答えの出ない問題なのかもしれないと思う。

♣ コミュニケーションの前提や背景の多重さをどこまで把握できるのかという個人差は相当あって、その個人差で人間性が判断され差別されやすい社会は、多数派にも生きにくい社会なのだと思う。

♣ 格率をまとめたかたちでのお話、おもしろかったです。しかし難しいですよね、丁寧さというのは、嫌味だったり、皮肉だったり、逆にとっても失礼になってしまったり……。そう受けとられないようにカムフラージュ(私はいつも、ここに苦労しています)するようになると、ますます「ルール違反のしかた」が複雑になって……この続きこそ聞きたい。

♣ 前に、自分が案内したバーで、あまりしゃべらなかったら、一緒に行った人にあとから怒られました。それを思い出して、あのとき私はルールからはずれていたのだと改めて納得しました。

第7章　いじめのしくみってどうなっているの?

荻上　チキ

コミュニケーションの困りごとを抱える当事者からの質問

Q7−1．ずっといじめに遭《あ》ってきましたが、いまだに何が原因なのかわかりません。「いじめはいじめた側が悪い」という理論はありがたいのですが、悪い／悪くないという責任問題を越えて、**そもそもいじめはなぜ起こるのか、どのようなメカニズムになっているのか**が知りたいです。そうでなければ避ける方法がわからないままです。

Q7−2．自分は比較的、他の人より多くいじめの対象になっていたように感じます。**多くの人はいじめられないためにどのような工夫をしているのでしょうか。**

1．はじめに

私が代表を務めるNPO法人「ストップいじめ！ナビ」では、二〇一二年からいじめ対策のプロジェクトに取り組んでいます。日本でいじめが社会問題として扱われるようになり、文部科学省が統計をとりはじめたのは一九八四年ですが、マスメディアでいじめ問題が取り上げられる様子だけを見ていると、それから三〇年たった今でもあいかわらず、いじめの問題に対する研究や対策がほとんど進んでいない印象があるように思います。しかし、いじめの研究には多くの人が取り組んでおり、いじめに関する社会理論化や統計分析データの蓄積によってさまざまな事実がわかっています。この章では、事例や研究のデータをふまえて、一つめの質問である**Q7―1「いじめはなぜ起こるのか、どのようなメカニズムになっているのか」**にお答えするつもりで、いじめの実態についてお話ししていきます。

2. いじめが発生しやすい時期・時間帯・場所・対象

まず、いろいろな統計を見てみますと、日本でいじめが発生しやすい時期はとくに二学期になります。認知件数ベースでもっとも報告されているピークの学年は中一～中二ですが、子どもたちに直接アンケートをとった場合では小学校のほうが件数は多いです。一方、中学校のいじめのほうが長期化しやすいというデータもあります。小学校は暴力的でわかりやすいいじめが多いけれども、中学・高校になるにつれてコミュニケーション操作系のいじめなど、証拠が残りにくいいじめの割合が増していきます。

一日の中でいじめがいちばん発生しやすい時間帯は休み時間であり、場所は、小・中学校の場合、教室や廊下、階段などになります【図1①】。また、ターゲットとして多いのは同性の同じクラスの子を対象としたいじめであり【図1②③】、女子が男子をいじめたり、上の学年から下の学年をいじめたりする、異性間・異学年のいじめはそれに比べてかなり少ないです。

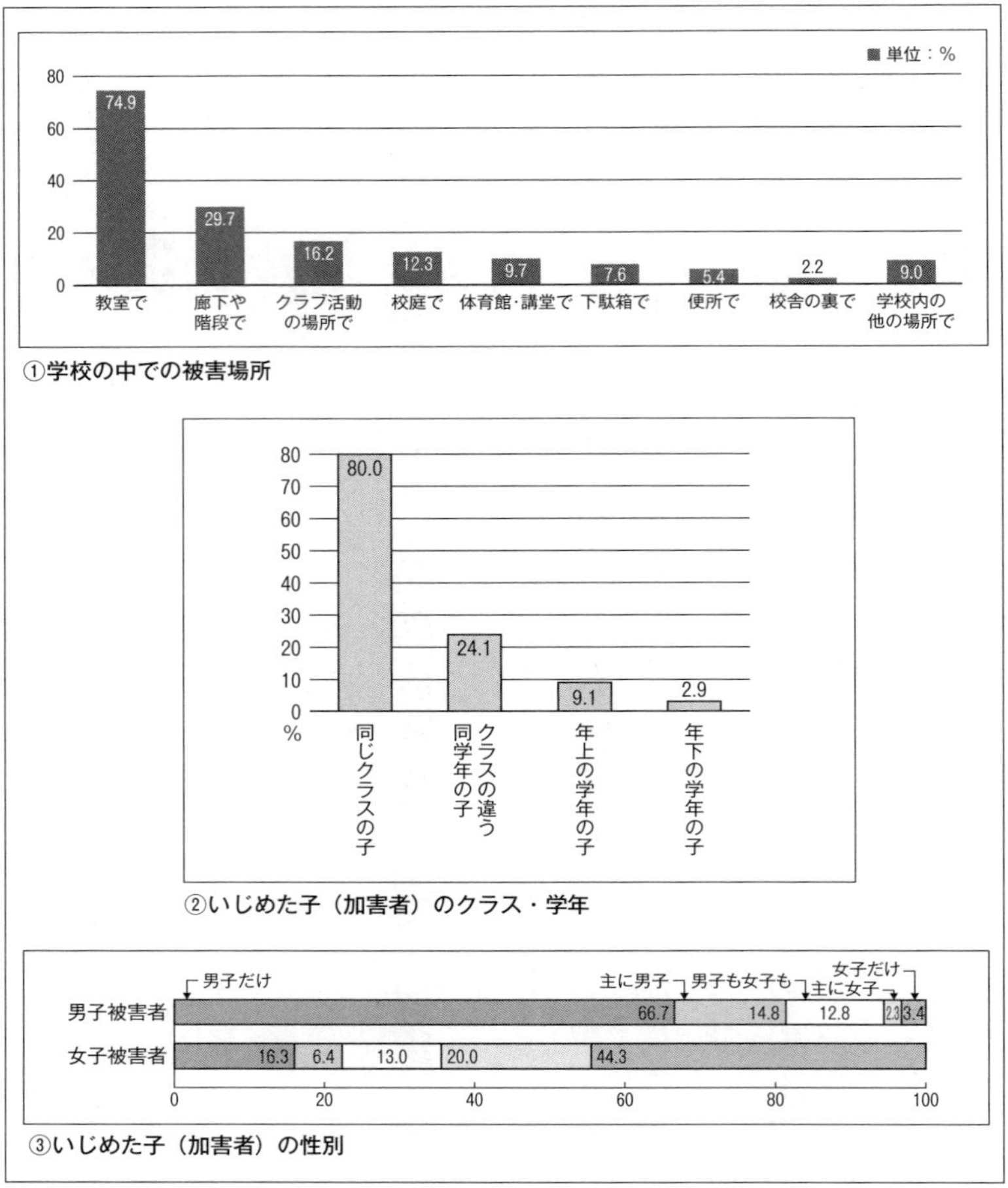

図 1 ：いじめの傾向—場所／被害者と加害者の関係（クラス・学年・性別）

森田洋司ほか（1999）．『日本のいじめ』金子書房この「同じクラス」で「同性」に対して「休み時間」に「教室や廊下」においていじめが起きやすい要因の一つとして、教員の目が離れた五〜一〇分間の空白の時間を教室で過ごさなくてはならないため、そりの合わない相手から逃れられず、ストレスの発散が困難だということがあげられます。気に食わないならば干渉しなければいいように思いますが、そのコントロールやマネジメントができないために、いじめが発生するというわけです。

また、いじめは「日本特有の現象」ではなく、世界のそれぞれの国や地域で起こっています。最近の国際比較データを見ても、日本だけが突出していじめやいじめ自殺が多い、とは言えません。日本は他国と比べて、暴力系のいじめが少なく、陰口や無視などのいじめが多いというデータはありますが、たとえばアメリカでも、児童の自殺事件をきっかけとして、いじめ対策の州法が各州でつくられたり、メディア報道が見なおされたり、人気歌手や大統領などがメッセージを発信したりしています。

3. いじめは増えていない――メディアの報道におけるバイアス

【図2】は、文部科学省が発表したいじめの認知件数の推移を表したグラフです。これを見ると時期によって大幅に、いじめが増減しているように読みとれるかもしれません。しかし、このグラフはあくまでも、地方行政が学校から報告を受けて把握したいじめを、さらに国に報告したという「報告件数」にすぎません。

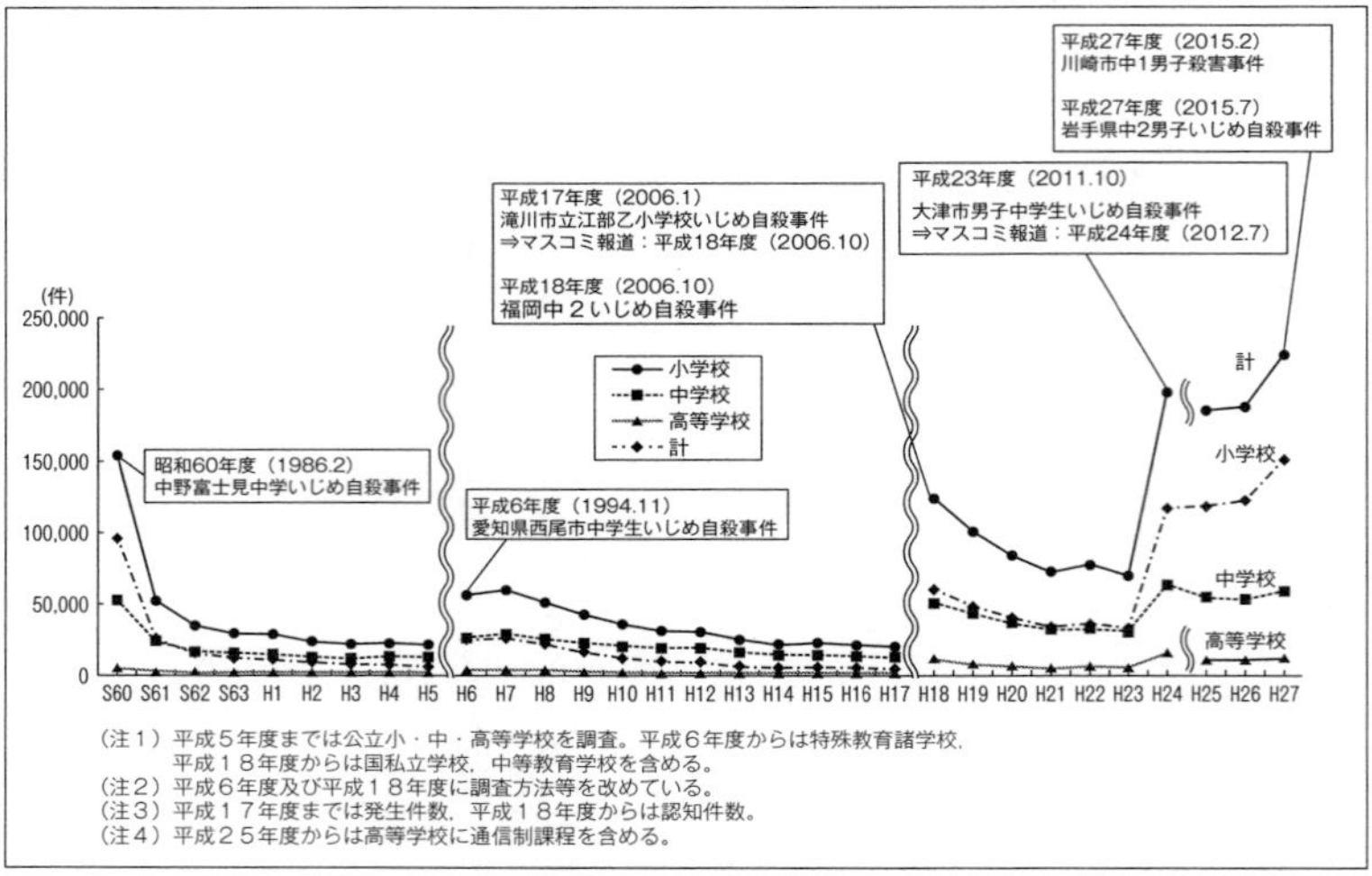

図２：いじめの認知（発生）件数の推移

文部科学省：平成27年度「児童生徒の問題行動等生徒指導上の諸問題に関する調査」（速報値）について（事件名は編者追記）

この「報告件数」の増減の推移に報道の流れを合わせてみると、ある関連性が見えてきます。メディアはセンセーショナルないじめ自殺があったときに集中して、いじめを取り上げます。いじめ自殺は毎年起きているのですが、特定のいじめ事件が大きく取り上げられると、多くのメディアがスクラムを組んで報道するので、ある年だけ、いじめに関する報道が盛り上がることがあります。その際、新聞社の社会部のように事件を報道する新聞記者が学校に行ったり、ネタを探しているワイドショーが飛びついたりして、事件報道の手法でいじめ問題を取り上げるため、「いじめが昔と比べて非常に凶悪化している」というバイアスのかかった報道につながりがちです。その結果、行政、教員、保護者、そして子どもたちも関心をもち、面談やアンケートもその時期だけ認知することで、データ上「報告件数」が増えます。また、メディアが大きく取り上げたことを受け、世論の動きを見た文部科学省が、いじめの定義を変えたり、調査などをうながしたりした結果、「報告件数」が急増します。

しかしその後、件数は減っていきます。教員のほとんどは数年単位で異動しますので、学校でノウハウやスキームが継承されないことも多いです。事件当時に定めたさまざまな対策も、関心が薄れるにつれ継続されず、再びいじめの「報告件数」の低下につながっていきます。実際、いじめは毎日、必ずどこかで起きているし、一年間認知されているだけでも、数十万件発生しています。そしてここ数十年の推移を見ると、とくに増加しているとは言えません。各種調査、児童に直接アンケートした結果を見ても、いじめについては現状維持、もしくは減少しているというデータが目立ちます。

認定基準にもいろいろありますが、いじめや友人関係が原因で自殺する児童数は、全体の児童の自殺者の中で少数派です。一方で、いじめなどの友人関係が理由で不登校になる児童は数万人にのぼります。だからと言って「問題がない」ということでは一切ありません。ただ、メディアの報道が、いじめの実態をそのまま反映しているわけではないことを理解していただければと思います。そしてここではメディアの話をいったん忘れて、実際にはどういう傾向があって、どんな対策が必要なのかをお話ししたいと思います。

4. いじめの四層構造

では、いじめが起きているときの人間関係はどのような配置になっているのでしょうか。ここで森田洋

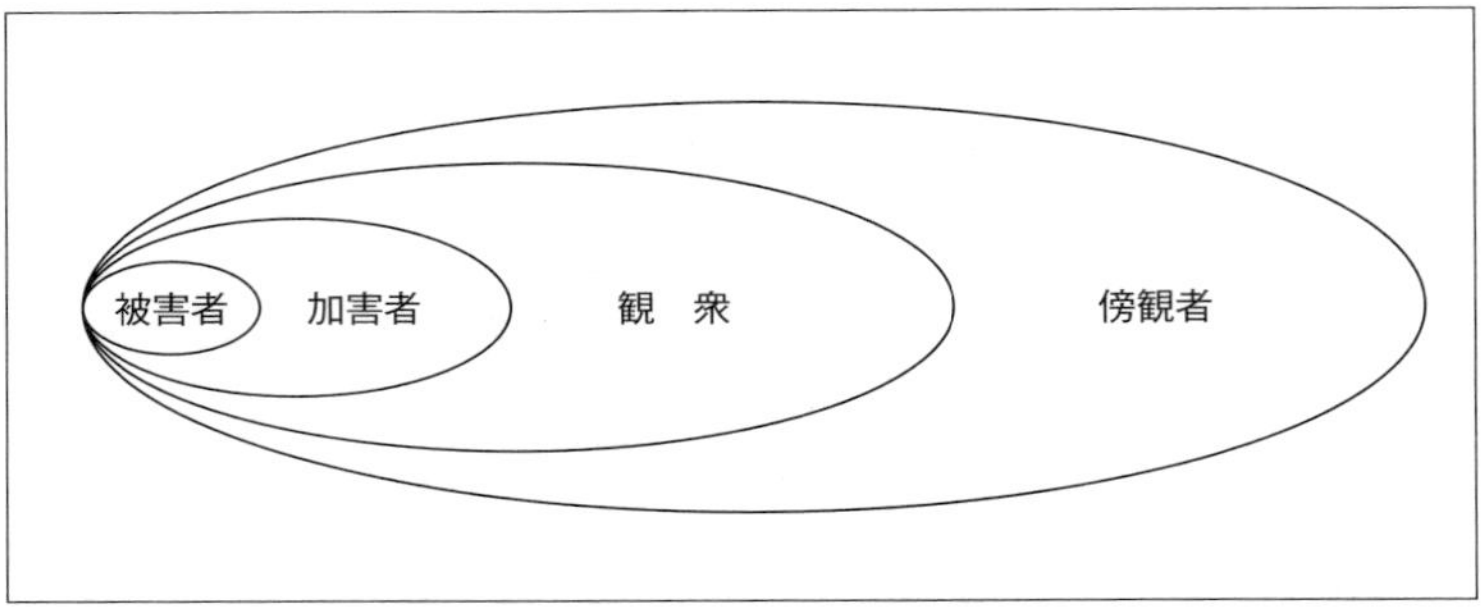

図3：いじめの四層構造論

森田洋司（2010）．『いじめとは何か』中央公論新社より

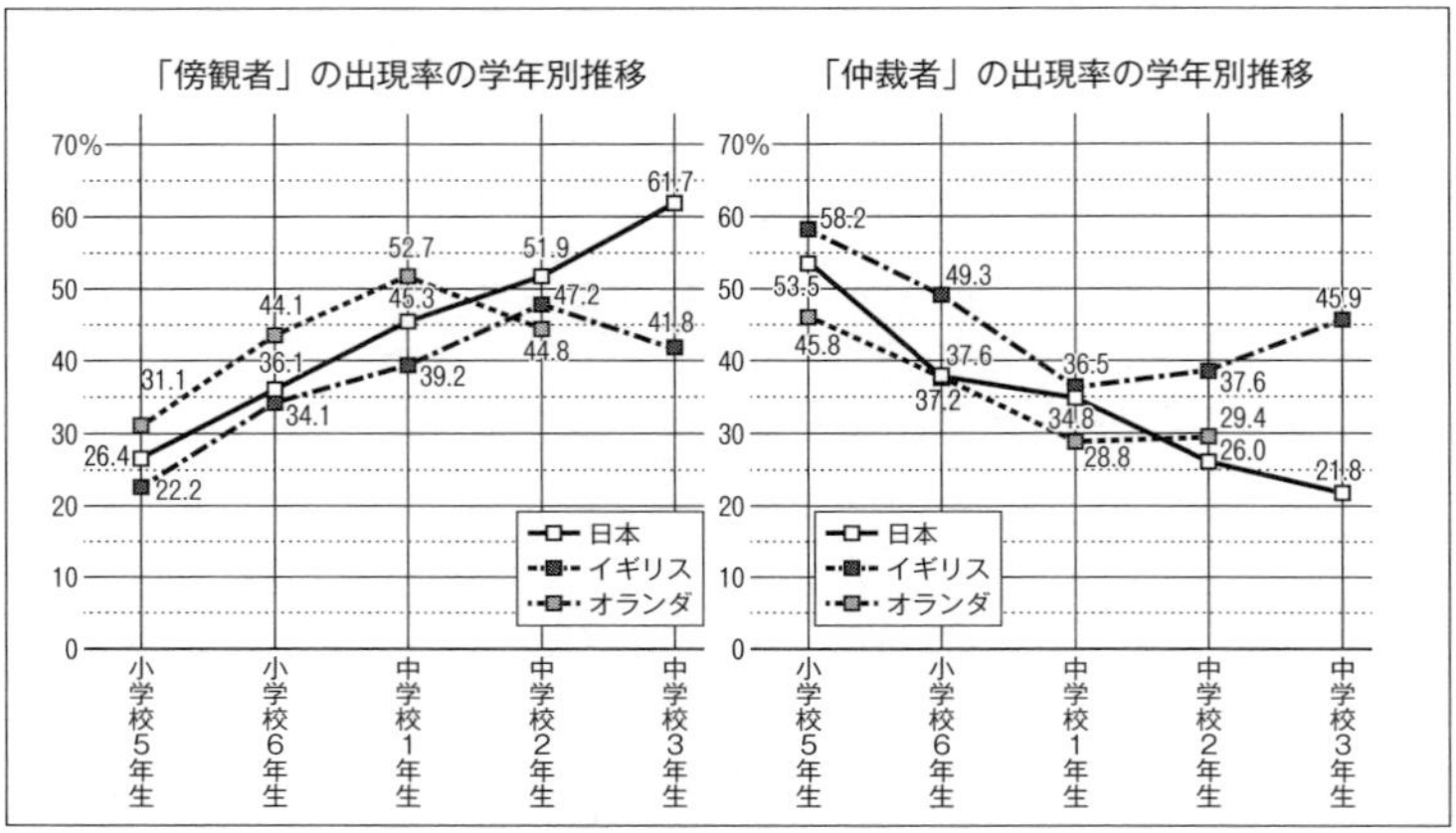

図4：いじめの場の力学の学年別推移

国立教育政策研究所・文部科学省編
『平成17年度教育改革国際シンポジウム「子どもを問題行動に向かわせないために～いじめに関する追跡調査と国際比較を踏まえて～」報告書』より
http://www.nier.go.jp/symposium/sympoH18/h17sympo18221j.pdf

司氏による「いじめの四層構造論」という有名な社会理論を見てみたいと思います【図3】。この理論では、いじめは被害者である「いじめられっ子」と加害者である「いじめっ子」の、二者関係によって成立するのではなく、その他にも、はやしたてるような周りの「観衆」と、そのいじめを見ている「傍観者」がおり、合計四階層がいじめを構成していると述べています。この傍観者の数をイギリス、オランダ、日本の三か国において比較してみますと【図4】、イギリスとオランダは中学二年生くらいで傍観者が減少し、仲裁者が増えるのですが、日本の場合は正反対で、中学二年生くらいになると傍観者がますます増えて、仲裁者が減少していきます。

このような推移をたどる原因としては、日本のいじめに見られる多くの傾向が、証拠が残りにくく他者の介入も難しい「コミュニケーション操作系」のいじめ（陰口、いやな役割を押しつける、いやなあだ名でよぶ、みんなでシカトするなど）であることが考えられます。中学生になると、とくにその傾向が顕著になるため、もしいじめを目撃した人が仲裁者となって「お前ら、いじめはやめたほうがいいよ」と止めようとしても、「何が？　証拠はあるの？」と知らないふりをされ、しかも次の日からは仲裁をしようとしたその人がターゲットになるということが容易に生じることになります。

メディアでは「警察を介入させろ」と言ったりしますが、物を隠したりいやな役割を押しつけたりと、警察が介入するようなレベルではないのが、学校でのいじめの多数派です。また、「みなさん、勇気をもっていじめを止めよう」とか「いじめはみんなの責任だから、傍観者を減らさないといじめは終わらない」という声もよく聞かれます。それはとても大切なことですが、残念ながら、いじめを仲裁したり、傍観をやめたりすれば、それだけで簡単に解決するという問題ではありません。

5. セクシュアル・マイノリティに対するいじめの現状

多くの児童がいじめ被害・加害ともに経験しますが、とくに「ハイリスク層」とされる人がいます。代表的なのは、セクシュアル・マイノリティの方です。ここで言う「セクシュアル・マイノリティ」とは、おもにレズビアン（Lesbian：女性の同性愛者）、ゲイ（Gay：男性の同性愛者）、バイセクシュアル（Bisexual：両性愛者）、トランスジェンダー（Transgender：性自認が身体的性別と対応しない状態）などの人たちをさします。この四つの言葉の頭文字をとって「ＬＧＢＴ」と総称して表現することもありますが、他にもさまざまなセクシュアリティの方々がいます。

調査データ[1]において注目すべきは、まずいじめの被害件数が全体として高い数値で推移している、ということです。とりわけセクシュアル・マイノリティの中でも、身体的性別としては男性として生まれたけれど、そこに違和感がある、というタイプのトランスジェンダーの人たち（ＭｔＦと表現されますmale to female：自分の性を男性から女性へ移行したい人／移行した人）が、他のセクシュアル・マイノリティの人びとと比べてとくに、いじめのターゲットになりやすいということがあげられます。見た目やふるまいによって「オカマっぽい」「なよなよしている」などのレッテル貼りをされ、身体的な暴力、言葉の暴力、性的暴力など、さまざまな迫害の対象になりやすい傾向があります。データを見ると、このような性別違和をもつ男子のうち、いじめを受けて二割近くが不登校になっているというデータ[2]があり、学校空間から排除されやすい状況を抱えていると言えます。また、いじめの後遺症によって今でも心に傷を負っている傾向も、セクシュアル・マイノリティの中でとくに高いです。

「なよなよとした男子だからいじめてもいい」ということはありえません。これは多数派の社会のほうに、「男らしくない男性をいじめのターゲットにしてかまわない」という差別的な意識が存在していることの現れだと言えるでしょう。テレビやメディア上で、オカマが頻繁に笑いのネタになっていることも関係があるかもしれませんが、学校の先生ですら「オカマっぽい」などという言葉を軽率に使ってしまうことが多々あります。そのような環境全体が、いじめや差別に直結しているところがあるのです。

同性愛の人びとも同様に、差別的な環境に囲まれています。たとえば思春期の性教育の教科書には、精通や生理などの解説に「誰しも異性を好きになることが自然である」と、まるで人間には、はじめから異性愛しかないかのように書かれています。教科書に「異性愛が自然である」と書いてあれば、「同性が好きな自分の考え方は人としておかしいのだろうか」と悩みはじめますし、「まさかお前、同性愛じゃないだろうな。オレのこと好きになるなよ?」といったからかいがはじまることもあります。こうして同性愛者をいじめのターゲットにしてもかまわないかのような環境が生成されていくのです。このような、異性愛者であることが期待される多数派社会の中で、多くの同性愛の人びとは子ども時代に苦悩を抱えながら、同性愛傾向がバレないようにしてきたと述べています。

さらに、セクシュアル・マイノリティへのいじめは、長期間に渡っておこなわれやすい、という傾向を抱えています。通常、軽度のコミュニケーション操作系のいじめであれば、一週間から一か月ほどでター

1・2 「いのちリスペクト ホワイトリボンキャンペーン」

ゲットが入れ替わります。しかしセクシュアル・マイノリティの場合、五年以上いじめられた経験者が四～五割を占めています。しかも一般的にいじめの認知件数が減少してくる中学校二～三年生になっても、引き続きいじめの認知件数が高いままです。いじめは当然、誰にも起きるし、「こういう人だからいじめられやすい」と断じることはできませんが、少なくともセクシュアル・マイノリティの人は、そのような多数派社会の規範の中で、子どものころから長期的にいじめを受けやすく、大人になってからもいじめ体験の後遺症を引きずっている人たちが多いと言えるだろうと思います。

6. いじめの理由は後《あと》づけ

ただ、ここで注意していただきたいのは、「ターゲットになりやすい」と言っても、「ターゲットになる際の理由は後づけであることが多い」ということです。つまり、「ある人が何か目立つ特徴をもっており、その特徴を排除するように学習した者が、その異質性を排除することを目的としていじめる」というよりも、むしろ何かのストレスがさきにあり、そのはけ口として「セクシュアル・マイノリティ」や「日系外国人」といったターゲットがあとから発見され、いじめてもかまわない理由づけがおこなわれる、というしくみであると考えられています。

私も、小学校三年生から六年間、いじめのターゲットになりました。そのときは、とくに自分の特徴とは関係のないあだ名をつけられました。たとえば、小学校三～四年のときは「貧乏神」です。私は貧乏ではありませんでしたが、たまたま毎日、同じ「色」のシャツを着ていたので、「アイツの家は貧乏に違いない」「あいつを貧乏神とよぼう」となりました。このようにある人や物のささいな部分が、まるですべてであるかのようにレッテルを貼ることを「ラベリング」と言います。私の場合、学年が上がるにつれてラベリングはさらに悪質なものへと変化し、いじめもエスカレートしていきました。

これはいろいろと示唆的です。たわいのない根拠やきっかけを素材にして、ラベリングやマイノリティ性などは、あとからいくらでも創作可能なのだということです。周囲の人たちがそのラベリングに同意して共有していくことで、ラベリングは一人歩きしていき、誰かをいじめのターゲットとして仕立てあげていくことになります。

もちろん、私自身にも何か要因があったかもしれません。しかし排除される理由について「私は○○だからいじめられるんだ」「あいつは××だからいじめられて当然だ」と個人のもつ特徴にのみ引きつけて語ることは、正確ではないと言えるでしょう。同様に、個人の中の何某《なにがし》かのマイノリティ性を隠せばいじめの防止に直結するというものでもありません。いじめについて考える際には、個人のもつ特徴と周りの社会環境について、丁寧に分けて考えるべきだということを強調しておきたいと思います。

7. いじめが発生しやすい環境——教員の対応の重要性

いじめにおける社会環境を考える際に、重要になってくるのが教員の対応方法です。たとえば、日本では一般的に四月に入学式やクラス替えをして、はじめて挨拶を交わしますが、その瞬間にいじめが発生するということは考えにくいです。しかしこの時点から、児童生徒同士は小さなサインを出し合いながら、学校内の秩序やお互いの力関係の順位の探り合いをはじめます。その中でターゲットが決まり、小さい理由をきっかけにどんどんいじめが膨らんでいきます。この現象をいじめのエスカレーションとよびます。このエスカレーションを止めるのが教員の役割の一つと言えます。

「いじめは、善悪の区別がつかない子どもがすることだ」と言われることがありますが、これは必ずしも正しくありません。むしろ、子どもは善悪の区別がついており、大人たちに見つかれば叱られるとわかっているので、大人の目を盗んでいじめをするのです。ただし、「善と悪との基準」と「セーフとアウトの基準」は別のもので、いじめを継続するかしないかについては後者の「セーフとアウトの基準」が用いられています。たとえば、廊下を二人の児童が歩いていて、一方が相手のお尻を蹴っているとします。そこへ教員が通りかかり、「お前ら、何をやっているんだ」と二人を引き離して、「お前らは、そういうことをするヤツじゃないだろう」とコメントすれば、お尻を蹴りながら歩く行為はアウトなのだと認識されます。しかし、教員が介入を面倒に思い、「お前ら、早く行け」と見過ごしてしまえば、この行為まではセーフと認識され、次のいじめにエスカレートしていきます。教員がスルーすれば、さらなる行為までセーフだと認識されるでしょう。

こうして善悪とは別の基準で、子どもたちの「セーフとアウトの基準」が決められていくことになります。子どもたちもいじめが見つかることで、お説教をされたり反撃を食らったりするリスクを負いたくないですから、セーフゾーンを確保しながら、いじめを継続・拡大していこうとするのです。そのような継続を防ぐために、いじめの早期の段階で教員が介入し、アウトの基準を丁寧に示していく必要があります。

また、ラベリングを教員がおこない、いじめのターゲットをつくってしまうこともあります。授業中、ある生徒が答えられないことをみんなの前で必要以上に叱責したり、ある生徒の体型をみんなの前で教員がからかったりすれば、「先生がやっていいなら、自分たちもやっていい」と生徒に思わせることを容易にします。ある生徒を笑いの対象にすることで教員と生徒の距離を縮め、親近感を生み出しているつもりかもしれませんが、これは生徒たちにとって悪い見本を示していることにほかなりません。教員はエスカレーションやラベリングについて、注意する側でこそあれ、加担する側になってはならないはずです。いじめのしくみをよく理解し、教員自身のふるまいを再検討していくことも不可欠であると言えるでしょう。

8. ストレッサー仮説

最近とくに、いじめ研究で注目されている発生要因の研究に「ストレッサー仮説」があります。これは、何らかのかたちで溜まったストレスを吐き出す手段として暴力や悪口を誰かにぶつけるのだ、という考え方です。この考え方をふまえますと、学校の教室空間はストレスが発生しやすい場所です。育ち方も考え方もバラバラな人たちが、三〇人近く集まり、同じ空間に一年も居続けるという特殊な空間は、大人になるとあまりありません。このような、物理的にも精神的にも相手との距離をとれないストレスフルな空間の中で、怒りのマネジメントに失敗し、他者への攻撃に転化してしまうことはいくらでも起こりうることです。

また、ストレスの原因はこのような空間の問題だけではありません。「学校の授業についていけない」というストレスも、いじめの被害者、加害者、傍観者になるリスクを高くします。授業の遅れに対するフォローをせずに放置するクラスであれば、いじめも放置されやすいという可能性があります。

いじめを受けた人のその後の人生は、いじめを受けなかった人と比べて精神疾患のリスクを大きくもち、その他の病気のリスクも上がります。精神疾患傾向が原因となっていじめを受けたのか、いじめが原因でその後の人生で発症したのか、因果関係は特定できていませんが、いじめを受けた人がもつ、抑うつ、自尊心の低さ、対人恐怖などの傾向はレアケースというわけではなく、一群として重なることがわかっています。

いじめの加害者になる人がすべて悪いのだということもできません。日本のいじめは、コミュニケーション操作系のものが多く、そのいじめには多くの児童生徒がかかわります。一方で、暴力を伴ういじめは、特定の児童生徒が継続的におこなうことが多いというデータがあります。加害者になる人たちには、ソーシャルスキルは高めだが幼少期からのケアやマネジメントが不足していることが多いです。そのようないじめ加害者を放置し、怒りの感情やストレスを人に対してぶつけることを見逃したまま彼らを卒業させることは、自分自身や社会とのつきあい方がわからないまま世間に放り出すことになり、将来、彼らがアルコール依存やドメスティック・バイオレンスに陥《おちい》るリスクを増していくことになります。

こうして見ると、「いじめっ子は悪であり懲罰の対象」「いじめられっ子はかわいそう」という図式ではまかないきれない面があることがおわかりいただけるかと思います。「どんな人がいじめられやすいのか

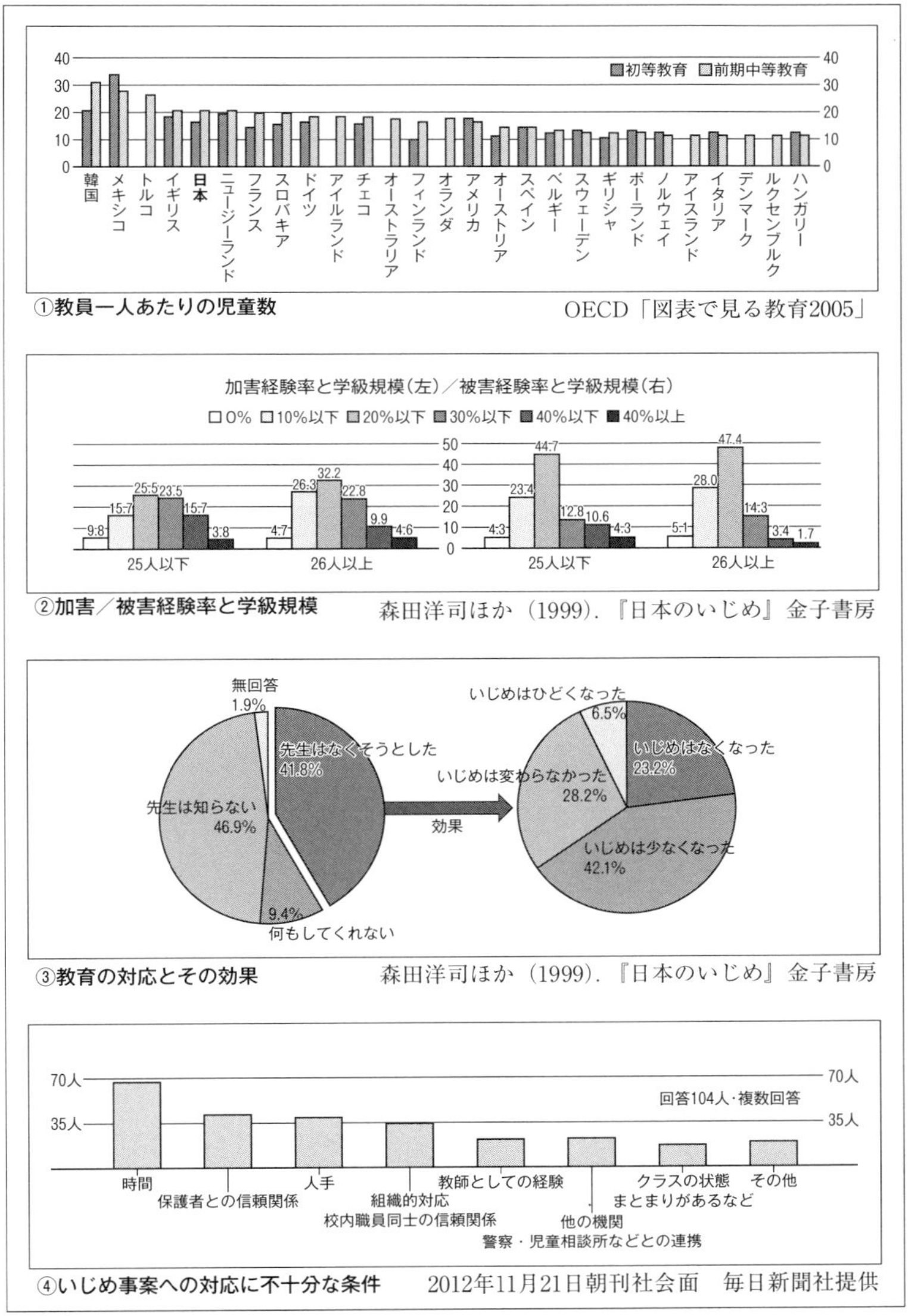
初等教育
前期中等教育
韓国
メキシコ
トルコ
イギリス
日本
ニュージーランド
フランス
スロバキア
ドイツ
アイルランド
チェコ
オーストラリア
フィンランド
オランダ
アメリカ
オーストリア
スペイン
ベルギー
スウェーデン
ギリシャ
ポーランド
ノルウェイ
アイスランド
イタリア
デンマーク
ルクセンブルク
ハンガリー
①教員一人あたりの児童数
OECD「図表で見る教育2005」
加害経験率と学級規模（左）／被害経験率と学級規模（右）
0%
10%以下
20%以下
30%以下
40%以下
40%以上
9.8
15.7
25.5
23.5
15.7
3.8
4.7
26.3
32.2
22.8
9.9
4.6
4.3
23.4
44.7
12.8
10.6
4.3
5.1
28.0
47.4
14.3
3.4
1.7
25人以下
26人以上
25人以下
26人以上
②加害／被害経験率と学級規模
森田洋司ほか（1999）．『日本のいじめ』金子書房
無回答
1.9%
先生はなくそうとした
41.8%
先生は知らない
46.9%
9.4%
何もしてくれない
効果
いじめはひどくなった
6.5%
いじめはなくなった
23.2%
いじめは変わらなかった
28.2%
いじめは少なくなった
42.1%
③教育の対応とその効果
森田洋司ほか（1999）．『日本のいじめ』金子書房
70人
35人
回答104人・複数回答
時間
保護者との信頼関係
人手
組織的対応
校内職員同士の信頼関係
教師としての経験
他の機関
警察・児童相談所などとの連携
クラスの状態
まとまりがあるなど
その他
④いじめ事案への対応に不十分な条件
2012年11月21日朝刊社会面 毎日新聞社提供

図5：教員と学級運営

を見極め、その人がソーシャル・スキル・トレーニングをする」という流れがクローズアップされる傾向がありますが、いじめっ子にもいじめられっ子にも、その背景にはさまざまな要因が考えられます。このことからも、いじめを個人の素質で考えるのではなく、「いじめられやすく、いじめやすい環境」について考えていく必要があるのです。

9. いじめ対策――いじめを教員の労働問題として考える

ここで、教員一人あたりが担当する児童数をＯＥＣＤ加盟国と比較してみますと、日本は他国に比べて多いことがわかります【図５①】。そのような現状をふまえてなのか、「少人数学級にすればいじめは減る」という言説があります。私は個人的に少人数学級そのものには賛成ですが、データを見てみますと、クラスの規模を少なくしても、いじめの減少に直結しないという調査結果が出ています【図５②】。

他方、アンケート結果を見てみますと、いじめに対して先生は「知らない」「何もしてくれない」という回答が多く、いじめを「先生はなくそうとした」という回答は四割程度しかないのですが、とはいえ、先生が何かしてくれた場合は六割以上改善しています【図５③】。その結果をふまえますと、単に教員が介入しやすくするだけでも、いじめの解決につながるのではないかという仮説が立ちます。少人数学級にすればただちにいじめが減るわけではありませんが、教員が介入しやすい空間をつくることがいじめ対策につながる可能性はあるのです。

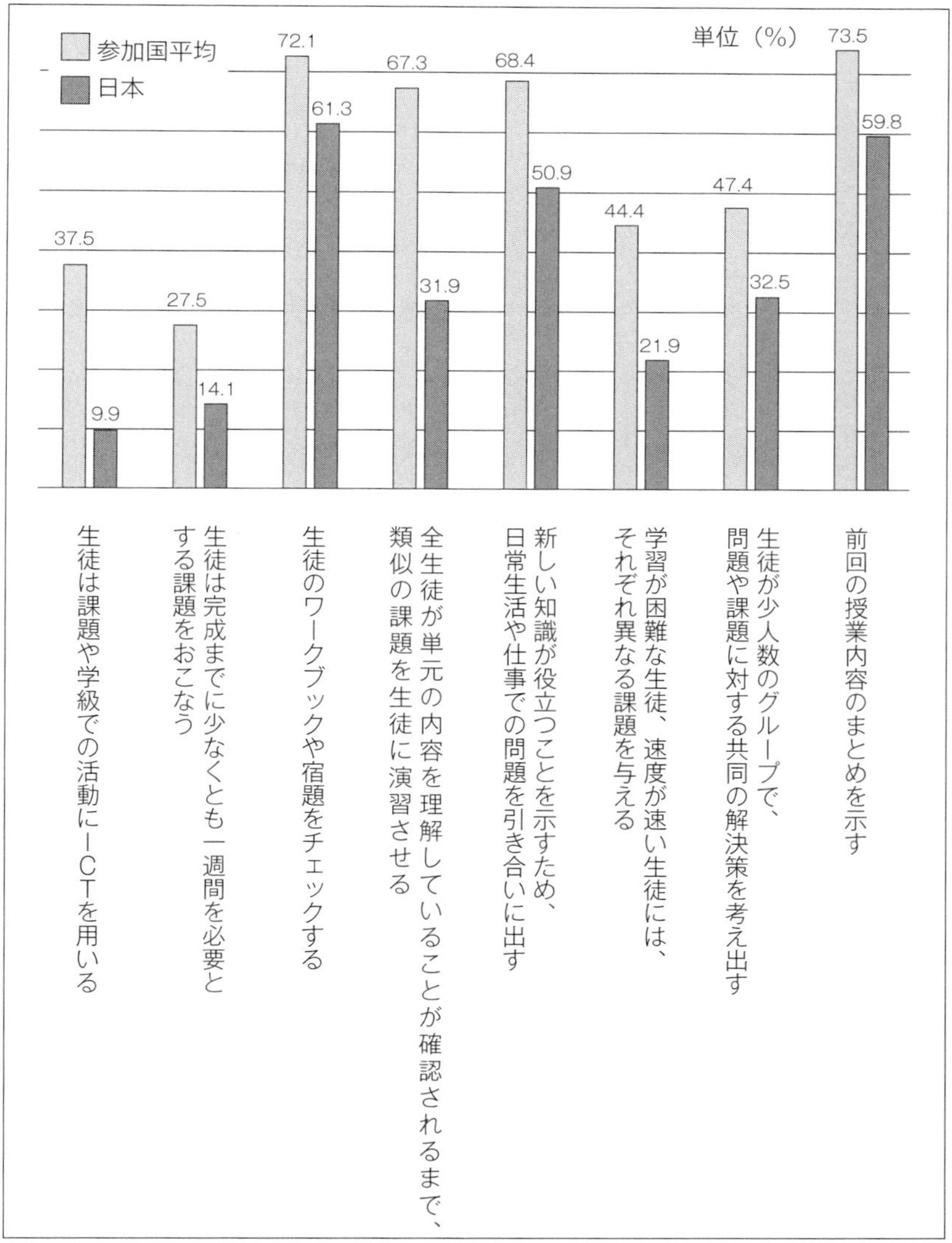

図６：学校における指導実践の国際的比較

「国際教員指導環境調査」（TALIS）2013より作成

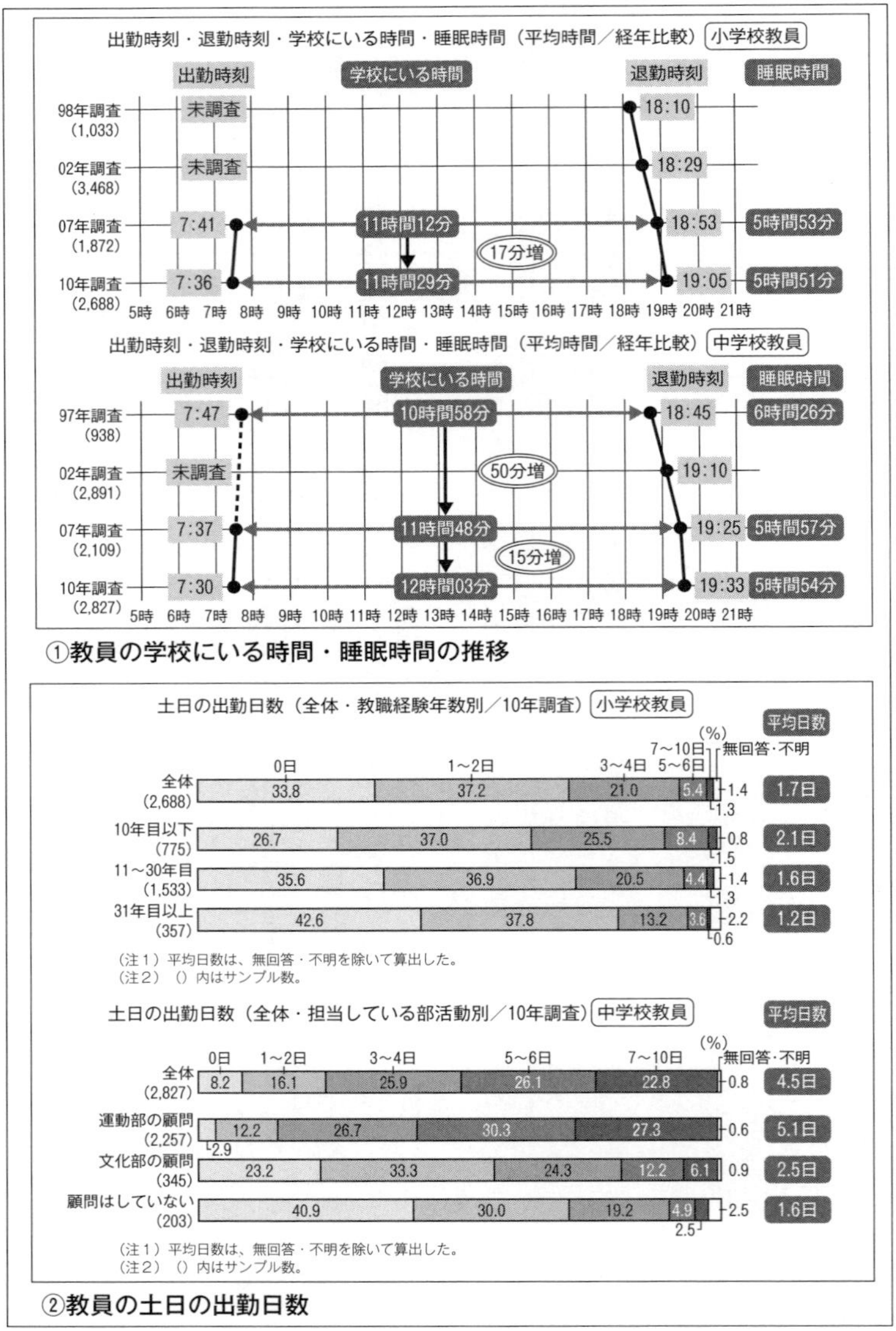

図７：教員の労働時間

ベネッセ教育総合研究所「第５回学習指導基本調査（小学校・中学校版）」（2010年実施）

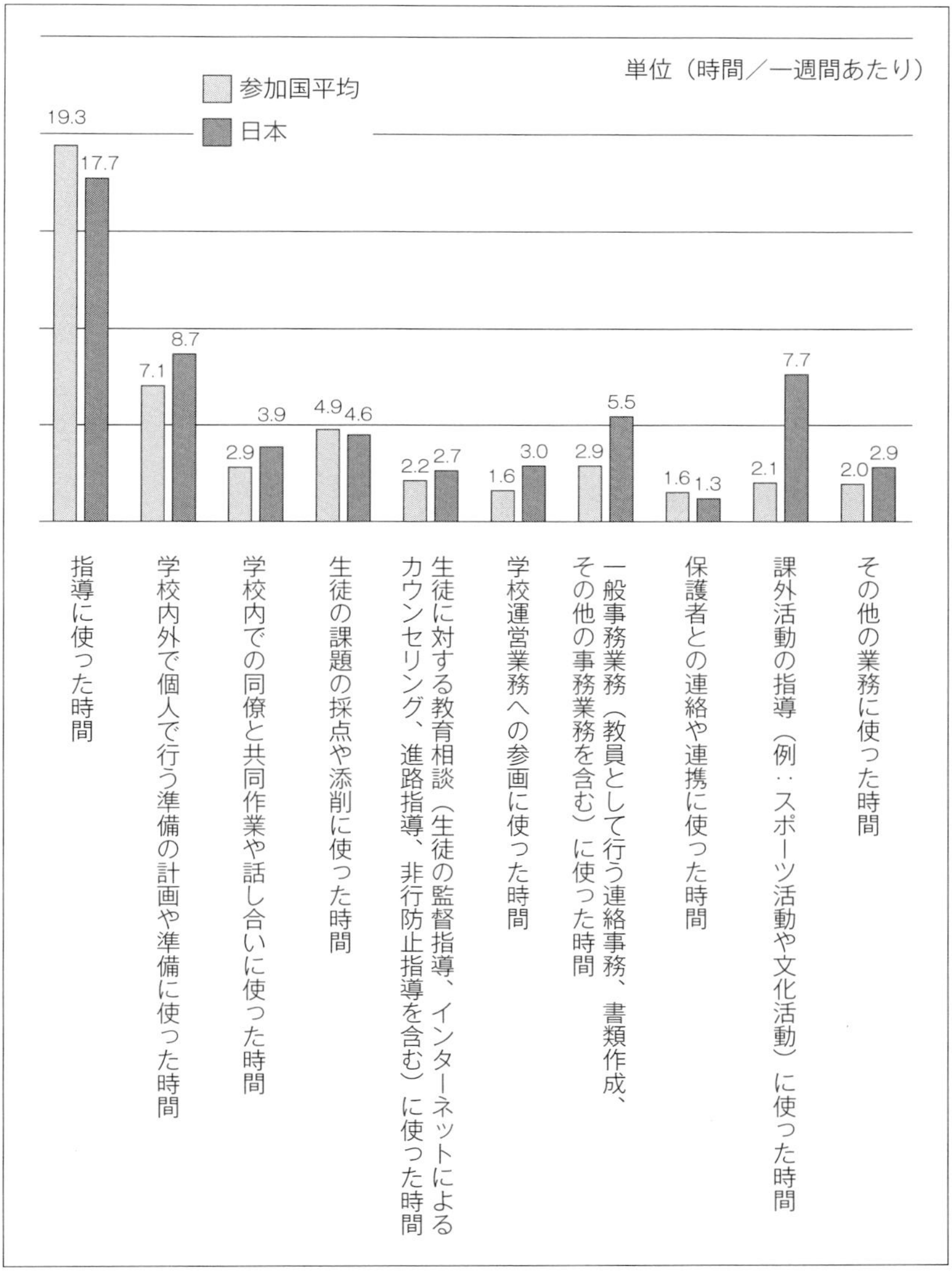

図８：教員の仕事時間の国際的比較

「国際教員指導環境調査」（TALIS）2013より作成

毎日新聞の調査では、教員がいじめに対応できない理由で一番多いのは「時間がないから」というもので、次は「保護者との信頼関係がない」などが続きます【図5④】。「時間がなかろうが、いじめは人権問題だから介入しろ」と言いたいところですが、教員のリソースも有限で目が行き届くわけではありません。国際教員指導環境調査における、日本を含む三〇か国ほどの学校の環境を比較したデータ【図6】を見てみますと、日本が不得意なのは、たとえば「全生徒が単元の内容を理解していることが確認されるまで、類似の課題を生徒に演習させる」という点です。日本は他の国の平均の半分以下です。もちろん、全員が同じ進捗状態で授業についてこられるわけではありませんから、「学習が困難な生徒、速度が速い生徒には、それぞれ異なる課題を与える」個別アプローチが必要になりますが、そちらもできていません。全体の進捗も個別の把握も、両方できていないのです。

また、教員の仕事時間の合計は、三か国の平均が一週間あたり三八時間程度であるのに対し、日本は五三・九時間と、働く時間がとくに長いです。[3] さらに、一九九八年から二〇一〇年までのベネッセの調査では、教員の労働時間が圧倒的に増えています【図7①】。小学校では、一九九八年の平均退勤時刻は一八時一〇分でしたが、二〇一〇年は一九時すぎと一時間以上労働時間が増えています。中学校でも同様に、一〇年前は一八時四十五分まで働いていましたが、二〇一〇年は一九時三十三分まではたらくというように、やはり一時間近く増えています。土日出勤も若い先生ほど多くなります。とくに運動部の顧問をしている先生は一か月ずっと土日出勤しています【図7②】。にもかかわらず、日本は諸外国と比べると教育に対してあまりお金を投資しておらず、「指導に使った時間」は国際的な平均より少ないです。では何に時間を割いているかというと、学校内における「一般事務業務」や「課外活動の指導」です【図8】。課外活動とはおもに部活動のことで、日本の教員は海外と比べてとくに時間をとられているのです。スポーツ経験がなくてもいやいや運動部の顧問をやらされていることもあります。このように運動部の顧問をしている先生ほど残業や超過労働などが出やすい傾向があります。諸外国と比べると、日本の場合、中学生は運動部に入ることに対する強制力が強く、運動部がこれほど普及しているのは日本といくつかの東アジアの国に限定されます。

さらに見ていきますと、時間外勤務が多い先生ほど睡眠時間が少なくなります。日本人の平均睡眠時間は七時間を超えていますが、教員は六時間くらいです【図7①】。教員のみなさんは家に仕事を持ち帰り、生徒のテストを採点して翌日になるという忙しい状況を抱えています。いじめ問題がクローズアップされると、教育現場はいじめ対策に力を割くようにといわれるわけですが、実際は、このように仕事で手いっぱいになっている現状があります。にもかかわらず、文部科学省の方針は少子化に合わせて教員を減らす方向にありますし、大学院を出た人のみが教員資格をとるといった、教員の数をより絞るような案も見受けられます。これはとても心配なことです。

3　OECD国際教員指導環境調査（TALIS）二〇一三年調査結果の要約。二三ページ

10．いじめ対策

ここまで、日本におけるいじめの構造について説明し、教員の余力を増やすことがいじめの解決につながること、しかしそこに消極的な国の状況について述べてきました。こうした環境全体がいじめを温存しているというマクロ視点での事実を無視して、いじめを乗り越えられない個人に焦点化し、いじめられないような訓練をしたり、いじめられがちな特性を矯正したりといったミクロ視点の対策をしても、つけ焼き刃にしかなりません。ソーシャル・スキル・トレーニングや個別の能力を伸ばす取り組みは、いじめ対策という枠組みではなく、その人が将来生きていくために、社会のルールを知ることが役に立つ場合、必要に応じておこなうことはあるかもしれません。しかし、いじめ対策として個人の改善ばかりを強調してしまうと、自己責任化を加速させる危険性が高いです。環境的アプローチにより注目してほしいと思います。

そこで、これまでのデータや分析をふまえて、いじめ対策として提案できることをお話ししたいと思います。まず、いじめの減少という点だけに着目すると、確かに少人数学級や副担任学級チューター制度の導入が解決に直結しているわけではなさそうです。しかし教員の労働問題として考えたとき、学級で受けもつ一人あたりの生徒の数が減れば、採点するテストや作成するべき書類の量、面談のとき対応すべき保護者の数などが減るため労働環境の改善となり、余裕が生まれてストレスが減少したり、いじめに対する研修や授業開発、個別対応などに時間を割いたりすることが可能になるということはあるだろうと思います。教員の目が届かない休み時間にいじめが発生するという傾向を統計上明らかにした上で、ＰＴＡや保護者が休み時間を見回ったり、複数担任制度にすることで、担任の一人が職員室に戻っているあいだは、もう一人の担任が教室で、授業についていけていない児童のフォローをしたりする取り組みも必要だと言えるでしょう。引退後の教員がセミボランティアとして、または、スクール・カウンセラーやスクール・ソーシャルワーカーが定期的に、担任に準ずるかたちで教室に入るという方法もあると思います。

というわけで私は、「少人数学級と、２＋α制度の導入」を提案しています。「２＋α」というのは、担任が二人、そして、補助ボランティアも教室にいる、という状態ですね。授業に遅れている子どもには補習をしたり、人の気配や視線を気にしてしまう子どもには仕切りをつくったり、気が散って集中できない子どもには前のほうで授業を受けさせたり、教室を出ていく子どもにはついていって見守ったりするなど、みんなと同じような集団行動ができない児童生徒には別の方法を用意し、個別性に対応する丁寧な授業でドロップアウトを増やさない空間をつくるのです。そのような個別的配慮をすることで自尊心をカバーし、また、ストレスを感じないでいられるようにすることも必要になるでしょう。全体と足並みがそろわないことが「みんなの足を引っ張っている」とみなされるような、集団行動を当然視した空間そのものが、ラベリングの発生装置となってしまうことを自覚する必要があります。

私たちのＮＰＯにはこども図書館のメンバーも入っており、外国がルーツの生徒がいる地域や学校などに職員が訪問し、その国の本の読み聞かせをしたり、その国の歴史や文化について話したりする中で、すでに貼られているラベルに対してポジティブな意味づけをしていくような活動をしています。このように、いじめに魅力を感じて行動化してしまう人を育てないようにするために、学校や教室空間を一つの生態系

	比較平成16年	総数	男	女	小学生5~6年生	中学生	高校生等	就職・その他
総数	100	100	100	100	100	100	100	-
「やめろ!」と言って止めようとする	18	16.9	21.6	11.6	24.1	13.4	15.1	-
先生に知らせる	21.4	25.7	26.1	25.3	39.7	25.1	14.8	-
友達に相談する	36.2	36.4	25.9	48	22.1	39.7	44.3	-
別に何もしない	24.4	21	26.3	15.1	14.1	21.8	25.8	-

単位%

（注）「高校生等」とは、「高校生」「各種学校・専修学校・職業訓練校の生徒」の合計である

①クラスの誰かが他の子をいじめているのを見たときの対応の構成割合（平成21年）

厚生労働省『平成21年度全国家庭児童調査』より

http://www.mhlw.go.jp/toukei/list/72-16b.html

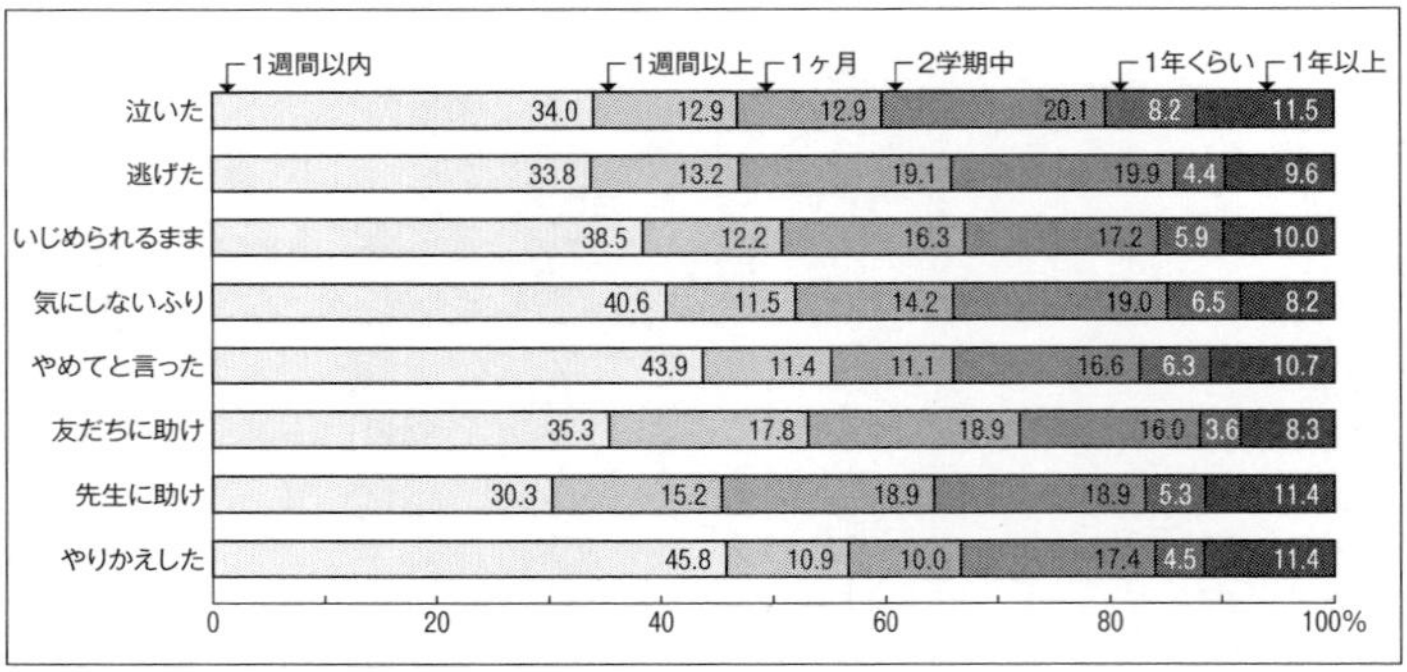

②いじめられたときの行動と継続期間

森田洋司ほか(1999).『日本のいじめ』金子書房

図9：いじめへの対応方法

のある環境としてアプローチし、マネジメントしていくことも重要でしょう。

　また、いじめにあったときに友だちに相談するという傾向は年齢が上がるにつれて増加しています【図9①】。その傾向を活用して、相談を受けた友だちが仲裁者となって直接いじめを止めるのではなく、証拠を記録しておいて教員に報告するサポート役として対応することが、今後重要になってくるのではないかと検討しています。つまり、いじめられている子どもが自ら先生に報告する努力をしたり、いじめを仲裁しようとする子どもが増えたりすることも大切ですが、そのような個人の努力に頼

るばかりではなく、いじめられている子どもがいろいろなところでいじめに関する情報を聞いたり、友だちに相談したりするアプローチを生かしていけることが重要であると考えて、私たちのプロジェクトでは試行錯誤している状況です。

そのほか、大人同士であれば、気まずい話のときに相手をたしなめるのは難しいので、話題を変えるという対応をとることが多いのですが、このような役割をとる人のことを「スイッチャー」と言います。「アイツ、気持ち悪いよな」と、誰かへのいじめがはじまりそうなときもスイッチャーになって、「そうかな?」と同調を避けたり、「それよりさ」と別の話題を振ったりと、ターゲットが固定化する前に別の話題を振ることが大事だと考えられます。もっとも、これを小・中学生の子どもたちに要求するのは難しいかもしれませんが、そういうコミュニケーションによって空気を変える人がいる場合、いじめの発生の割合は変わります。

「シェルター」をつくることも重要だと考えられています。シェルターとは、文字通り「逃げ場」です。「いじめを見たときに、止めましょう」だけでなく、「こっそりでもいいので、いじめ被害者の味方になりましょう」と言うのでもいいですし、一緒に通報しにいく、というのもいいでしょう。教員に通報することができなくても、「この子は人をバカにしない」という役割をもった子どもがいると逃げやすいということもあります。何でも通報したり、注意したりしなければならない、というわけではありませんが、何かあったときに通報しやすい環境をつくるのは、大人の役割です。困ったときの連絡先を用意して生徒手帳に載せたり、いじめの目安箱をつくって匿名で投書できるようにしたりと、さまざまな通報するしくみを増やすことが重要でしょう。

11.「学校から逃げろ!」が独り歩きすることの危険性

いじめについての報道の際、メディアでコメンテーターや著名人たちが、子どもたちに対して、「いじめのときは学校なんて行かなくてもいい、逃げてもいい」と発信することがあります。このメッセージは、「死ぬくらいなら、逃げてでも生き延びろ」という緊急避難の意味として、とても重要なものです。いまいる場所以外にも、生きていく選択肢はたくさんあるということは、もっと広く、強く訴えられる必要があります。しかし一方で、「いじめに遭った場合は、逃げるのがベストの選択肢」という意味にまで広げてしまうことには注意が必要です。

【図9②】は、いじめられたときにとった行動と、いじめが短期化したか長期化したかの関係を表す図です。「泣いた」「逃げた」という行動をとった者は、長期化している割合が高いことがわかります。このデータからは、いくつかの解釈が可能です。何かしらのリアクションが見られることで、いじめっ子を満足させ、いじめをさらに継続する楽しみを与えているのかもしれませんし、「やめて」と言えなそうな子があえて狙われているため、「泣いた」子どもが長期的にターゲットに選ばれてしまうのかもしれません。

いじめ空間から脱出することは重要です。しかしそれが即座に、学校への不登校などに結びつくと、リスクが増えます。日本では、一〇万件以上の不登校がありますが、いったん、不登校を選択したり学校を中退したりすると、学歴上の空白ができて不利が生じたり、教育の機会を失ったり、人とのコミュニケーションを重ねることで得られる機会を損失してしまったりと、本人の人生におけるさまざまなリスクを、個人が丸かぶりしてしまうことになります。公教育へのアクセスが途絶えることで、各家庭の経済格差がダイレクトに教育格差へと影響しやすくなります。

とくに注意してほしいのは、すでに述べたようないじめ事件の過剰な報道があるときです。「逃げろ」というメッセージが、新たな自己責任論の温床になっては意味がありません。「逃げる＝被害者が学校空間および社会からドロップアウトする」ということを意味しないですむよう、学校側が生徒を保護し、いじめが止まるように適切な対応をすることが必要になります。逃げ先の一つとしてフリースクールをしっかり用意することも大切でしょう。いわゆるホーム・ベースド・エデュケーションやホームスクールといった家庭学習を支援するという制度も整っていません。「逃げてもいい」と言うためには、それだけのオプションを、大人が子どもに提示する必要があります。

12.「ストップいじめ！ナビ」の活動

私が代表を務める「ストップいじめ！ナビ」は二〇一二年からいじめ対策のプロジェクトに取り組んでおり、二〇一四年二月にNPO法人化されました。おもに、いじめに関する「情報発信の強化」と「情報分析」の二つに軸足を置いています。

活動の一つとして「ストップいじめ！ナビ　いますぐ役立つ脱出策（http://stopijime.jp/）」というWEBサイトを作り【図10①】、具体的に、いじめに遭った人がどこに連絡をとればいいのか、いじめを受

① 「ストップいじめ！ナビ」いますぐ役立つ脱出策（http://stopijime.jp/）

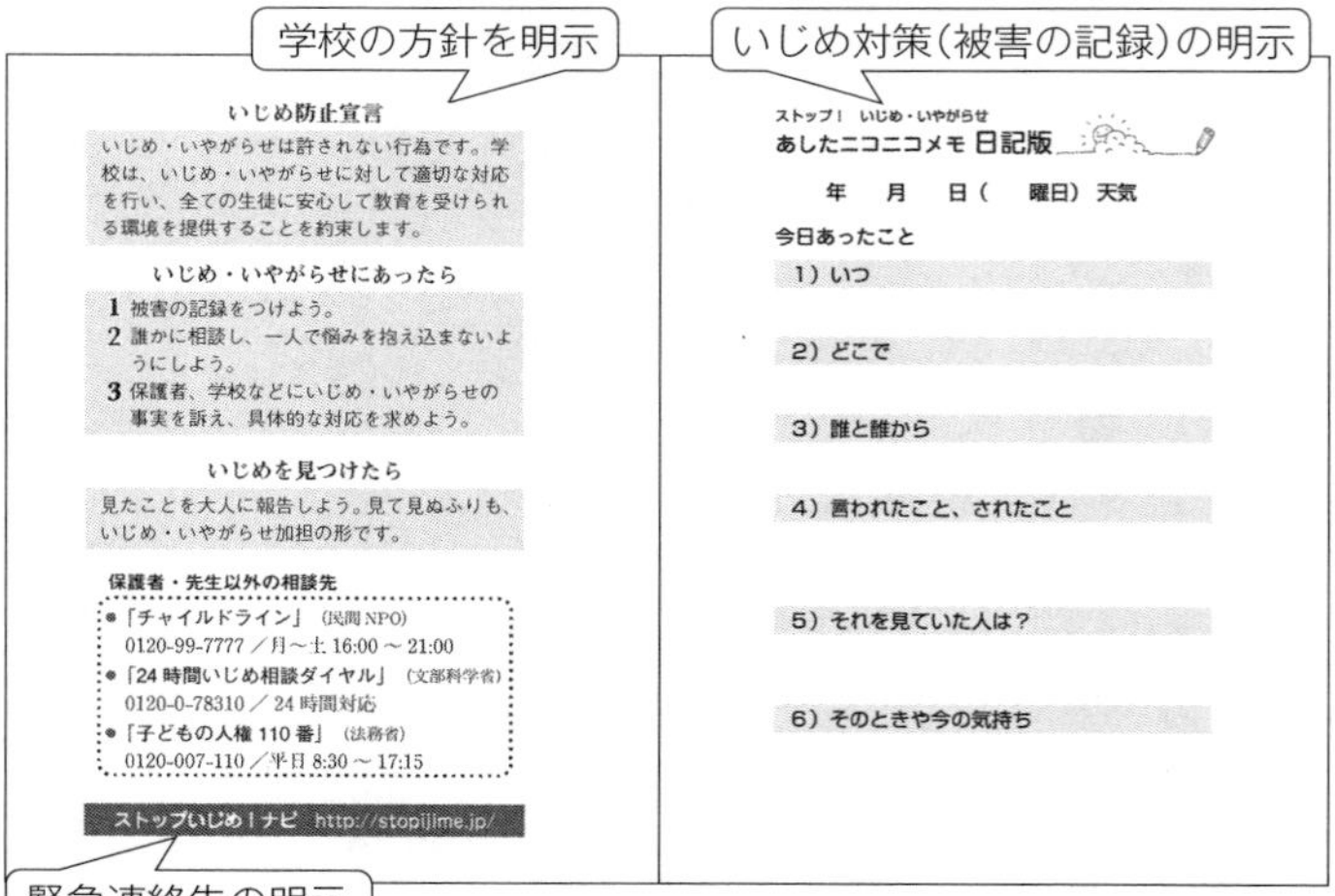

② 「命の生徒手帳プロジェクト」

図10：ストップいじめ！ナビの活動（2018年９月現在）

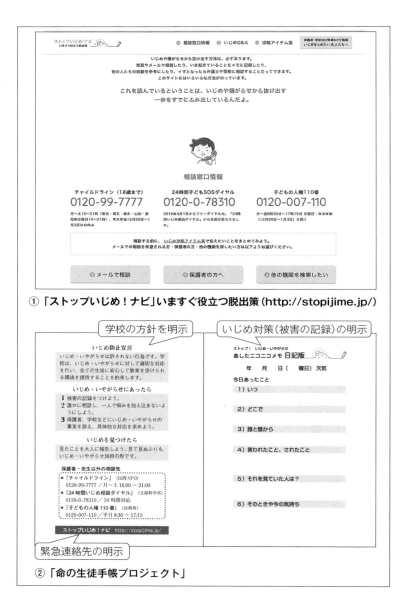

けたときにどんな対応をすればいいのか、日本のいじめはどうなっているのか、などの知識に多くの人びとが辿り着けるようになることをめざしてきました。トップページは子ども向けのサイトになっており、右上をクリックすると、保護者、学校関係者、メディア関係者などを対象に、統計データなどを整理して掲載している大人向けのページにつながります。また、相談窓口機関の連絡先も、「平日一七時三〇分以降もやっている」「メールで相談できる」などのニーズに合わせて検索できるサービスを提供しています。「自分の住んでいる地域で相談したい」「同じ方言で話すほうがいい」「地元の大人に聞いてほしい」という場合は、「東京」「岐阜県」など地域を絞って検索可能です。

ＮＰＯのメンバーは半分以上が弁護士です。法律上は、どんな外形的事実があればいじめが認定されるのか、過去の裁判例ではどのように解決されたか、という具体例をお伝えする活動もしています。また、二〇一三年に「いじめ防止対策推進法」が施行され、二〇一四年の七月から「東京都いじめ防止対策推進条例」も公布されましたので、各自治体において条例の基準に満たない部分をお伝えすることもあります。

私たちのＮＰＯでは、まだまだ調査研究が成熟した状況ではありませんが、これまでのいじめ研究を整理し、あるいは自分たちで独自調査をおこない、これからも、いじめの現場にかかわる人や、被害に遭っている人に情報を届けていく予定です。

13. 命の生徒手帳プロジェクト

教育現場に行き、行政や教員とともにいろいろな試みもおこなっています。その一つが「命の生徒手帳プロジェクト」です【図10②】。これは公立中学校などで持つことの多い生徒手帳に、「二ページで作れる命綱」を準備するというプロジェクトです。いじめを受けた際の学外相談機関や、相談する際に役立つ記録ノートを、生徒たちの手元に届け、SOSを少しでも発信しやすい環境をつくることが目的です。

日本では中学一年生の五月にいじめが起きやすいのですが、中学校入学当初の四月のはじめに対策をとることは難しい状況です。そこで入学してきた生徒の前で先生が「学校ではいじめ対策に力を入れているので、いじめが起こったら先生に連絡をしてください。目安箱も用意しているのでそちらに連絡をください」などと説明、周知していくことが重要になります。また、「いじめは証拠が残りにくい卑劣なものも多いので、その場合は、どんなストレスを受けたかわかるように記録するだけでも、いじめ対策になることもあります。いざ、いじめに遭ったり、いじめを目撃したりしたときには、こういう記録をつけることにも力を注いでほしい」ということも伝えます。こうして「教員も生徒も、みんなでいじめ対策を頑張るのだ」というアナウンスを子どもと交わすことで、信頼感を構築していきます。

いくつかの学校で、すでにこの生徒手帳の実践をおこなっています。日本のいじめはコミュニケーションを操作するタイプの、証拠に残りにくいいじめが多いので、なんだかいやな気持ちなのに対策がとれずにいる生徒たちに向けて、「こんないじめを受けました」ということを記録する方法を紹介しています。

自治体や学校ごとに内容が変えられるようにしており、その生徒手帳を印刷して、教員が子どもと約束を交わします。

シールバージョンもありますので、プリントアウトして手帳に貼れば、命の生徒手帳プロジェクトは完成です。すでにある生徒手帳に一～二ページ印刷を増やすだけなので、保護者一人が一円くらい負担すればいい。このような試みのほかにも、現場と連携したり、メディアに提言したり、行政で第三者委員会のガイドラインをつくったりしています。

14. おわりに

いじめは単に学校空間における子どもたちの個人的な心理、道徳、教育の問題として扱われるべきものではありません。学校空間の環境、教員の労働問題、さらには学校教育の枠にとどまらず貧困問題の負の連鎖も関連しています。それらがスパイラルして、相互に複雑に絡み合って起きているのです。そのため、いじめ対策としては教室ごと、マクロ的には日本の教育政策全体の改善の議論をする必要があります。心ではなく環境をなおそう。そのような視点で私たちは各自治体や学校と連携しようとしています。

「これは確かに効果がある」という根拠をもったいじめ対策は、まだほとんど実践されていません。ある学校を対象に数年間、計画的にコントロールした実証研究をおこない、いじめ件数の増減を比較するような大規模な試みは、この国ではおこなわれていないのが実状です。そもそも構造を細かく見ていくと、どこでどんなときにいじめが発生しやすいかという状況はまちまちですから、各学校のニーズを把握することから出発しなくてはならないでしょう。

メディア報道のあり方についても、議論を重ね、報道のあり方を伝えています。メディアの方々に訴えているアプローチの一つは、少なくともいじめを報じるとき、「危険だ」「大変だ」と取り上げるのではなく、悩んでいる当事者も見る場合があるので、そういう人がさらなる情報を得られるように、私たちのNPOのサイトを紹介し、リンクを貼ることをお願いしています。そういったいじめの実態を少しずつ改善する試みは進んでいますので、私たちのNPOもそのような試みを加速させていきたいと思います。そのためにはそもそもどんな活動が必要なのか、知りたいのにわかっていないことは何か、などについて、私たち自身が知る必要があると感じています。

Q&A：一問一答

冒頭の当事者からの質問への回答（二四四ページの再掲につき一部のみ掲載）

Q7―2．多くの人はいじめられないためにどのような工夫をしているのでしょうか。

回答：「どういうきっかけでいじめに遭ったか」「いまどういう生活をしているか」ということは、アンケートなどで調べることが可能ですが、いじめを一歩手前で避けられた人の行動様式をアンケートで特定するのは難しいことです。私もそういう調査は見たことがありません。ただ、これまでの調査から総合して考察してみますと、外国人もしくは外国にルーツをもつ人がおこなっている対応策としては、社会からのラベリングを肯定的なものとして認めさせるように他者にアプローチするよりも、ラベリングを隠したり目立たせないようにしたりすることで、表に出さない状態（クローゼット）になるよう試みている人が多いようです。また、女子同士のいじめでどういう対応策をとったか、というアンケートの結果を見ても、女子のほうが「コミュニケーション操作系」のいじめが多いという傾向がある中で、トイレに一緒に行くとか、同じ髪型にするとか、人気の女子の言うことにうなずきの回数を増やすなど、同調性を高めることで適応したというケースは多いです。しかしこれらはいずれも自分だけがターゲットにならないための対応策であり、そもそも教室からいじめをなくす対応策ではありません。また、一部の人たちが目だけでやりとりしている合図や、限定されたＳＮＳで共有している文脈などに、さまざまな理由でアクセスできない人たちには、こうした同調的な対応策は向いていないだろうと思います。同調的な工夫というものは、翻《ひるがえ》って、いじめる側にまわる努力をしていることにもなるため、個人的にはいい方法だとは思えずにいます。

その他の質問への回答

質問：私はいじめられていましたが、環境が原因だと知りました。いじめは集団の協調性を高めるためのものですか？

回答：これはとても鋭い質問だと思います。いじめの発生件数が多いクラスと少ないクラスを比較して、いろいろなアンケートをとった比較データがあります。「人が見ていなかったら、何か悪い行動をしてもいい」と答える人が多いクラスはいじめが多いなどの傾向はありますが、総じて同調性に対するプレッシャーが高いクラスはいじめが多く観察されます。いじめによって協調性を高めるというより、協調性がストレスになり、そのストレスのはけ口としていじめが多いのではないかということが、仮説として考えられます。「他の人と違う行動をしないほうがいい」「他の人と少し違う顔の人をからいやすい」など、さまざまな傾向がいじめに影響を及ぼしていると考えられます。

傾向を左右するものとして、教師のふるまいは重要です。教師が体罰をおこなうクラスではいじめが増えます。連帯責任をとらせる教師のもとでも、いじめが増えます。服装指導が厳しかったり、授業がわかりづらかったりする教師のもとでもそうです。逆に、相談に乗りやすいと評価されている教師のクラスでは、いじめの発生率が下がります。

ある政治家がいじめ対策として「武道の先生や怖い顔をした先生を教室に配置したほうがいい」と発言したこともありますが、国レベルで監視をしながら全員が同じ行動をするという圧力を強めることは、さらにストレスを高めるのではないかと懸念しています。いじめが集団の協調性を高めるというより、協調性の空間から逸脱しにくい雰囲気があるのは確かだと思います。

質問：日本ではいじめられた子どもが転校していくけれど、外国ではいじめっ子のほうが転校しなければならないのはなぜですか？

回答：アメリカでは銃乱射事件やいじめによる子どもが自殺する事件などをふまえ、人種、障害、セクシュアリティなどを理由にからかったりなじったりすることを抑止する、総合的ないじめ防止法が州法で成立しています。保護者に罰金を科すという州法もあれば、いじめた子が転校しなくてはいけないというルールを定めている州法もあります。日本はいじめっ子を転校させるというペナルティを法律上は設定していません。設定するかどうかは議論に値する問題だと思います。なぜなら加害者となった児童にもまた、さまざまな課題があるからです。

質問：いじめ加害者に対する厳罰化についてどう思いますか？

回答：二〇一二年から一年間、私は、各政党にいじめ防止法の成立に関するロビー活動を続けました。いじめ防止法をつくるらしいということが報道されたので、その原案を見てみたところ「親の責任を明記」「加害者に対する厳罰を加える」など、いやな予感のするものだったからです。私が重視したのは、厳罰化によっていじめの発生源をさらに増やしてしまう可能性があるということです。加害者を別な空間に離して、ペナルティとして反省文を書かせるなどの行為は、加害者により多くのストレスを加えるので逆効果です。ストーカーやドメスティック・バイオレンスにおいても、加害者を懲罰することは加害者の報復措置を招く可能性が高く、被害者の救済につながるわけではありません。いじめの加害者に対して、説教、注意、被害者と引き離すことが必要なのはもちろんですが、被害者が安心して通えるようになるためには、いじめが止まるだけでなく、加害が繰り返されないと期待できる環境をつくること、そのためには、加害児童生徒のケアをおこない、信頼関係を構築することも大切になるでしょう。これは、何をもって「いじめの解決」とするのか、という議論にもつながります。

質問：今回のお話で紹介されたいじめ問題に対するアプローチを認識している議員・政党がありましたら

教えてください。

回答：リベラルであれ、保守であれ、個人差が大きいです。与党にも野党にも全体像をよく見て勉強していて、聞く耳をもつ人もいますし、そうでない人もいます。必ずしも教育関係者が理解を担保してくれるわけではないことは、ロビーイング活動をしながら肌で感じました。頑固な人かと思いきや、データを示すとスッと意見を変えてこちらに合意してくれる人もいて、会ってみないとわからないものです。そうしたキーマンがこれからも議員としてかかわってほしいなと思っています。

質問：私は教員ですが実は「職員室の中でのいじめ」が存在しています。これを減らす方法について教えてください。

回答：大人になるといじめは「ハラスメント」といいます。いじめかどうかではなく、「スクールハラスメント」として、個人が周りからどれだけストレスを受けているか、集中して議論したほうがいいという話もあります。職員室のいじめが問題なら、当事者が弱っている中で環境を変えるのは難しいので、外部に訴えて改善していくしかないと思います。職員室でのいじめ件数についてアンケート調査をして統計をとり、メディアで報道してもらうなど、まずは問題を認知させるのが重要と思います。これは労働問題ですが、職員室は聖域化されているので、他の労働問題と比べても一筋縄ではいかず、遅々として進まないものです。

大人の世界にも、いじめやハラスメントはたくさん存在しますが、大人は弁護士を雇ったり職場を離脱したり、労働相談で職場に改善を要求する能力や制度がより整っています（それでも利用できない人がたくさんいるのですが……）。一方、子どもは自分で問題解決する能力にも乏しく、制度的にも問題解決のためのしくみが導入されていません。「何かハラスメントがあればここに通告します」とあらかじめ保護者に通達する学校は、ごく少数です。いかに学校空間が市民社会の中で独特の空間かということが、そういう比較の中で見えてくるように思います。

質問：一回でもいじめですか？

回答：これはいじめの定義によります。いじめの定義に「反復的に」「構造的に」と盛り込むことがありますが、それはあまり重要ではないと思われます。不登校を経験した児童が新学期に登校したが、その日に悪口を言われて再び不登校に戻ることもあります。継続性ではなく、本人にストレスが課されて教育を受ける権利が剥奪される状況になれば、問題と認識して対応するべきでしょう。

質問：ネットで「ディスる」のはいじめなのでしょうか？

回答：いじめには大きく「暴力系」と「コミュニケーション操作系」のいじめがあります。そのうちコミュニケーション操作系のいじめの一つのレパートリーとして、「ネットいじめ」がここ最近話題になっています。ネットいじめには二種類あり、一つは「書き込み型」で、ネット上のツイッターやフェイスブック、学校裏サイトなど、みんなが見ている前で悪口を書くものです。もう一つは「メッセージ型」で、ライン・メール・スカイプなどを使って、ターゲットにとって否定的なメッセージを送るものです。このメッセージ型いじめはこれまでもありましたが、その手段がネット上の「ライン」というアプリに変わったため、「ラインいじめ」と言われるようになりました。メディアの報道では突然ポッと新しく出てきたように伝えられていますが、これはコミュニケーション操作系のいじめの根本的課題が解決されないまま、うわべのかたちを変えたにすぎません。「ラインいじめ」だけに気を取られると、いじめに関する議論が有効なものにならず、対応を見誤ります。

たとえば、コミュニケーション操作系のいじめの対策としては「証拠をとる」ことや、いじめを受けたときの「通報先を知っておく」ことが重要なのですが、その点、ネットいじめは他のいじめよりはるかに証拠が残りやすいものです。なりすましの問題もありますが、少なくとも届いたメッセージは手元に残せるので、「このような攻撃を受けた」という証拠は残り、送り主を特定できなくても、受けとった人をケアできます。

ネットいじめはこれまでになかったタイプのいじめなので、大人が対応しきれておらず、粗雑な議論が多いです。いじめ全体で見ると、ネットいじめ「だけ」を受けている人は少なく、大多数はリアルないじめに加えてネットいじめ「も」受ける、という人たちです。よって、ネットいじめの対策はリアルな人間の教室空間でのいじめを止めることに連動しているのですが、それもあまり知られていません。基本に立ち返って、そもそものいじめと「ネットいじめ」を比較したときに、何が追加され、どこが変わらないのかを議論する必要があります。

質問：いじめられた経験を荻上先生はどう乗り越えたのでしょうか？　年をとっても引きずる自分はダメだと思ってしまいます。

回答：ハッキリ言って、乗り越えていません。だからいまでもいじめの問題にかかわっているのかなと思っています。データについて話すときと比べて、明らかに自分のいじめについて話すときは、泣きそうになるし、手が震えますし、声がうわずります。自己紹介などは不得意なまま大人になりました。不登校にならなかったのは、母親がいろいろな習いごとをさせてくれたり、ゲームや本などを好きになったことで、あくまで学校はサブの場所、メインは放課後の自分、というかたちで学校の役割を矮《わい》小化できたので、やりすごせたのだろうと思います。結果として、家でも学校（職場）でもない「第三の場所」を確保できていたのでしょう。自分の子どもの教育問題としても、いじめの問題は解決しなければいけないですが、なかなか難しいです。いじめの後遺症を分析したときには、自分のもつ症状と重なる点があり、「やっぱりそうか」とため息をつかざるを得ないという心境でした。

～コメント：お話を聞いた感想（綾屋）～

発達障害のコミュニティでよく聞かれるのは、大人になってから発達障害と診断された仲間たちによる「発達障害のせいでいじめに遭っていたとわかった」という語りです。そこから過去への恨みが発生することも少なくありません。いじめられることは、もちろんあってはならないことですが、荻上先生のお話を伺うことで、発達障害をいじめの理由としてとらえるよりも、教員の労働問題、国全体の教育投資の低さの問題など、より大きな構造的な問題としていじめを考える視点をもつことが重要だと痛感しました。「いじめについては、個人のもつ特徴と周りの社会環境について、丁寧に分けて考えるべき」というお話は、まさにこのソーシャル・マジョリティ研究会の目的に一致していたと感じています。

私は学校時代に人とのつながりの中に入れずにいたので、学校時代の人間関係ですごくつらい思いもしたのですが、こちらからはただのトラブルだと認識してきたため、あれがいじめられていたと言える現象だったのかどうか、いまとなっては確認できません。ただ、いまの視点から、あのときにトラブルになった人たちのことを思い返して眺めますと、あの人たちが家や学校で抱えていたストレスがよく見えるように思います。そして、あの人たちにも、自分にも、支援がなかったと感じます。

『その後の不自由――「嵐」のあとを生きる人たち』（上岡陽江・大嶋栄子、医学書院、二〇一〇）という薬物依存症の仲間たちの本の中に、「不満な気持ちは小さなうちに愚痴として吐き出すことで、大問題になることを防ごうね」といったメッセージがあります。いじめが発生しやすい環境では、教員も生徒も家族も、自分たちを取り巻く社会の中で、大きく膨らむ前に愚痴を吐き出すことができない状況に閉じ込められているのかもしれません。

参加者の感想

♣私はＭｔＦ（二五二ページ）の当事者です。ＬＧＢＴといじめについてのお話をたいへん興味深く伺いました。また、ＬＧＢＴに関して採りあげていただいたことをありがたく感じました。ＬＧＢＴ当事者のコミュニティでは、やはりいじめに関する話をよく耳にします。背景の一つとして、メディアなどによるセクシュアルマイノリティに対する偏見を含んだ表現が大きな影響を与えているように私は思っています。

♣ワイドショーなどがいじめを助長していることはつねづね感じていました。時代もののドラマで女性蔑視や暴力を描くのも似たものに感じます。小学生のときに直接「やめなよ」と言ったり、シェルターになったりして最終的に自分がいじめられました。そのときは傷ついたというより腹立たしかったのですが、いま大人になって社会に出ていくのが怖くて無職でいるのは、やはりそれなりにダメージだったのかなと思います。目立たないことに徹してしまった中・高時代を取り戻したい気持ちもあり……いろいろなことを思い出しましたが、聞いてよかったです。

♣小学四年生の娘の母です。娘は発達にでこぼこがあり、昨年はひどい登校拒否になりました。今回のお話はふだん感じている学校教育の閉鎖性、おかしな面のお話があり、涙が出るほどうれしかったです。

♣いじめの構造の背景にあるストレスの存在と、ラベリングが根拠なくつけられていく流れは、とても共感できました。次の段階としてジェンダーのカミングアウトや、異国文化を知ってもらうなど「異質なものをオープンにしていく」方法は、いじめを減らすことができるのか、答えが出せずにいます。

♣「子どもは善悪ではなくセーフゾーンを確認しながらいじめをおこなっている」というお話、とても興味深く、子どもに限らず大人のいじめにも通じると思いました。

終章　ソーシャル・マジョリティ研究の今後の展望

熊谷　晋一郎

1. 少数派が自らの困難を元手に「普通」を解明する

自転車を自由に乗りこなせる人に、「自転車の乗り方について教えて」と口頭で尋《たず》ねても、うまく答えられないでしょう。それと同じように、対人距離のとり方や、会話における発話内容の選び方、順番交代のタイミングなど、他者とのかかわりにおける暗黙のルールを自然に守れている人に対して、そのルールがどのようなものかを尋ねても、答えることは難しいに違いありません。しかし、社会性やコミュニケーションに困難を抱えるとされる、自閉スペクトラム症をはじめとした発達障害をもつ人びとにとっては、こうした暗黙のルールこそが、見えない障壁として立ちはだかっており、社会参加を阻んでいます。おそらくは、自転車という道具が定型発達者向けにデザインされているために、一部の少数派にとっては乗りこなせない代物であるのと同じように、対人関係における暗黙のルールもまた、定型発達者の認知行動レベルの身体特性に合わせてできあがっており、それゆえに、発達障害をもつ人びとにとって障壁になっているのだろうと考えられます。

一般的にこうした問題を解決するには、少数派の身体特性を定型発達者に近づけようとする「医学モデル」的なアプローチと、逆に社会の側を、少数派にとって障壁のないデザインにつくり変えていく「社会モデル」的なアプローチの二種類があります。たとえば、身体障害をもつ人に対して、リハビリによって階段を昇れるように訓練するのは医学モデル的なアプローチであり、建物にエレベーターを設置することで問題を解決するのが社会モデル的なアプローチです。しかし、「階段を昇れない身体特性」や「エレベーターが設置されていない建築物」といったものが誰にとっても見えやすいのに対し、発達障害をもつ人びとの身体特性がどのようなもので、対人領域における暗黙のルールのうち、彼らにとって障壁となっているのがどのような部分なのかは、いずれも見えにくいものです。本書はそのうちの後者の問題、すなわち、その一部が発達障害をもつ人びとにとって障壁となっている、定型発達者向けにつくられた暗黙のルールを特定することを目的としています。

ハロルド・ガーフィンケルという社会学者は、「他者の知覚：社会的秩序の研究」[1]という博士論文の中で、まさにこの暗黙のルール（社会的秩序）を解明するための方法を提案しました。その方法とは、「違《い》背《はい》実験（breaching experiment）」と言い、対人的なやりとりの場面で、あえて望ましくない言動を実験的におこなうことを通じて、暗黙のルールがどのようなものなのかを明らかにしようというものです。本書が採用している研究方法も、この違背実験に似ています。発達障害をもつ人びとは、日々、違背実験を生きていると言えるでしょう。しかもその違背実験は、社会学者があえておこなうものとは異なり、否応《いやおう》なしにおこなわれるものであり、本人にとっては困難として経験されるものです。本書は、当事者が経験している困難を元手にして、「普通」とされる暗黙の社会的ルールを解明しようとする新しい研究プロジェクトと言えます。

1 Garfinkel, H. (1952). The perception of the other: A study in social order. *Ph.D. dissertation*, Harvard University.

2. 共同創造による新しい学際研究プロジェクト

本書が採用する研究方法には、もう一つの特徴があります。それは、発達障害をもつ当事者と、さまざまな分野の研究者が、直接あるいは間接的な対話を通じて創造的に共同し、新しい知識を生み出しているという点です。これは近年、教育、医療、福祉といった公的サービスの領域において重要視されつつある「共同創造（co-production）」というコンセプトを、学術の領域に応用したものとみなすことができるでしょう。

共同創造とは、公的サービスの創出に市民が参画する実践のことです。もともと共同創造という用語は、警察官が巡回をやめ、パトカーでのパトロールに切り替えた一九七〇年代後半に、シカゴ近隣の犯罪率が上昇した理由を説明するため、後《のち》にノーベル経済学賞を受賞した政治学者・経済学者のエリノア・オストロムたちによって提案されたものです。[2] オストロムは、シカゴの警察官と、シカゴの住民との人間関係が希薄になったことで、警察官が効果的に自分たちの仕事をするのが難しくなったのだと考えました。犯罪率を低く下げ続けるのに役立っていたのは、地元市民の非公式な協力と、警察官と育んできた地に足のついた関係だったということです。言い換えると、犯罪を未然に防いだり、いち早く発見したりするという、警察官が提供すべき公的サービスは、警察行政の中に蓄積された専門知識と同じくらい、サービス利用者である市民がもつ知識、資産、努力に大きく依存しており、地域社会が警察を必要とするのと同様、警察は地域を必要としていたのです。

この共同創造という方法は、行政によって一方的に考案され、提供される公共サービスを、市民が受動的に消費するという、取引にもとづくサービス提供の方法とは対照的です。伝統的な「市民参画」とは異なり、共同創造では、市民は単に相談される存在ではなく、立案、設計、実施、そしてサービス管理の一員となります。[3] 近年では米国以外でも、デンマーク、フランス、英国、ドイツ、チェコ共和国など、多くの国で、保安、環境、医療分野における公的サービスの共同創造に関する社会実験が開始されています。[4]

学術研究もまた、市民に対して信頼に足る知識を提供する責任を負った公的な営みと言えるでしょう。そして、その責任を果たすためには、警察官が市民の協力を必要としたのと同様、研究者もまた市民の参加を必要としています。たとえば、「社会秩序はいかにして可能か」という、いわゆる「秩序問題」は、長いあいだ、社会学者が取り組むべき中心的な研究テーマでした。しかし、エスノメソドロジーという分野を創始したガーフィンケルは、会話分析の創始者ハーヴィ・サックスらと共同研究をする中で、このテーマは社会学者が解答を与えるべきものではなく、市民たち自身にとっての課題であると主張しました。なぜなら、社会学者があれこれ考える前に、社会秩序はほかならぬ市民たちによってすでに成立させられており、一人ひとりはこの秩序を理解し、ふさわしい言動をおこなうことを日々課題として課せられているからです。社会学者は、社会学者と同じ問いに取り組んでいる市民に伴走し、そこで遂行されている認

2 Ostrom, E., Parks, R.B., Whitaker, G.P., & Percy, S.L. (1978). The public service production process: A framework for analyzing police services. *Policy Studies Journal*, 7, 381-389.
3 Bason, C. (2010). *Leading public sector innovation: Co-creating for a better society*. Bristol: Policy Press.
4 Parrado, S., Van Ryzin, G.G., Bovaird, T., & Löffler, E. (2013). Correlates of co-production: Evidence from a five-nation survey of citizens. *International Public Management Journal*, 16, 85-112.

識や行為の方法を、暗黙の領域も含めて記述していく必要があると、ガーフィンケルたちは考えたのです。

本書では、できあがった学術的知見を当事者が受動的に学ぶのではなく、問いの立案、先行研究との対話を通じた知見の整理、残された課題や仮説の抽出といった、学術的なプロセスの各段階に、当事者が参加しているという意味で、「学術の共同創造」がおこなわれていると考えることができます。おそらく共同創造の次のステップとしては、抽出された課題や仮説の検証に向けて、具体的な研究計画を専門家と当事者との協働によって進めていくという方向性がありうるでしょう。序章（一八～二〇ページ）で綾屋が紹介した、F陣形と聴覚特性の関連についてのテーマは、そうした具体的な研究計画の例として可能性を感じさせるものです。

3. 支援ツールとして

本書はまた、発達障害をもつ人びとを支援するツールとして活用できるかもしれません。先行研究を見ると、社会の暗黙のルールを学ぶことで、自閉スペクトラム症の子どもたちの社会参加を支援する取り組みが存在しています。たとえば、教育学者のキャロル・グレイが開発した「ソーシャル・ストーリー」[5]とよばれる支援法は有名です。ソーシャル・ストーリーとは、その場にふさわしい物ごとのとらえ方、対応のしかたはどういうものかということを、絵と文によって表されたストーリーを使って説明する教育技術です。

ソーシャル・ストーリーは、個々の子どもの特性や興味、そして、子どもが置かれた状況に柔軟に対応しながらカスタマイズしていけるよさがあります。できあいの「単純な支援法」を押しつけるのではなく、柔軟な介入方法をおこなうことで、個々の子どもに合ったきめ細やかな支援が可能になります。その反面、さまざまな要因に合わせて柔軟にかたちを変えるこうした「複雑な支援法」の効果検証をおこなうことは、介入内容の統一性を保ちにくいため、一般的には困難です。このような事情から、ソーシャル・ストーリーのような現場で真に求められる複雑な支援法は、なかなか効果検証の研究対象とはなりにくく、ゆえに十分なエビデンスを得られないという状況が存在していました。

しかし二〇〇〇年以降、こうした複雑な支援法の効果検証をおこなう研究方法が整備されはじめました。たとえばキャンベルらは、複雑な介入方法の効果検証をおこなうための研究デザインを、五段階からなるスキームとして整理しました。[6] 英国のライトらのグループは、キャンベルらが整理した手続きにもとづき、洗練したソーシャル・ストーリーの効果検証試験を、現在進行形で進めています。彼らの研究方法は、今後私たちが、支援法としての当事者研究やソーシャル・マジョリティ研究の効果検証をおこなう上で参考になるので、少しだけ詳しく紹介することにしましょう。

ライトらはまず、ソーシャル・ストーリーの効果に関する①先行研究のシステマティック・レビューをおこない、ほとんどの研究がアメリカでおこなわれた単一事例研究（single case study）であること、そ

5 Gray, C.（2000）. *The new social story book.* Arlington: Future horizons, inc.
6 Campbell, M., Fitzpatrick, R., Haines, A., Kinmonth, A.L., Sandercock, P., Spiegelhalter, D., & Tyrer, P.（2000）. Framework for design and evaluation of complex interventions to improve health. *British Medical Journal*, 321, 694-696.

して、グレイの基準を満たしていない介入をおこなったか、あるいは満たしているかどうかに関する説明のない研究が多かったことを報告しました。[7] そして、親、教師、本人、専門家それぞれの検討チームを立ち上げ、グループフォーカスインタビューをおこない、グレイの基準にもとづいたソーシャル・ストーリーの②トレーニング・実施マニュアルを共同創造しました。さらに、③六名の自閉スペクトラム症の子どもたちを対象とした予備的研究をおこない、マニュアルの修正点をフィードバックしたのちに、本試験の実現可能性と、そこで必要とされる被験者の人数（サンプルサイズ）を計算するため、④五〇名の子どもたちを対象としたクラスターランダム化比較対照研究をおこない、効果・受容性・実行可能性の面で有望な結果を報告しています。今後は以上の結果をふまえ、⑤本格的なクラスターランダム化比較対照研究がおこなわれることでしょう。

ただし、ソーシャル・ストーリーの対象は、学校という、限定された社会的場面に置かれた子どもに限定されています。成人の自閉スペクトラム症者の多くにとってソーシャル・ストーリーは、そのままでは有用な支援法ではないでしょう。序章（五ページ）にて綾屋も述べているように、社会的場面にはいくつもの種類があります。学校で求められる暗黙のルールと、職場で求められる暗黙のルールは、当然異なります。成人期は子ども時代に比べ、多様な社会的場面に合わせて別様にふるまうことが要求されるようになります。ある場面におけるローカルな暗黙のルールを、単に記述しただけのストーリーを学んだのでは、さまざまな場面に合わせてルールを柔軟に応用することはできません。ゆえに、多様なルールの背後に存在している、ある程度普遍的な規則を知りたいというニーズも、成長とともに増してくるでしょう。さらにいえば、暗黙のルールを支える定型発達者の身体特性に関する知識を得ることではじめて、少数派はそれを自分自身の特性と比較することができるようになり、どの範囲までを医学的なアプローチで取り組み、どこからは社会モデル的なアプローチで配慮を求めていくかといった切り分けをしやすくなります。一見多様なルールに共通する規則や、その身体的基盤の探求は、従来のソーシャル・ストーリーの枠組みでは十分に扱われてこなかったものです。

こうした高度な知的ニーズにこたえるためには、教育の専門家だけでなく、社会学や認知科学、言語学などとの共同創造が不可欠です。本書は、そうした成人の自閉スペクトラム症者向けの新しい支援法開発の側面もあわせもっています。しかし、本書は決して完成版ではありません。たとえ同じ診断名を共有し、暗黙のルールになじまないという点は同じでも、身体特性は一様ではなく、暗黙のルールのどの部分が障壁となっているのかは個々人で異なることは明らかです。ソーシャル・ストーリーの運用が、個別の子どもの状況に合わせてカスタマイズされる必要があるのと同様、本書も、一人に一冊ずつ共同制作されるソーシャル・マジョリティ・ブックのためのたたき台として使われるべきものでしょう。

すでに私たちは、当事者と専門家との共同創造によって、当事者研究と、ソーシャル・マジョリティ研究を組み合わせた支援プログラムを、マニュアルとして作成しました。二〇一六年九月には、作成したマニュアルを使った臨床介入研究のプロトコールを「自閉スペクトラム症に対する当事者研究の方法および

---

7 Wright, B., Marshall, D., Adamson, J., Ainsworth, H., Ali, S., Allgar, V., et al. (2016). Social Stories™ to alleviate challenging behaviour and social difficulties exhibited by children with autism spectrum disorder in mainstream schools: design of a manualised training toolkit and feasibility study for a cluster randomised controlled trial with nested qualitative and cost-effectiveness components. *Health Technology Assessment* 20(6).

効果に関する探索的臨床試験」として作成し、東京大学ライフサイエンス委員会倫理審査専門委員会の承認をもらいました（承認番号：16—100）。それを受け二〇一六年一〇月からは、八名の成人自閉スペクトラム症者を対象に、予備的な臨床研究を開始しています。私たちの臨床研究は、ライトらの介入研究と比較すると、まだ「③予備的研究」の段階ですが、今後は実現可能性と本試験のサンプルサイズを評価する「④クラスターランダム化比較対照研究」、そして、「⑤本試験」へと展開していく必要があります。本書は、当事者主導型の支援法開発と介入研究実施という長期的な計画の一部を構成する、重要なツールとなります。

4. 生き延びるための知

これまで述べてきたように、本書は、定型発達者向けにデザインされた暗黙の社会的ルールを、発達障害当事者と、多分野の学術研究者の共同創造によって解き明かす「学際的な研究書」であると同時に、成人発達障害者のための「支援ツール」です。基礎的な研究と、実践的な支援ツールとが、一つの書物にまとめられるということはあまりないことですが、当事者の生活世界から出発すると、基礎と応用、理論と実践のあいだにあると信じられてきた垣根は、いつのまにか霧散することがあります。一〇〇冊のハウツー本ではなく、一冊の理論書によって生き延びることができたというエピソードは、多くの当事者が経験してきたものでしょう。

当事者研究の特徴をひと言で表したものとして「Recovery is Discovery（回復とは発見である）」という標語がしばしば参照されます。一冊の中に、Discoveryをめざす学術研究の側面と、Recoveryをめざす支援の側面の両方が含まれた本書は、当事者研究で大切にされている基本的なコンセプトを具体化したものと言えるでしょう。多分野の豊かな学術的知識を、人びとの生活世界から切り離されたものではなく、当事者が生き延びるための地に足のついた資源として再配置していくこと。その具体的な実践が、ここにあります。いま、あなたが生き延びる上で必要なのは、いっときだけ楽になる薬や、小手先のハウツーなどではなく、経験に意味を与えてくれる知と、それを信に変えてくれる仲間の存在なのかもしれません。

編著者紹介

綾屋　紗月（あやや・さつき）
東京大学先端科学技術研究センター特任研究員。自閉スペクトラム当事者。発達障害者が参加・運営する当事者研究会「おとえもじて」主催。東京大学大学院総合文化研究科博士後期課程。著書に『発達障害当事者研究――ゆっくりていねいにつながりたい』（共著，医学書院，2008），『つながりの作法――同じでもなく違うでもなく』（共著，日本放送出版協会，2010），『増補　前略、離婚を決めました』（イーストプレス，2012）など。

著者紹介

澤田　唯人（さわだ・ただと）
大妻女子大学共生社会文化研究所 特別研究員。

藤野　博（ふじの・ひろし）
東京学芸大学 教授。

古川　茂人（ふるかわ・しげと）
NTT コミュニケーション科学基礎研究所 人間情報研究部 部長。

坊農　真弓（ぼうのう・まゆみ）
国立情報学研究所，総合研究大学院大学 准教授。

浦野　茂（うらの・しげる）
三重県立看護大学 教授。

浅田　晃佑（あさだ・こうすけ）
白鷗大学 准教授。

荻上　チキ（おぎうえ・ちき）
特定非営利活動法人「ストップいじめ！ナビ」代表理事。

熊谷　晋一郎（くまがや・しんいちろう）
東京大学先端科学技術研究センター 准教授。

ソーシャル・マジョリティ研究
コミュニケーション学の共同創造《コ・プロダクション》

2018年11月15日　初版第1刷発行　［検印省略］
2021年 1 月20日　初版第5刷発行

編　者　綾屋紗月
発行者　金子紀子
発行所　株式会社　金子書房
〒112-0012　東京都文京区大塚3-3-7
電話　03-3941-0111(代)
FAX　03-3941-0163
振替　00180-9-103376
URL　https://www.kanekoshobo.co.jp
印刷　藤原印刷株式会社　　製本　一色製本株式会社

©Satsuki Ayaya et al., 2018　Printed in Japan
ISBN　978-4-7608-2668-1　C3011